꿈 너머로
비행하라

Fly beyond your dream

꿈 너머로 비행하라

오우진 지음

매일경제신문사

프롤로그
"30대에 꽃피리라"

슬픈 예감은 틀리지 않는다는 말이 있습니다. 어렸을 때 이미 저는 무언가를 이루기 위해서는 항상 남보다 두 배를 더 노력해야 하며, 결실도 남들보다 한참 뒤에야 빛을 볼 것이라는 직감이 들었습니다. 그렇게 20대를 남들보다 더 노력했고, 실패와 불합격을 마주할 때마다 애써 태연하게 받아들였습니다. '쉽지 않을 것이라는 거 알잖아, 우진아. 예상했던 결과잖아. 그러니 우선은 받아들이자' 저의 20대는 성공보다 실패, 희망보다 절망, 정상보다 바닥, 양지보다 음지에서 서러움을 참고 견디는 시간이 많았습니다. 삶은 음양의 조화로 이루어지는 이중주라고 하는데, 제 10대와 20대는 양지와는 거리가 먼 회색빛 청춘의 그림자가 드리워졌습니다. 하지만 현실을 받아들이는 것에서 끝나지 않았습니다. 미국의 프로야구 선수, 요기 베라(Yogi Berra)가 남긴 명언이 생각납니다. "끝날 때까지 끝난 게 아니야" 현실을 있는 그대로 받아들이되 좌절과 절망의 늪에서 허우적거리지 않고 새로운 길을 찾아 우회하면서 스스로에게 다짐과 주문을 걸었습니다.

우직지계(迂直之計)라는 말도 있습니다. '가까운 길도 때로는 돌아가는 법을 알아야 한다'라는 의미입니다. 인생행로에는 돌아가는 길이 오히려 더 빠를 때도 많다고 믿습니다. 걸림돌에 걸려 넘어졌지만 돌이켜 보면 그 돌은 디딤돌임을 알게 되었고, 아름다운 풍경도 다 곤경이 만들어낸다고 합니다. 10대와 20대의 절망적인 뒤안길에서 저는 절치부심(切齒腐心)하면서 앞으로 펼쳐질 30대에 비상하는 꿈을 꾸고 있었는지 모릅니다.

"30대에 꽃피리라"

뭔가를 시작할 때 출발점은 모두가 다 다릅니다. 그 출발점은 우리가 선택할 수 없습니다. 부모와 가정의 울타리에서 이미 결정되어 있는 경우도 많습니다. 그런데 그 울타리 안에서 편안하게 살아도 되지만, 가끔 주어진 것에 의문을 품는 미운 오리 새끼가 있습니다. 그게 바로 저였습니다. 저의 출발점은 점수로 든다면 80점이었습니다. 교육을 받을 수 있었고, 풍족하진 않았지만 의식주를 걱정해야 하는 가장의 역할도 부여되지 않았으니 감사한 축에 속했습니다. 그런데도 저는 90점으로 가고 싶다는 열망이 강한 아이었습니다. 그래서 내가 속한 범주에서는 항상 1등이 되려고 안간힘을 썼습니다. 제 현실은 80점대지만 제 이상이 90점대를 향하니 항상 쫓기듯 목표한 바를 이루고자 노력하고 또 노력했습니다. 부족함이나 뭔가 결핍되어 있다는 느낌이 완벽을 향해 매진하는 노력을 채찍질한 것입니다. 지금의 삶이 어쩔 수 없다고 포기하거나 해봐도 안 된다는 절망감에서 벗어나고자 했습니다. 노력하지 않으면 내 삶은 지금의 삶과 조금도 달라지지 않을 것 같았으니까요.

양적 변화가 축적되면 질적 변화가 일어납니다. 시험을 준비해본 사람들은 알 수 있을 것입니다. 점수대가 바뀌는 것은 하나의 질적 도약이며, 그 과정에서는 많은 도전에 따른 실패와 좌절이 함께할 수밖에 없다는 것을 말이죠. '연잎 효과'라는 과학적 진리를 믿어야 합니다. 연잎이 연못을 채우는 데 10일이 걸렸다면, 나머지 반을 채우는 데는 생각보다 오래 걸리지 않고 그다음 날 나머지 반을 다 채울 수도 있다는 사실입니다. 축적의 진리를 믿어야 합니다. 어느 날 갑자기 일어나는 현상은 없습니다. 물도 갑자기 100도에 끓지 않습니다. 시간을 두고 축적하는 노력이 반복되어야 마침내 반전이 일어납니다. 성공의 미소는 갖가지 시험을 통해 사람을 단련시키는 과정에서 다가옵니다.

시험도 이럴진대 삶에서는 더욱 힘겨운 현실과 실패를 맞이하게 되었습니다. 마치, '이렇게 힘든데도 계속할 거니?'라고 저를 시험하는 듯 매몰찬 맞바람이 불었고, 그 계단은 높기만 했습니다. 의대를 가기 위해 한 삼수와 좌절, 대한항공 현장실습의 종료와 계속되는 면접 탈락, 대한항공 공채 다섯 번 도전과 서류 탈락 등 20대에 여러 번의 실패를 겪으면서 '참 현실은 쉽지 않구나'를 느꼈습니다. "그저 옆으로 고개만 돌리면 편하게 볼 수 있는 내 주위의 사람들처럼 편하게 살아, 왜 굳이 이렇게 도전을 하며 힘들게 지내는 거야?"라며 현실을 직시하게 만드는 것 같았습니다. 목표를 향한 나의 열정을 식게 만드는 달콤한 유혹의 손길은 주변에 널려 있었습니다. 하지만 저는 제가 추구하고 싶은 삶의 목적지를 향해서 심장 뛰는 삶을 살고 싶었습니다. 생각하고 상상만 해도 설레는 미래가 나의 열정을 불태우고, 희망의 싹이 자라게 만들었습니다.

지금 서른 후반의 나이가 되어 삶을 돌이켜 봤을 때, 가장 힘든 시기를 고르라고 한다면 저는 20대 초반이라고 말을 합니다. 그러나 또 다른 질문으로 인생에서 가장 감사한 경험이 뭐냐고 묻는다면, 제 대답은 역시나 20대 초반의 경험이라고 이야기합니다. 즉, 가장 힘든 시기에 가장 많은 것을 배웠기에 감사한 마음이 듭니다. 저는 인생을 담을 수 있는 자신의 그릇 크기는 20대에 완성되는 것이라고 생각합니다. 10대까지는 자신의 그릇을 만들 수가 없습니다. 그저 부모님의 그릇에 얹혀 살아왔을 뿐이죠. 그러나 성인이 된 이후부터 자신의 그릇 크기와 색깔과 모양을 스스로 만들어가는 것입니다. 이러한 측면에서 실패 경험이 많을수록 그릇의 밑면적은 넓어져가는 것입니다. 실패해서 우회하고 다시 우회하면서 자신의 그릇 크기를 넓혀가는 것이죠. 20대의 실패는 경험의 일부로 긍정적으로 받아들여야 합니다. 앞으로 삶에서 다양한 것들을 담아낼 수 있는 넓은 용적과 깊이를 만들 수가 있는 거예요.

　이 글을 읽는 MZ세대는 그 어느 세대보다 부의 양극화를 심하게 느끼는 세대입니다. 2022년 통계청의 조사 결과에 따르면, 상위 20%의 자산은 하위 20%의 35.2배나 된다는 분석이 있고, 이는 2018년과 비교해 33.2배의 격차를 보입니다. 부모에게서 자산을 물려받는 '부의 대물림'이 이처럼 자산 격차를 키우고 있습니다. 이것은 부와 관련된 일례지만, 이처럼 우리는 삶에서 시작점이 다른 출발을 하고 있습니다. 그러나 이것은 딱 20대까지만 영향을 미칠 것입니다. 제대로 된 경쟁은 30대부터입니다. 80점에서 삶을 시작하는 20대들은 30대에 제대로 경쟁하기 위해 20대에 도전하고 실패하고 우회하며 자신의 그릇의 밑면적을 넓혀놓아야 합니다. 20대에 승부하려고 하는 생각은 애초부터 하지 말아야 합니다. 또한, 20대 때부터 실패도 당연하게 받아들이고, 그 과정에서 단단해지고 깊이 있는 사람으로 준비되어야 합니다. 넘어지고 쓰러져도 다시 일어나는 과정에서 '30대에 꽃피리라'라며 스스로에게 주문을 겁니다. 20대의 경험은 30대에 꽃필 소중한 자산이 될 거라는 믿음의 터전에서 미래를 향한 희망의 싹으로 자랍니다.

　이 책은 80점으로 태어나 90점대에 속해보고자 애를 쓴 저의 20대 이야기를 진솔하게 들려주는 인생독본입니다. 저는 이 책을 통해서 저처럼 자기 삶의 영역을 한 단계 도약하고자 하는 열망을 가진 미운 오리 새끼들에게 어떻게 그 시간을 버텨야 하는지, 그리고 그것이 결코 쉽지 않은 여정임을 알려주고자 합니다. 이 책을 통해서 독자들에게 전해주고 싶은 메시지는 현실적 어려움에도 불구하고 버티고 묵묵히 실력을 쌓다 보니 90점은 아니지만 89점까지는 가게 되었다는 것입니다. 그러니 본인이 현실에 안주하지 않고 자신의 삶을 도약시키고자 하는 미운 오리 새끼라면, 이 책은 삶의 동반자처럼 친근한 위로의 메시지와 함께 힘이 될 수 있는 에너지를 충전시켜줄 것입니다. 저를 보고 지금 분투해서 노력하는 당신에게 당신은 지금 열심히 잘살고 있다는 확신과 함께 곧 펼쳐질 30대의 삶에 기대를 걸어도 된다는 희망의 메시지를 드리고 싶습니다. 이미 결정된 삶은 없습니다. 그리고 삶은 자신이 계획하는 대로 안 되는 경우가 더 많다는 것을 깨닫고, 생각대로 풀리지 않을 때 사람은 이전과 다른 생각으로 도전하면서 열정적으로 살아갈 수 있다는 메시지를 여러분과 나누고 싶습니다. 한 인간이 피우는 꽃은 겨울의 시련을 견디고, 가을에 우회해 여름의 성장을 거치고 나서야 비로소 봄을 맞이하게 됩니다. 그 과정 속에서 나답게 꽃 피우기 위해 고군분투한 저의 여정에 여러분을 초대합니다.

- 오우진

목차

프롤로그 "30대에 꽃피리라" - 4

✈ 겨울

고3, 머리카락을 스스로 자르다	14
삼수, 대학 진학을 포기하다	24
삼수생, 어쩌다 항공운항과에 진학하다	34
성적 우수생, 대한항공 현장실습 후 탈락하다	45
대한항공, 공채 4번 탈락하다	54

✈ 가을

더 높이 날기 위해 우회도로를 택하다	68
"30대에 꽃피리라" 주문을 외우다	80
새로운 세상에서 진짜 나를 만나다	93
카타르항공, 한 번에 합격하다	105
우회한 길로 삶이 다채로워지다	116

✈ 여름

대한항공, 경력직으로 입사하다   130

경력직 승무원, 팀의 막내가 되다   143

부사무장, 신입생이 되다   157

헬스 트레이너, 부캐를 계획하다   170

사무장, 퇴사를 준비하다   183

✈ 봄

89점 내 인생, 90점대로 만든 SECRET   198

N잡러, 3개 직업을 동시에 갖는 SECRET   209

코로나 위기, 기회로 만든 SECRET   222

교수 · 유튜버 · 작가, 원하는 것은 다 하는 SECRET   234

나답게, 30대에 꽃피운 SECRET   248

에필로그 "30대에 당신은 어떤 꽃을 피우고 싶은가요?" – 261

겨울

고3, 머리카락을 스스로 자르다

"싹둑~~"

이 소리는 그냥 머리카락을 자르는 소리가 아니다. 대단한 결심과 과감한 결단으로 대담한 행동이 시작되는 소리다. 내 인생 처음으로 스스로 머리카락을 과감하게 잘라내는, 세상을 향한 나의 다짐과 결의를 보여주는 소리다. 화장실에서 거울을 보며 가위로 머리카락을 잘랐다. 삐뚤빼뚤하게 잘렸으나 머리카락은 내 관심의 대상이 아니었다. 어차피 질끈 묶고 다닐 것이기 때문에 미용실에 가는 게 의미가 없었고, 중요한 것은 나에게 그럴 시간과 마음의 여유가 없었다. 나는 여자로서 슬프지도 않았고, 다른 사람들이 사용할 때 불편하지 않도록 세면대의 머리카락을 빨리 훔쳐야 했다. 이곳은 고시원 공용 세면장이기 때문이다. 나는 집중해야 할 것이 생기면 곁가지는 다 잘라내고 다른 것에 관심을 쏟지 않는다. 내 인생에서 가장 소중한 일은 나이가 들면서 달라져왔지만, 고3 때는 오로지 공부밖에 없었다. 다양한 분야, 특히 이성이나 몸 또는 옷에 관한 관심이 하나도 없었다. 어린 나이였지만, 공부를 통해 '나 무시하지 말라'고, '나 괜찮은 아이'라고 소리 지르고 있었다.

고3을 3평 고시원에서 보내다

고3이 되면서 나는 좀 더 예민해지기 시작했고, 동생과 방을 같이 쓰는 게 신경이 쓰였다. 또한, 버스를 이용하며 통학하는 시간조차 아까워서 학교 앞 고시원에서 지내기로 했다. 가로 1미터 폭의 침대와 그 옆의 작은 책상이 전부였던 3평 남짓한 고시원 방이지만, 나에게는 혼자 조용히 지낼 수 있는 나만의 공간이었다. 그러나 벽 하나를 사이로 여러 방이 줄지어 있어 방음이 되지 않는 고시원의 특성상 통화음이 들리기도 했고, 코 고는 소리가 들리기도 했다. 그럴 때마다 나는 주황색 귀마개를 더욱 단단히 귓속으로 밀어 넣고 공부에 집중했다. '그 어떤 것도 하고자 하는 나를 막을 순 없어'라는 글귀를 비롯해 자극과 동기부여가 되는 문구들을 하나하나 붙여 고시원 벽을 채워나갔다. 포스트잇으로 가득 채워진 벽에는 창문이 없어 햇빛이 들지 않아서 안 그래도 하얀 나의 얼굴은 창백해 보이기까지 했다. 다짐하고 의지를 불태우기 위해서는 지속적인 자극과 동기부여가 필요했다. 그럴 때마다 나에게 힘과 용기를 준 자극제는 스스로 다짐을 새기는 문구였다. 맞벌이하는 부모님은 나에게 어떠한 조언도 주지 못하셨기에, 이는 정신적으로, 체력적으로 나약해지려는 나 스스로에게 용기와 채찍질을 하는 유일한 방법이었다. 그래서 매일매일 나를 다잡기 위해 문구들을 벽에 붙이기 시작했다. 이처럼 어떤 문장은 한 사람의 운명조차 바꿀 수 있을 정도로 대단한 위력을 지니고 있다고 생각한다. 책을 읽다 가슴 깊게 자리 잡는 문장을 만나면, 그냥 흘려보내지 않고 다이어리나 포스트잇에 메모해두는 습관을 길렀다.

'얼음공주!' 고등학교 때 얼굴도 하얀 아이가 말도 하지 않으니 나에게 붙여진 별명이다. 교실 맨 앞줄에 앉아 쉬는 시간에도 교실 앞만 바라보며, 애들과 이야기조차 하지 않았던 나였다. 애들과 이야기를 나누면 나중에 잠이 들 때 나눈 대화들이 생각났고, 그러면서 실수한 말들이 맴도는 것에 신경을 빼앗기고 싶지 않았다. 그래서 오로지 공부에만 집중할 수 있도록 필요 이상의 말을 하지 않았다. 모르는 문제가 나와도 선생님들께 질문도 웬만하면 하지 않고, 참고서에서 답을 구하려고 이것저것 살필 정도로 말을 별로 하지 않았다. 같은 또래의 아이들은 나에게 다가오길 어려워했고, 선생님들조차도 나에게 말을 쉽게 건네지 못하셨다. 그래서 투명하고 차가운 얼음공주라는 별명을 지어줬나 보다. 얼음공주라는 별명은 그 당시 살아가기 위해 사투를 벌이며, 나도 모르게 드러난 나의 자화상이기도 하다. 내면적으로 안고 있는 문제나 가정의 불화를 겉으로 드러내지 않으면서 세상을 향한 분노의 목소리를 잠재우려는 안간힘이 나도 모르게 겉모습으로 드러난 게 '얼음공주'가 아닐까. 하지만 나는 얼음공주라는 별명이 주는 차가움에 아랑곳하지 않고, 더욱더 내가 가야 하는 길을 향해 뜨거운 열정과 차가운 냉정을 조화롭게 유지하려고 애썼다. 언제 녹아 없어질지도 모르는 위태로움을 담고 있는 얼음공주는 존재하는 동안만이라도 냉철한 이성으로 세상의 유혹을 견뎌내고, 내가 꿈꾸는 목적지로 가기 위한 냉정한 결단을 뜨겁게 품었다.

맞벌이하시는 부모님과 다섯 형제 사이에서 그 누구도 나에게 공부하라고 압박을 주지 않았지만, 나는 항상 1등이 되기를 갈구했고 내 모든 집중과 관심은 오로지 공부뿐이었다. 중3 겨울방학부터 나는 독서실에서 거의 숙식을 할 정도였다. 독서실 사용자들이 다 가고 나면 나는 바닥에 이불을 깔고 잠을 청했고, 이른 새벽 독서실 총무가 청소하느라 불을 켜면 그때부터 일어나기를 반복하며 고등학교에 진학했다. 내가 고등학생일 때는 지금처럼 인터넷으로 유명강사의 강의를 집에서 들을 수 없는 시대였기 때문에, 노량진은 학원가로 유명했다. 나는 당시 노량진 독서실에서 숙식하며 재수 학원에 다녔다. 이 정도면 공부에 대한 나의 애정은 정도를 넘어서 집착으로 나아갔던 것 같다. 그때 나는 내가 왜 이렇게까지 공부에 집착하고 있는지 몰랐다. 그것이 집착인지도 몰랐다. 지금 돌이켜 생각해보면, 당시의 나에게는 마음 둘 곳이 공부밖에 없었던 것 같다. 관계에서 찾을 수 없는 인정과 보호를 공부에서 찾으려 했던 것 같다. 1등을 하면 주위 사람들이 인정해줬고 공부를 잘해 좋은 대학에 입학하고, 좋은 직업을 가지면 그것이 나를 지켜줄 수 있다고 생각했다. 그 당시의 나에게 공부는 할 수 있는 최선의 대안이자 절박한 선택이었다. 스스로 채찍을 가하면서 시작한 공부는 어느새 나의 일상이 되었고, 내 삶의 전부가 되었다. 뭔가를 이루기 위해 시작한 공부는 나에게 정신력을 배양시키는 각성제였으며, 내 삶을 더 나은 방향으로 끌고 가는 견인차였다.

비극도 멀리서 보면 희극으로 바뀐다

찰리 채플린(Charles Chaplin)의 "인생은 가까이서 보면 비극이지만 멀리서 보면 희극이다"라는 명언이 떠오른다. 저마다 힘든 시기를 겪으면서 당시에는 무척 견디기 어려운 곤경이었지만, 먼 훗날 그날을 돌이켜 생각해보면 아름다운 풍경으로 다가오는 이유다. 힘든 상황을 경험해보지 않고서는 힘든 상황을 극복할 수 있는 지혜가 생기지 않는 법이다. 겉으로 보기에는 행복해 보이지만, 내면을 들여다보면 저마다의 사연을 갖고 모두 힘든 시기를 보내고 있다. 모든 가정을 가까이서 보면 각각의 사연이 있고, 가족 구성원은 각자의 몫을 짊어지고 있다. 사연이 없는 사람도, 가정도 없다. 오늘에 이르기까지 행복이든, 불행이든 우여곡절을 겪으면서 저마다의 스토리를 만들어가고 있는 것이다. "행복한 가정은 모두 엇비슷하고, 불행한 가정은 불행한 이유가 제각기 다르다" 톨스토이(Leo Tolstoy)의 소설 《안나 카레니나》[1]의 첫 구절이다. 잘나가는 집안은 그 이유가 없다. 가정이 화목한 이유는 비슷하지만, 불행한 가정은 저마다의 방식으로 각기 불행하기 때문에 그 이

1. 레프 니콜라예비치 톨스토이 《안나 카레니나》.

유도 다양하다. 하지만 불행한 이유도 어느 한 가지 입장에서 일방적으로 판단하고 결정할 수 없는 말 못 할 사연을 갖고 있다. 그런 사연이 우리가 경험하면서 깨닫는 특별한 사유를 만들어내는 원동력이 되기도 한다.

가족 구성원이라는 이유만으로 자신의 잘못이 아니어도 자녀들은 그 짐을 같이 짊어지고 가는 경우도 많다. 나는 재혼 가족의 구성원으로 살아가며 짊어지고 가는 삶의 무게가 있었다. 재혼 가족이 풀어나가야 할 문제를 스스로 해결하면서 나를 지켜주는 인정과 보호를 공부로부터 찾았다. 공부에 몰두함으로써 수시로 부각되는 다양한 문제 상황을 잊어버리려고 노력했다. 한 가지에 몰두함으로써 다른 골치 아픈 이슈를 잠재우려는 시도였는데, 어려운 시기임에도 불구하고 생각대로 내 마음을 통제할 수 있었던 게 참으로 다행이라고 생각된다. 그것이 술, 이성, 게임과 같은 것들이 아니었다는 것에 감사하다는 생각이 든다. 겉으로 표현만 안 했을 뿐, 재혼 가족으로 살아가는 과정에서 직간접적으로 부딪히는 문제가 없었던 것은 아니다. 그렇다고 내가 어떤 노력을 기울인다고 해서 내 마음대로 복잡한 문제가 실타래 풀리듯 쉽게 풀리지는 않는다. 다만 그런 문제를 인지하고 감내할 뿐이다. 말하자면 세월이 약이 되는 이유다. 성인이 되면서 복잡한 관계를 이전과 다르게 해석하면서 나의 문제를 다르게 받아들이고 있지만, 지금도 그 문제들을 하나씩 풀어가며 인생의 의미를 곱씹어가고 있다.

꿈을 향해 달려가고, 꿈 너머로 비행하라

대학교수로 일하다 보면 고등학교를 갓 졸업한 학생들과 많은 시간을 보내게 된다. 무리 안에 있는 학생들을 살펴보면 나도 모르게 그들의 아픔이 조금씩 보이기 시작한다. 내가 작은 호의로 간식을 사주더라도 그것을 먹지 않는 학생이 보인다. 그러면 그 마음을 헤아려보고 싶다는 생각이 든다. 대학교 1학년 첫 수업에 "너희에게 대학생이 된 것이 무엇을 의미할까?"라는 질문을 던져보곤 한다. 이 질문을 던지는 것은 미성년자에서 성인으로 거듭나는 이 시점이 갖는 의미를 되새겨보기를 바라는 마음에서다. 지금까지 내가 선택하지 않은 부모와 가정 아래에서 어쩔 수 없는 영향을 받아왔고, 누군가에게는 이루 말할 수 없는 무거운 짐을 지고 살아왔다면, 성인이 되는 것은 이제는 그 짐을 내려놓는 시기라고 말을 해준다. 이제는 가정과 분리해서 자신의 삶을 바라보기를 바라는 마음에서다. 앞으로는 자신이 선택해서 자신의 삶을 꾸려나가기를 바라는 마음에서 학생들을 보살피기 위한 나름의 시도를 다양한 방식으로 해본다. '대학생은 내가 원하는 삶을 만드는 출발선에 있다'라는 것을 학생들이 깨달았으면 좋겠다는 바람을 가져본다. 부모의 영향력에서 벗어나 스스로 결정하고 판단해서 행동하는 독립형 인간이 되는 중요한 시기가 대학생 시절이기 때문이다.

내 유튜브 채널에 업로드 된 영상 중 '내 미래를 다 맞춘 비밀'에 내가 스무 살에 쓴 다이어리를 공개했다. 거기 안에는 스무 살의 내가 나에게 쓴 '나는 내가 이런 어른이 되었으면 좋겠어…'라는 내용의 글이

담겨 있었다. 나는 내가 '무엇을 맡겨도 믿을 수 있으며 다 해낼 수 있는 사람이고 싶고, 항상 적극적이고 긍정적이며 열정이 눈에 있는 그런 어른이 되고 싶다'라고 썼다. 그리고 17년이 지난 지금, 다시 그 다이어리를 꺼내보며 서른일곱 살의 내가 스무 살의 내가 바라던 모습에 가까워져 있다는 것을 알게 되었다. "생각하는 대로 이루어지고 꿈꾸는 대로 이루어진다"라는 말을 한다. 하지만 나는 그렇게 생각하지 않는다. 생각하고 꿈만 꾼다고 꿈이 이루어지지 않기 때문이다. 꿈을 꾸는 것도 중요하지만, 꾼 꿈을 몸으로 던져 실천하지 않으면 꿈은 망상이나 몽상으로 전락한다. 꿈을 꾸었으면 꿈을 실현하기 위한 노력이 꾸준하게 이루어져야 한다. 내가 20대에 꾸어왔던 많은 꿈이 현실로 다가온 이유는 꾸준히 꿈을 향해 실천해왔기 때문이다. '호시우보(虎視牛步)'라는 사자성어가 있다. '호랑이처럼 앞을 내다보고 소처럼 우직하게 걸어가라'는 말이다. 호랑이처럼 앞을 내다보는 호시(虎視)는 꿈이나 비전을 의미하고, 소처럼 우직하게 걸어가는 우보(牛步)는 꿈을 실천하는 구체적인 행동을 의미한다. 호시 없는 우보는 무모한 도전일 수 있고, 우보 없는 호시는 막연한 몽상일 수 있다.

이렇게 스무 살에 한 번쯤 우리는 지금까지 살아온 나를 잊고 앞으로 어떤 삶을 살고 싶은지, 어떤 어른이 되고 싶은지에 대해 생각해보는 것이 좋다. 그리고 생각으로 멈추는 것이 아니라 그러한 생각과 가치관을 다이어리에 기록해서 한순간도 놓치지 않는 것이 중요하다. 다이어리에 자신이 지키고 싶은 것들을 적어 스스로와 대화하면서 간직하고, 시간이 지나 다시 또 나를 만나는 방법이 바로 다이어리를 쓰는 중요한 이유이기도 하다. 다이어리에 쓰고 다짐하며 방향 잡고 안테 나를 한 번도 놓치지 않고 하나하나 이루어나가면 언젠가는 내가 원하는 내 모습으로 되어 있을 것이다. 오늘의 나는 과거의 언젠가 내가 상상했던 모습이다. 지금 여기서 어떻게 내 이미지를 그리는지에 따라 내가 상상한 이미지대로, 미래의 내 모습은 구현된다. 상상력이 위대한 이유는 곤란함에도 불구하고 그것을 극복한 미래의 모습을 이미지로 그려본다는 데 있다. "생생하게 꿈꾸면 현실이 된다"라고 이지성 작가님은 《꿈꾸는 다락방》[2]에서 꿈의 공식에 대해 말씀하셨고, "내가 그리워하는 만큼 미래도 나에게 다가온다"라고 신영복 교수님도 말씀하셨다. 그리워하지 않는 미래는 영원히 오지 않는 미래다. 내가 어떤 미래를 간절하게 원하는지에 따라 미래는 아름다운 모습을 품고 나에게 다가온다.

20대여, 지금 10년 후 나의 모습을 상상한 다음, 매일 그 모습을 그림으로 그려봐라. 그러면 내가 그리워하는 그림만큼 현실로 다가온다. 비전(vision)은 시각화(visualization)의 다른 이름이다. 비전을 실현하려면 자신의 비전을 그리워하면서 반복해서 그림으로 그리면 그리워한 만큼 꿈으로 실현된다. 미국의 유명한 만화가 중에 스콧 아담스(Scott Adams)라는 사람이 있다. 아담스가 그린 만화 중에 〈딜버트〉라는 만화

2. 이지성, 《꿈꾸는 다락방》, 차이정원.

가 있다. 〈딜버트〉는 험난한 회사 생활을 시니컬한 유머를 녹여 풀어
낸 걸작 만화다. 이 만화를 그린 아담스는 "나는 유명한 시사만화가가
될 것이다"라는 꿈을 매일 15번씩 그렸다고 한다. 몇 년 후에 그 꿈이
실현되자 아담스는 여기서 만족하지 않고 "나는 세계 최고의 만화가
가 되겠다"로 꿈을 바꿔서 무려 30년 이상 매일 15번씩 그 꿈을 그렸
다고 한다. 세계적인 만화, 〈딜버트〉는 그렇게 해서 탄생했다. 여러분
은 여러분의 꿈을 얼마나 간절하게 그리워하고 있는가? 꿈에 대한 간
절함이 꿈을 현실로 구현시키는 강력한 원동력이다.

✈
겨울

삼수, 대학 진학을
포기하다

"윙~~"

언어영역 1번 듣기평가 문제가 나오고 있는데, 나에게 들리는 것은 멍한 이명 소리뿐이었다. 이 수능을 위해 남들보다 2년을 더 준비했는데 이럴 수는 없었다. '하느님, 부처님, 부모님…' 마음속에서 기댈 수 있는 모든 존재를 부르고 있었다. 그래도 소용없다는 것을 알고 체념하는 순간, 방송 소리가 들리기 시작했다. 정신을 차릴 때쯤 시험은 2번 문제까지 지나가 있었다. 떨리는 손을 두 눈으로 지켜보면서 마지막까지 정신 줄을 놓지 않으려는 나와 두 문제를 놓치고 시작한 시험은 가망이 없다며 포기하려는 나를 마주했다. '벌써 삼수다. 이번이 정말 마지막, 오우진 정신 차리자' 안이한 자세와 태도로 포기하고 싶은 방향으로 자신도 모르게 이끌려가는 나를 순간적으로 다잡았다. '오우진, 네가 이 정도밖에 안 되는 사람이야?' 강한 질책과 함께 자책성 질문을 던져놓고 나를 심각하게 나무랐다. 포기도 습관이다. 쉽게 포기하는 습관이 생기면, 조금만 어려운 일이 생겨도 더 이상 생각하지 않고, 안 되는 이유로 자기 합리화를 하며 포기하는 자신을 변호하기 시작한다. 결과에 상관없이 깨끗한 승부수를 던지고 싶었다. 해보기도 전에 포기하고 싶지 않았다. 일단 시도해보고, 정말 안 된다는 생각이 들 때 포기해도 늦지 않겠다고 생각했다.

20대는 받아들이는 법을 몰랐다

고등학교 내신 성적은 그래도 전교 2등 안에는 거의 들었다. 그러나 3학년 때 모의고사 점수는 항상 아쉬웠고 수능도 아쉬움을 남겼다. 그래서 재수를 하기로 했다. 다른 사람들이 나를 정의할 때, '오우진, 그 대학에 갔구나'라는 마침표를 찍기엔 내 자존심이 허락지 않았다. 그 당시, 친척 오빠가 전북대학교 의과대학에 다니고 있었기에 도움을 받기 위해 짐을 싸서 전주로 내려갔다. 의대생 친척 오빠의 지도가 표면의 이유였지만, 집을 떠나서 새롭게 다시 시작하고 싶은 마음이 더 컸다. 그때도 전주에서 고시원에 머물며 친척 오빠가 공부하는 대학교 도서관에서 의대생들 사이에 껴서 수능 공부를 했다. 대학을 가진 않았지만, 대학교 도서관에서 수능 공부를 하며, 나는 그들 사이에 끼고 싶다는 생각이 간절했다. 왜 그렇게 간절했는지 생각해보면, 내 삶의 한 국면에서 판을 뒤집을 수 있는 것은 대학밖에 없다고 생각했다. 내 삶을 내 힘으로 바꿔보고 싶다는 간절함이 나의 강력한 추진력이 되었다. 간절함을 이길 수 있는 것은 없다. 절박함과 간절한 갈망은 서툰 희망이나 소망을 능가한다. 절박함이 뚜렷한 목적의식을 만나면, 불가능도 가능으로 바꾼다. 이제는 그 어떤 것에도 얽매이지 않고 내 삶을 내가 원하는 대로 바꾸고 싶었다. 나는 이제 선택하고 책임질 수 있는 성인이 된 것이다. 어른과 어린이의 차이는 자신이 원하는 삶을 자기가 생각하는 방향으로 통제하고 조정하며 의도하는 목적을 달성할 수 있느냐의 여부로 결정된다. 그러한 면에서 나는 온전한 성인이 되고 싶었다.

대학 신입생의 캠퍼스 생활과 맞바꾼 나의 치열한 재수 시간은 결국 내 갈망을 채워주지 못했다. 꿈은 원대하고 지향하는 바는 저 높은 곳을 향하고 있지만, 현실은 늘 좌절과 절망의 텃밭에서 헤매기 일쑤였다. 생각한 대로 풀리지 않는 문제, 마음먹은 대로 움직이지 않는 몸, 계획대로 진행되지 않는 고민은 늘 나를 괴롭혔고, 나는 또 나를 밀어붙였다. 생각대로 풀리지 않으면 차분하게 대안을 모색하는 대신, 무조건적인 반항과 분개의식을 품고 질풍노도의 바다를 건너기 일쑤였다. 깊이 생각하기 전에 감정적 반응과 대응으로 일관했다. 이성적 판단과 결정으로 원인과 결과를 구분하기 전에 몸이 먼저 반응하고, 생각대로 되지 않는 모든 일에 원인 모를 답답함과 갑갑함을 동시에 느끼면서 무조건 되는 방향으로 대책 없이 밀어붙였다.

객기로 가득 찬 나의 20대는 받아들이는 법을 몰랐다. 재수했지만 기대만큼 결과가 나오지 않았다. 그러나 나는 받아들이지 않고 다시 도전했다. 삼수다. 아주 조금의 쉼을 가지고 이번에는 재수 학원에 등록했다. 3월이 본 수업이지만 나는 1월부터 선행학습을 했다. 수리영역은 거의 매 시험 100점을 받았다. 그래서 3월의 본 수업 개강에 SKY 반에 들어가게 되었다. 삼수생이어서인지 모든 수업을 다 쉽게 따라갈 수 있었고 무난했다. 그리고 한 달 후 전국 모의고사 시험을 보는 날이었다. 언어영역, 수리영역, 그 이후에 점심시간을 가졌다. 점심시간에 나는 학원 밖으로 나왔다. 더 정확하게 말하면 시험 중간에 이탈한 것이다. 첫 모의고사에 대한 기대감이 너무 커서 역으로 부담감이 나를 심각하게 압박했다. 견딜 수 없는 괴로움이었다. 그 누구도 주지 않는 부담과 압박을 스스로 받았고, 그것은 내가 감당할 수 있는 것 이상이었다. 그렇게 나는 또 감정적으로 반응했다. 잘하고 싶다는 마음이 너무 앞선 나머지, 부담감을 못 이기고 감당하지 못한 채 그렇게 무너져버렸다. 그 후, 몇 달이 쏜살같이 흘러 쌀쌀한 11월이 되었고, 수능 날의 춥고 서글픈 공기를 느끼며 세 번째 수능 평가장에 들어섰다.

누구도 나를 함부로 정의할 수 없다

친구들이 대학교 2학년이 끝나는 시점에 나는 수능을 보러 왔다. 더 이상은 늦으면 안 된다는 압박과 의대라는 높은 목표의 압박이었다. 그 누구도 부여하지 않은 스스로가 주는 무거운 압박이 나를 짓눌렀다. 어릴 시부터 부모님은 나에게 공부하라고 강요하지 않았다. 그저 재혼 가정이지만 나에게 바르게만 자라 달라고 말했다. 나중에 엄마에게 왜 나한테 공부하라고 하지 않았냐고 물으니, 공부하라고 강요하면 내가 혹여나 반항심에 나쁜 길로 갈까 봐 눈치 보느라 그랬다고 한다. 그런데 누가 시킨 것도 아닌데 나는 공부에 몰두했고, 스스로 되뇌었다. '나 스스로를 지켜야 해. 그러기 위해서는 1등을 해야 하고 가장 좋은 직업을 가져야 해' 그 당시 나는 이과를 선택했고, 이과에서 선택할 수 있는 가장 좋은 과가 의예과였다. 그래서였다. 의대를 진학하고자 하는 이유에는 그 이상도, 그 이하의 이유도 없었다. 그저 나는 인정과 보호를 공부와 직업에서 찾으려 했던 것이다. 〈논어(論語)〉를 보면, 두 가지 공부가 나온다. '위인지학(爲人之學)'의 공부와 '위기지학(爲己之學)'의 공부다. 위인지학의 공부는 남에게 잘 보이기 위해서 하기 싫은 공부를 결과 중심으로 하는 공부다. 이런 공부는 하면 할수록 자신을 알 수 있는 공부 여정으로 돌입하지 못하는 불행한 공부다. 반면에 위기지학의 공부는 자신이 하고 싶어서 좋아하는 공부를 남의 눈치 안 보고 공부하는 과정을 즐기는 공부다. 솔직히 고백하면 나는 위인지학의 공부를 한 것이다. 내가 좋아서 하는 공부가 아니었다. 공부 그 자체가 목적이 아니라 수단이었다. 나를 보호하고 위장하며 다른 사람에게 보여주는 공부를 했다. 하지만 그 당시에는 내가 취할 수 있는 최선의 선택이었다.

항상 1등이 하고 싶었다. 왜 그런지는 알 수 없으나 그래야만 할 것 같았다. 그래야 내가 살 것만 같았다. 그렇게라도 보상을 받아야 할 것 같았다. 그렇게라도 하지 않으면 내 삶이 억울했다. 내 동의 없이 삶이 시작되었고, 내가 선택할 수 없는 가정에서 태어났으며, 내 잘못이 아닌데 그 가정에 속했다는 이유로 힘듦을 겪는 게 너무 억울했다. 탄생은 개인의 선택 문제가 아니다. 그래서 판을 뒤집어야 한다는 생각이 들었다. 그리고 그 나이에 내가 할 수 있는 유일한 것이 공부였다. 학교에서 공부하고 시험을 보면 순위가 매겨졌다. 좋은 배경의 집 아이도, 행복한 집의 아이도 내가 이겼다. 내가 한 만큼 결과가 나오는 공부가 공평하다는 생각을 했다. 시험 볼 때만큼은 그 누구의 부모도 시험장에 들어올 수 없고, 배경을 다 빼고 우리끼리만 경쟁한다는 게 좋았다. 그리고 나는 자신이 있었다. 이처럼 공부 경쟁에는 그 어떤 외생적 변수도 개입할 수 없다고 생각했다. 내가 열심히 한 만큼 결과로 보상받을 수 있다고 생각했다.

어릴 적부터 승부사 기질이 있었다. 중3 때부터 독서실에 이불을 싸가서 잠을 청하며 공부했고, 사발면과 삼각김밥으로 끼니를 때우고 커피믹스를 물처럼 마셨다. 그렇게 몸을 혹사하며 공부했더니 코피가 터지기 일쑤였고, 나중에는 빈혈까지 얻게 되어 약을 달고 살았으며, 시력도 안 좋아지기 시작했다. 그런데도 나는 굽히지 않았다. 내 몸이 상하더라도 의대에 가는 꿈을 이룰 수 있다면 좋겠다고 생각했다. 부모님이 이혼하고 난 뒤 재혼 가정에서 자란 아이라는 지금의 나를 정의짓는 모든 것들에서 벗어나 나를 새롭게 정의하고 싶었다. 내가 통제할 수 없는 변수가 나를 통제하는 게 싫었다. 어쩔 수 없는 환경적 변수에 이끌려 수동적인 삶을 살고 싶지 않았다. 대신에 스스로를 통제

하고 조정하며 지배할 수 있는 변수를 중심으로 나를 세상의 중심에
놓고 싶었다. 세상이 규정하는 나를 부정하기 위해 발버둥 쳤고, 그 발
버둥이 삼수까지 이어진 것이다. 가끔은 너무 간절하면 절박함으로 이
어지기도 하는 듯했다. 그 간절함이 자초한 압박감을 이기기엔 너무
절박해서였을까, 세 번째 수능도 나를 만족시키지는 못했다.

성장하는 도전이라야 삶도 동반 성장한다

그다음은 어떻게 해야 할까? 나는 또 받아들이지 못했다. 그리고 대
학을 가지 않겠다고 결정했다. 어떠한 대안도 없었지만, 대학은 갈 수
가 없었다. 삼수 후 성적에 맞춰 낮은 레벨의 대학에 들어간다면, 결
국 세상의 힘에 의해 내가 또 정의 내려지는 것 같아서 갈 수 없었다.
'저 대학을 가려고 삼수를 했냐?'라는 말을 들을 수가 없었다. 나 스스
로가 용납되지 않았다. 열심히 하면 된다는 어른들의 말에 배신감마저
들었다. 그리고 나는 대학을 등지기로 마음을 굳혔다.

부모님께 내 결단을 말씀드렸고, 부모님께서는 항상 그랬듯 "우리
가 어떤 조언을 해줘야 할지 모르겠다. 그러니 네가 알아서 하고 싶은
대로 하라"고 하셨다. 나는 그 어떤 조언을 해주지 못하는 부모님에게
화가 났고, 이런 상황을 만든 나에게 너무 화가 났다. 그러나 언제나
그랬듯 무심하게 내 방으로 들어왔다. 그리고 그날 내가 잠이 들었을
때쯤, 엄마가 술을 드시고 와서 자는 나를 깨웠다. 그리고 나에게 눈물

을 보이며 말했다. "우리 딸, 너는 최선을 다해 세 번을 도전했고 그 도전은 용감했어. 머리도 네가 자르면서 예쁜 치마도 못 입고 공부만 한 거 엄마가 다 안다. 내가 평생 기억해줄 테니 걱정 말아라" 그때까지도 억울하고 화에 가득 찬 내 마음이 녹으면서 객관적인 생각을 하기 시작했다. '나의 도전은 용감한 행동이 맞는가?', '나는 왜 받아들이지 못하는가?'

도전에는 두 가지 색깔이 있다. 20대의 내가 취한 도전은 '저항하는 도전'이었다. 그래서 그 에너지는 탁했고 강했으며 날카로웠다. 그 안에는 인정도 없었고 반성도 없었고 사랑도 없었다. 그래서 결과를 받아들이지 못했다. 또 다른 도전은 '성장하는 도전'이다. 더 나은 자신과 상황을 위해 현재를 인정하면서 보완하고 발전하는 도전이다. 성장하기 위한 도전은 에너지가 밝고 따뜻하다. 성장하는 도전을 해야 그것의 결과가 비록 실패더라도 도전을 통해서 삶도 성장한다. 그래서 자신이 취하는 도전을 한번 유심히 살펴볼 필요가 있다. 나는 지금 과연 저항하는 도전을 하는 것일까, 성장하는 도전을 하는 것일까? 저항하는 도전이 반복될수록 삶은 부정적인 방향으로 가게 될 것이고, 성장하는 도전이 계속 이어질수록 삶은 비약적으로 성장하는 방향으로 바뀔 것이다.

지금의 내가 20대 소민의 너에게 교훈적인 말을 건네주고 싶다면 어떻게 전하는 것이 좋을까? 철학자 니체(Nietzsche)의 '아모르파티(Amor

Fati)', '네 운명을 사랑하라'는 말이 망설임 없이 떠오른다. 우리말로 '운명애(運命愛)'로 번역되는 아모르파티는 타고난 운명을 수동적으로 받아들이거나 운명을 거부하지도 말고, 이를 온전히 받아들이고 사랑하라는 말이다. 가끔은 내 상황을 받아들여 창조적으로 해석하는 것도 현명한 방법일 수 있다. 어쩌면 나에게 다가오는 사람도, 일어난 일도 다 이유가 있다는 것을 이제는 알 것 같다. 그러나 그때 받아들이지 못함을 후회하진 않는다. 많이 버거웠지만, 그것은 또 다른 무늬를 내 삶에 새겨줬다. 그러나 그때 내 삶을 온전히 받아들이는 것도 괜찮다는 것을 누군가 나에게 넌지시 말해줬다면, 내 20대가 기억에 그렇게 힘들게 남아 있지는 않을 것 같다.

얼마 전 대학교에서 학생 상담 지도를 하는데, 어떤 학생이 자신은 항공사 승무원이 딱히 하고 싶은지도 잘 모르겠고, 항공서비스학과와 학교가 자신에게 적합한지도 모르겠다고 했다. 그래서 나는 학생에게 항공서비스학과와 학교가 아니라면 대안은 있는지 물었다. 그러나 학생은 대안이 없다고 말했다. 그저 여기는 아닌 것 같고 불만족스럽다고 했다. 나는 그 학생에게서 20대의 내 모습을 봤다. 그리고 넌지시 한마디를 던졌다. "가끔은 말이야… 자신에게 주어진 상황을 받아들이는 법도 배워야 한단다. 그러면 받아들인 그 상황 안에서 생각지도 못한 즐거운 일을 맞닥뜨릴 수가 있어. 모든 일어난 일에는 이유가 있다는 것을 교수님도 한참 후에야 알게 됐어. 그러니 네가 이 학교에 온 이유도 분명 있을 거야. 그 이유를 찾아보자" 이유 없이 저항만 하지 말고 주어진 상황을 받아들이며 그 안에서 최선을 다하다 보면, 언젠가는 그곳에 있는 이유를 스스로 찾을 수 있을 것이다.

삼수생, 어쩌다 항공운항과에 진학하다

나는 그렇게 대학 진학을 포기하고 야간 호프집에서 아르바이트를 하기 시작했다. 왜 하필 야간이었냐고 질문한다면, 그 당시 우리 집은 주상 복합이었고 지하에 단란주점이 있었다. 밤마다 쿵쾅거리는 기계음의 진동과 음악 소리에 나는 집에서 자는 게 너무 불편했다. 또한, 여동생과 방을 같이 써야 한다는 것과 장사를 마치고 돌아온 부모님이 켜는 무심한 TV 소리도 신경이 쓰였다. 가능한 한 가족들과 활동 시간대가 겹치고 싶지 않았다. 그래서 야간에 호프집에서 아르바이트하기 시작했다. 가족들이 다 자는 새벽 3시경에 집에 들어와 쓰러져 잠을 자고, 가족들이 다 나가고 나서 일어나는 게 마음이 편했다. 호프집 아르바이트는 꽤 재미있었다. 그 당시 나는 아르바이트를 하는 동안 남학생들에게 고백도 많이 받으며 인기가 꽤 좋았다. 그래서 다른 아이들이 시급 3,500원을 받을 때, 사장님께서 나만 시급 4,000원을 주셨다. 그렇게 하루하루 시간을 보내는 것도 할 만했다. 잘해야 한다는 압박도 없고, 스스로에 대한 기대를 놓으니 홀가분했다.

그날도 그렇게 새벽 아르바이트를 마치고 집에 왔다. 아무 생각 없이 새벽에 TV를 켰는데, 〈EBS 직업탐구〉라는 프로그램에서 어떤 아름다운 여성과 사회자가 앉아 있었다. 그 여성의 표정, 말투, 태도는 지금까지 내 주위에서 볼 수 없는 우아한 여성의 모습이었다. 그 당시 나는 비행기를 타본 적도 없었고, 현직승무원을 직접 본 적도 없었다. 가정과 학교 범위 내의 사람들이 내가 볼 수 있는 사람의 전부였다. 그런 나한테 그 여성에게 뿜어져 나오는 아우라는 너무 강렬했다. 그 프로그램에 출연한 여성은 항공사 승무원이라고 했고, 나는 그 여성에게 첫눈에 반해버렸다. 그 여성은 우아하고 기품이 있으며 아름다웠다. 나는 TV 속에 앉아 있는 그 여성처럼 되고 싶었다.

나에 대한 애틋함이 나를 다시 일으켰다

일어나자마자 승무원이 되는 법에 대해서 검색하기 시작했다. 그 당시에는 4년제 대학교 지원과 전문대학교 지원이 구분되던 때라, 내가 항공 승무원과를 검색할 당시는 4년제 대학교 원서 지원이 마감되고, 전문대 원서 지원이 시작되고 있었다. 전문대라는 선택 범위에서 승무원이 되려면, 인하공업전문대학교 항공운항과에 가야 한다는 정보를 얻게 되었다. 필연이었을까? 그때가 바로 인하공업전문대학교 원서 접수 기간이었다. 나는 바로 원서 접수를 했고 아무것도 모른 채 인하공업전문대학교 항공운항과 면접을 봤다. 면접 당일, 엄마와 함께 주안역에 도착해 그 근처 미용실에 들어가 머리 손질과 메이크업을 받고 대학교로 향했다. 면접장 1층 홀에 들어섰을 때 홀에 가득 찬 학생들을 보고, 엄마와 나는 놀람을 감출 수 없었다. 그때 당시 4,000여 명이 면접을 봤다고 했을 정도로 많은 학생들이 모여 있었다. 그리고 다시 한번 '이렇게 예쁜 애들이 세상에 많이 있구나' 하고 놀랍기도 했다. 면접장에 들어서는 그 순간까지 나는 〈EBS 직업탐구〉 속의 그 아름다운 승무원을 머릿속에 그리며, 스스로에게 '나는 그 승무원처럼 될 거야'라고 계속 되뇌었다. 면접은 아주 간단했다. 두 개의 질문이 주어졌는데 그중 하나는 '가장 감명 깊게 읽은 책이 무엇이냐?'라는 것이었다. 아직도 기억에 남아 있는 것을 보면 그 면접이 상당히 인상이 깊었나 보다. 약 4,000여 명 중에 160명을 뽑는다고 했다. '내가 과연 될 수 있을까?'라는 생각이 머릿속을 가득 채웠다. 그 당시 삼수를 경험한 나는 '뭐든 쉽게 주어지는 것은 없구나' 하는 인생의 진리를 어렴풋이 알고 있었다. 그래서 이번에도 내가 과연 합격이라는 것을 손에 잡을 수 있을까 걱정이 되었다. 계속되는 실패로 학습된 무기력이 마음속에 자리 잡고 있었다. 그래서 더욱 간절했다. 모든 것을 다 내려놓은 시점에 다시 찾아온 설렘과 도전이었다. '이번만큼은 무슨 일이 있어도 성취해야 한다. 그래야만 나는 다시 일어설 수 있을 것이다'라고 생각했다. 그래서 대학교 면접 후 매일매일 간절하게 기도하며 잠을 청했다.

결과를 기다리는 몇 주는 굉장히 애가 타는 기간이었다. 매일 꿈을 꾸기를 반복했다. 어떤 날은 합격하는 꿈을 꾸었고, 또 다른 날은 불합격하는 꿈을 꾸었다. 매일 그렇게 꿈에서 나는 천당과 지옥을 왔다 갔다 했다. 드디어 발표 날이 되었고, 그날 아침에도 불합격하는 꿈을 꾸었다. 발표가 나기로 한 시간에 맞춰 PC방에 들어섰다. 대학교 홈페이지에 들어가 이름과 수험번호를 채워 넣은 후, 나는 왼손으로 컴퓨터 화면을 가리고 오른손으로 엔터를 눌렀다. 왼손을 모니터에서 떼기만 하면 결과를 알 수 있는데 그 왼손을 뗄 수가 없었다. 의예과를 가는 것도 포기하고 대학도 포기한 그 시점에 나에게 다시 무언가 하고 싶은 게 생겼는데, 이번에도 안 되면 눈사람이 햇볕에 녹듯 내가 녹아내려 없어질 것만 같아 무서웠다. 그렇게 한참을 보지 못하다가 땀이 차서 손이 미끄러졌다. 그 순간, "합격을 축하합니다"라는 문구가 눈에 들어왔다. 나는 그 자리에서 울어버렸다. 안도의 눈물이었는지, 서러움의 눈물이었는지 정확히 기억이 나지 않는다. 반복되는 좌절감에 대학을 포기했음에도 내 삶에 관한 애틋함은 포기가 안 되었던 모양이다. 내 인생을 위해 끝내 포기하지 않고 다시 일어나 새로운 도전을 한 결과에 이렇게 보답이 온 것이다. 처절하게 나를 짓밟은 좌절감을 이겨내고, 다시 도전하게 만든 것은 나와 내 삶에 관한 애틋함이라는 것을 알게 되었다.

과거를 버려야 새로운 미래를 만날 수 있다

나는 대학에 가면서 내 삶에 '리셋 버튼'을 누르기로 했다. 그동안의 치열하던 내 모습, 처절하던 산수 생활, 저항하며 받아들이지 못한 내 모습을 리셋하기로 했다. 나를 얼음공주로 만들었던 열등감, 피해의식, 그리고 알량한 자존심을 다 내려놓기로 했다. 《해리포터》시리즈를 쓴 조앤 롤링(Joan K. Rowling)은 "실패는 삶에서 불필요한 것들을 제거해준다. 나는 내게 가장 중요한 작업을 마치는 데 온 힘을 쏟아부었다. 그런 견고한 바탕 위에서 나는 인생을 재건하기 시작했다. 스스로를 기만하는 일을 그만두고 정말 중요한 일을 시작하라"라고 말했다. 나는 실패로 모든 것을 놓고 나서야 새로운 것을 받아들일 준비가 되었다. 실패는 일종의 새로운 출발인 셈이다. 성공은 사람을 자만하게 만들지만, 실패는 자숙하고 성찰하며 배우는 인간으로 거듭나게 만든다. 실패가 없다는 이야기는 그만큼 인생에 도전하지 않고 평범한 삶을 살았다는 방증이다. 어제와 다르게 도전하는 사람만이 어제와 다른 실패를 경험할 수 있다. 실패는 숨겨두고 부끄러워해야 할 잘못된 모습이 아니라, 적극적으로 찾아내서 반성하고 성찰하면서 배움의 디딤돌로 삼아야 할 도약의 발판이다. 실패했기 때문에 새로운 것에 다시 도전할 수 있었고, 내 삶은 깊이가 있고 다채로워졌다는 것을 알게 되었다.

모든 것을 내려놓고 나서 새롭게 찾은 길에서 나는 새로운 출발을 하게 되었다. 그때 당시 집이 성남이었고 학교는 인천이었다. 부모님께 물리적 거리감이라는 좋은 이유를 들었지만, 사실 무엇보다 나는 집을 떠나 모든 것을 새롭게 시작하고 싶었다. 그래서 학교 근처에서 자취하겠다고 말씀을 드렸고, 나는 그렇게 독립을 하게 되었다. 그동안 가족이라는 울타리에 있던 나는 남들과 다른 가족 구성으로 인해 움츠러들었다. 성이 다른 아빠와 형제들, 그리고 그 안에 내가 있었다. 그래서 친한 친구에게도 나의 모든 것을 다 드러내는 것이 불편했고, 다 들켜버릴까 봐 전전긍긍했다. 그런데 대학에 오면서 집을 떠나 온전히 나로서 살아갈 수 있다는 것에 너무 기뻤다. 이제 정말 내 인생을 내가 원하는 대로 살아갈 수 있을 것 같았다. 나는 그렇게 성인으로서 한 발을 내디뎠다. 우리는 성인이 된다는 것이 무엇을 의미하는지 한 번쯤 시간을 내서 생각해야 한다. 이것은 꼭 불행한 가정에만 해당하는 것이 아니다. 평온한 가정 안에서 자란 학생들도 대학 생활의 첫 행보에 의미를 두어야 한다.

살아가다 보면 미숙한 어른들을 자주 보게 된다. 세월이 흘러 어른이 되었을 뿐 정신적 성숙과 깊이는 갖지 못한 어른들이 있다. 이 글을 읽는 학생들도 언젠가 한 번쯤 그런 어른을 만나봤을 것이다. 그런데 어쩌다 그런 어른이 되었을까에 대해서는 생각해보지 않았을 것이다. 나는 거기에 이렇게 답하고 싶다. 어른으로 넘어가는 시점에 한 번도 시간을 내어 그 의미를 깊이 있게 사유하지 않았기 때문이라고. 지금 이 글을 읽는 20대는 어른이 되었을 때 자신의 모습이 비루하고 비천하지 않기 위해서는 '어른이 된다는 것의 의미와 어떠한 어른이 되고 싶은지' 꼭 시간을 두고 깊이 생각해봐야 한다.

목표가 생기니 목적지에 이르는 여정이 행복했다

과 대표를 뽑는 날이었다. 항공운항과 1학년 학생이 강당에 모였고, 2학년 학회 선배님들이 강단 위에 서 있었는데, 예쁘게 정돈된 헤어스타일과 단정한 정장 차림의 모습이 사회인처럼 보였고 한 학년 선배라고 느껴지지 않았다. 선배님들은 신입생들에게 과 대표를 하고 싶은 사람은 먼저 지원하라고 했다. 나는 마음속으로 너무 지원하고 싶었으나 손을 들지 못했다. 나는 고등학교까지 한 번도 학급 임원을 해본 적도 없고, 남 앞에 나를 드러내는 것을 두려워했다. 가능한 한 나의 약점을 드러내지 않기 위해 말을 아꼈고 남들 앞에 나서지 않았다. 그래서 그 순간 마음속에 많은 갈등이 생겼다. 움츠리고만 있던 과거의 나와 새롭게 활짝 피어나고 싶은 현재의 나 사이에 치열한 갈등이 마음속에 폭풍처럼 일고 있었다. 혼자만의 내적 갈등으로 가슴이 너무 뛰었고, 결국 한참 뒤에 나는 손을 번쩍 들었다. 성인이 되면서 인생을 새롭게 살고 싶다는 내가 이긴 것이다. 그렇게 나는 자처해서 1학년 과 대표가 되었다. 고등학교 때 친구들과 대화도 하지 않고 공부만 하던 이과생이 스스로 항공운항과 과 대표를 하겠다는 것은 놀라운 변화였다. 그러나 나는 변하고 싶었다. 모든 것을 다 내려놓고 새롭게 시작하게 된 이곳에서 나는 변하고 싶었다.

모범생 근성이라는 게 있는 것일까? 몸에도 관성이 있는 것일까? 대학교에서도 나는 맨 앞줄에 앉아 수업을 들었고, 다시 또 1등이라는 목표를 향해 매진하고 있었다. 전문대학이기 때문에 1학년이 지나면 바로 취업해야 한다는 현실에서 나는 내가 할 수 있는 최선을 다해 목표를 향해 나아가고 있었다. 항공운항과에 들어와보니 '저렇게 예쁜 아이가 있을 수 있나?' 싶은 아이들이 셀 수 없이 많았다. 그 당시 인하 공업전문대학교 항공운항과는 '대한항공 프리패스'라는 말이 돌았고, 그 정도로 예쁜 학생들이 많기로 유명했기에 서울 소재 모든 대학교 남학생들의 미팅 1순위였다. 그러나 나는 미팅을 나간 게 두 번 정도밖에 없었다. 우선 내 또래 남학생들의 그 어리숙함이 싫었고, 미팅에 보내는 시간이 아까웠다. 그 시간에 학원에 가서 토익 공부를 했고, 컴퓨터 자격증을 땄으며, 학점을 위해 공부했다. 목표가 생기니 그렇게 또 목표를 향해 나아갔다. 다시 목표가 생긴 게 너무 좋았다. 나아가야 할 지점이 있으니 다시 모든 곁가지는 자르고, 그것만 보고 나아가기 시작했다. 그런데 이번 도전은 그 색깔이 달랐다. 상황을 벗어나기 위한 공부가 아니라 이 안에서 성장하고자 하는 공부였다. 그래서 재미있었고 설렜다. 앞서 언급했던, 《논어(論語)》에서 말한 위인지학(爲人之學)의 공부가 아닌, 공부 그 자체를 즐기는 위기지학(爲己之學)의 공부를 하게 된 것이다. 삼수의 실패로 깊은 슬픔을 겪었지만, 내적으로 깊이 있는 사색을 하게 되었다. 삼수라는 큰 고배로 인해 나는 받아들임이라는 것을 배웠고, 놓는 법을 경험했다. 그러면서 나는 성장하고 있었다.

과정을 즐기면 결과도 행복한 성취감으로 다가온다

대학교 때 '항공청취영어'라는 과목이 있었다. 학점이 잘 나오지 않기로 유명한 그 과목에서 나도 첫 학기에 C+가 나왔다. 다른 모든 과

목은 거의 다 A+이었는데, 이 과목이 내 발목을 잡았다. 이 과목만 A+ 가 나와준다면, 과탑이 가능할 것 같았다. 그런데 교수님께서 1학년 2 학기 수업시간에 토익 점수 750점 이상을 받으면 무조건 A+를 준다 고 말씀하셨다. 바로 이거였다. 나에게 또 목표가 생겼다. 바로 1학년 2학기 시작 시점부터 주안역에 있는 토익 학원에 다니기 시작했다. 인 하대학교 4학년 언니, 오빠들 사이에서 학원 강의실 맨 앞줄에 앉아 토익 수업을 듣기 시작했다. 토익 강사님이 '이 점수대 반을 네가 따라 올 수 있겠냐?'라는 표정으로 안쓰러운 듯이 챙겨주시던 기억이 아직 도 잊히지 않는다. 처음에는 빈칸의 앞뒤만 보고 답을 맞추는 언니, 오 빠들이 너무 신기했다. 토익문제를 푸는데 수업 내용의 절반 정도밖 에 이해가 가지 않았지만 그래도 매일 수업을 들었다. 주 3일인 월, 수, 금 반을 등록했으나 강사님께 말씀드리고 매일 수업을 들었다. 수업을 듣다 보니 이해가 되는 것들이 많아지면서 나도 하나씩 정답을 맞히게 되는 것이 너무 신기하고 재미있었다. 이것이 바로 알아가는 재미인 것 같았다. 10월, 11월 토익 시험에서는 600점대만 계속 머물렀다. 그 래도 실망하지 않고 공부를 계속 이어나갔다. 지루하게 반복하는 일만 이 기적을 이루는 반전을 만들 수 있다. 반전은 어느 정도 에너지가 축 적되면 더 이상 견디지 못하고 비약적으로 성장하는 시점이다.

학기가 끝나기 전 마지막 시험인 12월 토익 시험을 보고 나서 가채 점을 하는데, 왠지 느낌이 750점을 넘을 것 같았다. 그렇게 나는 12월 시험에 760점이 나왔다. 그 성적표를 들고 바로 토익 학원 강사님을 찾아갔고 강사님은 나를 축하해주시며 안아주셨다. 그리고 나는 1학년 2학기에 학과에서 과탑을 하게 되었다. 이번에는 열심히 하니 결과가 나와줬다. 삼수의 실패로 인해 열심히 하면 잘된다는 그 말을 언제부턴가 의심했다. 그런데 이번은 달랐다. 그 이유는 나는 내 상황에 만족했고, 꿈을 위해 공부했으며, 무엇보다 공부를 즐겼기 때문이다. 이번에는 단순히 목표를 위해 공부한 것이 아니라 내가 첫눈에 반한 승무원의 꿈을 위해 공부했다. 과정이 설렜고 무엇보다 에너지가 밝았다. 나는 알 것만 같았다. 도전은 그 동기에 따라 다른 색깔을 띠고, 그 결과 또한 상당히 달라진다. 목표한 것을 이루어낸 이 한 번의 성취감은 나에게는 일종의 치유였다. 나 자신을 위해 그동안의 좌절감을 떨쳐버리고 성취감을 채워나가야 함을 알게 되었다. 이 성취의 경험은 나를 또 다른 것에 계속 도전하게 만들었다. 그리고 나에게는 성취 에너지가 발현되기 시작했다.

모든 것을 내려놓고 선택한 대학에 입학하면서 나는 기회가 생길 때마다 새로운 내가 되는 변신을 시도했다. 여러 사람 앞에 나서는 것을 꺼리던 내가 난생처음 과 대표를 하겠다고 자발적으로 나선 것도 과감한 도전이었다. 그동안의 자존심, 자만, 분노, 저항을 내려놓고 나니 실은 그것들이 나를 옭아매던 동아줄 같은 것이라는 것을 알게 되면서 홀가분해졌다. 그리고 내 상황을 받아들이고 수용하면서 내 안의 동기는 건강한 모습으로 바뀌기 시작했다. 똑같은 현상도 어떤 자세와 태도로 해석하는지에 따라서 전혀 다른 모습으로 성장의 발판이 마련된다. 누군가에게는 생각하기도 싫은 시련과 역경의 시간이었지만, 또 다른 누군가에게는 힘든 시간 속에서 보낸 자신의 무한한 가능성을 발견하는 순간으로 다가오기도 한다. 분노와 적개심, 좌절과 절망의 씨앗으로 자라면서 나에게 부정적인 에너지만 줬던 저항하는 도전을 내려놓고, 성장하는 도전으로 방향을 바꾸자 내 삶은 혁명적으로 바뀌기 시작했다. 성장하는 도전 과정은 그 자체가 즐거웠고 설렜으며, 무엇보다 결과가 좋았다. 과정에 몰입하고 즐기다 보니 자연스럽게 결과도 뿌듯한 성취감으로 다가온 것이다. 좋은 결과는 나에게 성취감을 줬고, 성취감은 나를 치유해줬다. 자신이 지금 하고 있는 도전의 색깔과 동기의 모습을 잘 살펴봐라. 그러면, 그 결과가 보일 것이다. 왜냐하면 결과는 도전에 임하는 자세와 태도, 동기와 나의 신념이 어느 정도 그 색깔을 결정하기 때문이다.

성적 우수생,
대한항공 현장실습 후 탈락하다

    내가 2학년이 된 2006년에는 인하공업전문대학교 항공운항과 재학생들은 일반 공채와는 달리 특채라는 개념으로 대한한공에서 별도로 면접을 보고, 승무원을 채용하는 시스템이 있었다. 그래서 대한항공 객실승무원이 되고 싶은 친구들은 이 학교에 오고 싶어 했다. 대한항공에서 설립한 학교이기도 하고, 그때만 해도 한 학년의 3분의 2는 대한항공에 갈 수 있는 구조였기 때문에 상당히 경쟁력이 있는 학교였다. 그런 학과에서 과탑을 했고, 토익 점수 또한 제일 높았기 때문에 내가 대한항공에 들어가는 것에 대해서는 누구도 의심하지 않았다. 2학년이 됨과 동시에 4월에 대한항공 특채 개념으로 전국에 있는 항공과 재학생들을 대상으로 대한항공 현장실습이 진행되었다. 이번 면접을 잘 통과하면 이제 그토록 바라던 항공사 객실승무원이 될 수 있다는 생각에 너무 설렜고, 다시 또 내가 할 수 있는 최선을 다해 면접 준비를 했다. 그리고 나는 면접에 합격했고, 5일부터 대한항공에서 객실승무원 훈련을 받게 되었다.

대한항공 승무원이 되다

작년 선배들의 사례에 비춰보면 특채 개념으로 시행되는 현장실습 합격은 다들 대한항공 승무원이 된 것으로 간주했다. 그래서 엄마는 주위분들에게 한턱을 내며 나를 자랑하느라 바빴고, 삼수까지 하고 대학을 가지 않겠다며 엄마에게 걱정을 많이 시켰는데 이렇게 빨리 좋은 결과를 보여줄 수 있음에 스스로도 너무 행복했다. 또한, 삼수로 인해 친구들보다 많이 늦어졌다고 생각했는데, 그 누구보다 빨리 사회에 진출할 수 있다는 사실에 성취감과 안도감이 들었다. 또한, 그것이 내 힘으로 얻은 결실이라는 점에서 매우 의미가 있었다. 삼수 생활로 내 꽃다운 청춘을 허비한 것 같은 허탈감과 좌절감으로 모든 것을 내려놓았던 적도 있었다. 하지만 대한항공 합격은 실패와 좌절의 상황에서도 나에 관한 애틋함으로 다시 용기를 내어 마침내 얻어낸 '내 것'이었다. 우리는 살아가면서 정말 많은 좌절을 할 수 있다. 그러나 좌절하더라도 나를 포기하지는 말아야 한다. 나 자신을 포기하지 않으면 다시 일어날 용기를 낼 수 있다. 어쩌면 좌절한 상태에서도 상황을 반전시키려는 용기가 우리를 질적으로 도약시킬 수 있는 참된 용기일 수 있다.

대한항공 훈련센터로 출근하기 위해 인천에 있는 집을 정리하고 김포공항 근처에 있는 방화동으로 거취를 옮겼다. 매일 오전 8시 30분까지 출근을 하고 오후 5시 30분까지 훈련을 받았다. 두 달의 훈련 기간 동안 평가는 지속되었고, 전문 지식 평가와 동시에 근태와 승무원 면모 평가도 시행되었다. 시험 불합격과 근태 불량으로 노란색 경고장을 세 개 받으면 시말서를 쓰고, 시말서가 하나, 둘 쌓인 친구들은 중도에 탈락해서 집에 가는 일도 발생했다. 그렇게 정신없는 두 달간의 훈련을 마무리 짓고, 7월에 드디어 새롭게 바뀐 대한항공 유니폼을 입고 국내선 비행을 시작하게 되었다. 유니폼을 입고 스카프를 매며 거울을 보는 출근 첫날, 그 추운 겨울 새벽 아르바이트를 끝내고 집에 들어와 시청한 〈EBS 직업탐구〉에서 나를 설레게 했던 그 승무원의 얼굴이 떠올랐다. 그녀는 모든 것을 다 내려놓은 나에게 어느 날 갑자기 나타나 희망을 줬던 사람이다. 하필 그날, 그 시간에 정신적·신체적으로 지친 나를 일으키기 위해 천사처럼 나타난 것이다. 나는 내 인생에서 이러한 사람들을 몇 번 마주쳤고, 나는 이들을 '하늘에서 보내주는 천사'라고 이름 지었다. 나는 첫 출근을 하는 날, 그 승무원에게 감사함을 느꼈고, 비행을 하며 그분을 꼭 만날 수 있기를 기도했다. 인생을 살면서 가끔 삶이 나에게 힌트를 제시해주는 것 같은 느낌을 받는다. 《연금술사》에서 우주의 소리를 듣는 산티아고처럼, 살아가면서 삶이 우리에게 힌트를 주는 경우가 있다. 그러한 소리는 스스로에 대한 애틋함이 최고조에 이르러서야 비로소 듣게 된다.

스물두 살에 사회에 첫발을 내딛게 된 나는 설렘과 충족감으로 정말 하늘을 날고 있었다. 설레는 승무원이라는 꿈을 만났고, 그 꿈을 위해 나아갔기 때문이다. 해야만 하는 공부가 아니라 내 마음을 설레게 한 꿈을 위한 공부를 했기에 승무원을 준비하는 과정을 즐길 수 있었고, 그 결과도 좋을 수 있었다. 그래서 나는 그 과정에서 몰입했고, 몰입의 즐거움과 그에 따른 성취감으로 모든 좌절감은 치유될 수 있었으며, 마침내 내 마음은 충만함으로 가득 찰 수 있게 되었다. 자신이 지금 달려가는 것이 어쩔 수 없이 해야만 하는 목표인지, 설레는 꿈인지를 스스로에게 한 번은 물어야 한다. 그러기 위해서는 자신의 내면을 들여다보는 시간과 현실을 객관적으로 직시할 용기가 필요하다. 그대, 꿈을 꾸고 있나요? 그렇다면 그 꿈을 꾸지만 말고 꿈을 바라보세요.

무더운 8월, 현장실습이 종료되는 시점에 회사에서 간단하게 면담 형식의 면접을 본다는 공지가 올라왔다. 작년에 현장실습을 한 선배님들을 보면, 현장실습 종료 후 모두 대한항공 인턴으로 전환되어 잘 다니고 있었기 때문에 나는 아무 걱정과 준비도 없이 면담에 임했다. "오우진 씨, 학교에서 좋은 성적을 거뒀네요. 학교에서 공부하는 것에 비해 사회에서 일하니 무엇이 힘들었나요?" 나에게 주어진 질문이다. 그 당시 대한항공은 시니어리티(선후배 사이의 기강)가 강했기 때문에 사소한 실수로도 선배님들에게 많이 혼이 나던 때였다. 당시 현장실습생으로 국내선 비행만 하던 때라, 하루에 국내선 비행을 여러 번 하게 되면 비행기에서 식사하는 경우가 많았다. 기내에서 식사할 경우 막내 승무원은 승객 자리에 승무원들이 먹을 도시락을 세팅해야 한다. 그런데 도시락을 세팅하면서 각 테이블에 물을 놓아드리지 않았다고 혼나는 것도 다반사였고, 승객 탑승 시 저 멀리 있는 선배님을 소리 내어 부를 수 없어 손을 사용해 까딱까딱 불렀다고 나중에 비행 끝나고 혼이 났던 기억이 있다. 지금의 대한항공에서는 상상할 수 없는 일이지만, 17년 전인 그때는 충분히 있을 수 있는 일이었다. 대한항공 현장실습을 하면서 뭐가 힘들었냐는 질문을 받자 이러한 일련의 사건들이 머릿속을 지나쳤고, 나는 아무 생각 없이 솔직하게 공부는 혼자 하면 원하는 대로 되지만, 비행을 하면서는 사람과의 관계가 다소 힘이 들었다고 답했다. 그 당시 나는 이 면접을 정말 면담이라고 생각하고 그 어떤 검열 없이 답변을 이어나갔다. 그러고 나서 며칠 후, 면접 결과가 나왔고 나는 불합격이라는 통보를 받았다. 있을 수 없는 일이 벌어진 것처럼 그 당시 현장실습생인 우리 모두는 충격에 휩싸였다. 현장실습생의 20% 정도만 합격이 되어 국제선 비행을 하게 되고, 불합격자는 다시 국내선 비행 전담 면접을 본다는 통보를 받았다. 그 면접을 통과하면 국내선 비행을 몇 년을 하고 나서야 국제선 비행 전환이 된다는 통보였다. 충격을 가다듬지도 못한 채 다시 면접을 봤다. 한두 가지의 질문이 주어진 후, 마지막으로 하고 싶은 말을 해보라는 말을 들었고, 나는 그 면접에서 마지막 말을 하다 울먹이고 말았다. 그렇게 나는 국내선 비행 전담 승무원 면접에서도 탈락하고 말았다. 그 당시 그 국내선 비행 전담 면접을 불합격한 학생은 한두 명이라는 소식을 건네 들었고 내가 거기에 포함된 것이었다. 연속된 불합격으로 충격에 휩싸인 채, 나는 남은 학기를 위해 다시 대학교로 돌아갔다. 그러나 나는 현장실습 탈락을 부모님에게 말씀드리지 못했다. 현장실습 합격 시 부모님은 내가 대한항공 승무원이 되었다며, 친구분들이며 동네 사람들에게 다 자랑을 한 상태라 그런 부모님께 떨어졌다는 말을 차마 할 수가 없었다. 다시 빨리 공채를 합격해 대한항공 승무원이 되어서 말씀드리자고 혼자 다짐했다. 현장실습을 하면서 받았던 월급으로 방화동에 머물면서 인천까지 학교를 다녔다. 그렇게 두 달은 버틸 수 있었다.

나는 학교에 다니며 승무원 스터디를 하면서 대한항공 공채를 준비했다. 매일 학교가 끝나면 신촌으로 가서 다른 학교 학생들과 승무원 면접을 준비하며 혼자 묵묵히 공채 준비를 했다. 그리고 두 달 후 대한항공 공채가 났고 나는 다시 도전했다. 공채 채용은 전국 모든 학과의 모든 연령의 학생들이 지원하는 것이라 합격이 쉽지 않은 줄은 알고 있었지만, 그래도 이번에는 꼭 합격해서 부모님께 말씀드리고 싶었기에 나는 너무 간절했다. 그러나 하늘은 항상 나에게 모든 것을 쉽게 주지 않았다. 나는 그 공채에서도 불합격을 하게 된 것이다. 나는 무너지고 무너지고 또 무너졌다. 그리고 그날 엄마에게 전화했다. "엄마, 나 대한항공 떨어졌어… 사실, 두 달 전에 현장실습 후 최종면접에서 떨어졌어. 그런데 나 다시 일어서 보려고 했는데 오늘 공채 면접에서 또 떨어졌어. 엄마, 나는 안 되는 앤가 봐…." 그리고 하염없이 울었던 기억이 난다. 아주 나중에 엄마가 말씀하시길, 그 당시 엄마도 처음으로 억장이 무너지는 느낌을 받으셨다고 했다. 의과대학을 위해 삼수를 하고도 되지 않아 새롭게 찾은 꿈인 승무원도 또 되지 않았다. 다시 날고 싶었던 나는 그렇게 날개가 잘린 상태로 바닥에 놓이게 되었다.

오뚝이처럼 다시 또 일어나다

그 당시에는 우울증이라는 단어를 몰랐지만 지금 생각해보면 나는 당시 우울증을 앓았던 것 같다. 버스를 타고 창밖을 봐도 눈물이 나고, 가만히 있어도 눈물이 나고, 이대로 눈을 감고 나를 포함한 모든 것이 다 끝날 수 있다면, 그렇게 다 끝이 나기를 바랐다. 삼수 생활 후 대학을 포기했던 그 시점에 나는 다리가 부러진 듯한 느낌을 받았다. 무언가 해보려 해도 힘이 없는 다리로 일어설 수 없는 기분이었다. 다 내려놓고 싶은 생각뿐이었고, 내 몸에 남아 있는 에너지는 바닥이 났다. 여기서 포기할 수 없다는 오기도 생겼지만, 연속된 실패 체험으로 좌절과 절망적인 추억만이 내 몸을 휘감고 있었다. 승무원이라는 꿈을 다시 가질 때는 다리가 없어도 나에게는 날개가 있다고 생각하며 날아오를 수 있는 희망을 가져보려고 안간힘도 써봤다. 모든 것을 다 내려놓은 시점에 승무원이라는 꿈을 만났고, 그 꿈을 위해 그렇게 날아오를 준비를 하면서 얻은 작은 성취감 덕분에 좌절감을 치유하고 다시 날아오를 준비도 했다. 하지만 지금은 나에게 남은 날개조차 잘려나간 것 같았다. 그렇게 나는 좌절감에 휩싸이게 되었다. '나는 왜 이렇게 모든 것이 쉽지 않은 것일까….' 이러한 생각들이 나를 한없이 밑바닥으로 끌고 갔다.

그렇게 며칠을 밖에도 나가지 않고 방화동 집에 혼자 있었다. 그 며칠 동안 내가 연락이 되지 않자 엄마는 걱정이 되어 이삿집 트럭을 끌고 무작정 내가 있는 방화동 집에 찾아왔다. 그리고 "가자~ 아가, 집에 가자. 여기 이렇게 혼자 있지 말고 엄마 있는 집으로 가자" 그렇게 나는 짐을 모두 싣고 부모님 집으로 들어가게 되었다. '이번에는 정말 잘하는 모습을 보이고 싶었는데…. 아무것도 못 이루고 부모님 집으로 다시 들어가기 싫었는데…'라는 생각이 들었지만 나는 저항할 힘조차 없었다. 나는 그렇게 벗어나고 싶었던 집으로 다시 돌아가게 되었다. 그러나 집의 느낌이 전과 다르게 다가왔다. 따뜻했다. 예전에는 벗어나고만 싶었던 집이었는데 이제는 살 것 같았다. 집이 변한 것은 아니다. 내가 변해 있었다. 비록 또 불합격이라는 좌절감에 삼수 후와 전혀 나아질 게 없는 상황에 놓였지만, 스스로를 치유한 한 번의 경험이 있었기 때문이었을까…. 몇 주가 지나고 나는 아르바이트를 찾아보기 시작했다. 이대로 또 좌절감에 무너지기엔 내가, 그리고 내 삶이 너무 애틋했다. 실패하면 할수록 나는 내가 더욱 애틋해져갔다.

나를 치유할 수 있는 사람은 나다. 다른 사람의 도움을 받을 수 있지만, 궁극적으로 내가 겪은 좌절과 절망으로 생긴 자괴감 역시 내가 어떤 자세와 태도를 갖고 생각하느냐에 따라 쉽게 극복할 수 있다. 반복되는 좌절과 절망으로 만신창이가 된 내 20대 초반의 삶을 통해서 나는 더 이상의 희망을 건져 올릴 힘조차 바닥이 났다. 하지만 최후의 보루라고 할 수 있는 가족의 품에서 다시 비상할 수 있는 꿈을 꿀 수 있었다. 출구가 보이지 않는 긴 어둠의 터널에서 주저앉고 싶은 생각만 들고, 난국을 돌파해낼 용기도 나지 않았지만 모든 비는 반드시 그치는 법이다. 아무리 힘들고 어려워도 어김없이 계절이 바뀌면서 봄은 찾아온다. 당시 내 인생은 혹독한 한겨울처럼 느껴졌지만, 겨울이 추울수록 나는 더 애틋하게 새봄의 희망의 싹을 품고 싹틔울 준비를 하고 있었다.

대한항공,
공채 4번 탈락하다

　나에게는 유난히도 추웠던 2007년의 2월, 대학교 졸업식에 나는 부모님을 초대하지 않았다. 아니 초대할 수가 없었다. 아무것도 이루지 못하고 대학교를 졸업하고 사회에 내던져져 패배감으로 웃지도 못하는 내 모습을 보여드리고 싶지 않았다. 사회에 내디딘 첫발부터 지속적인 불합격은 스물두 살의 아이가 감당하기에는 너무 매몰찬 거절이었다. 그럼에도 불구하고 마음속에는 어서 빨리 내가 잠시 몸담았고, 내 선배들 그리고 친구들이 있는, 그래서 내가 있어야 할 곳이라고 생각했던, 대한항공에 가야 한다는 생각뿐이었다. 그렇게 나는 누구도 시키지 않았지만 스스로를 채찍질했다.

학생도 직장인도 아닌 방랑자로서 방황이 시작되다

　졸업 기쁨도 느끼지 못하고 나는 다시 공채를 준비해야 했다. 이번에는 혼자 준비하면 안 될 것 같았다. 그러나 학원은 비용이 너무 비싸서 항공사 면접 스터디그룹에 들어가 면접을 준비해야겠다고 생각했다. '전현차'라는 승무원 카페를 통해 스터디그룹에 참여할 수 있었지만, 스터디그룹의 일원이 되는 것도 여간 힘든 것이 아니었다. 각 스터디그룹은 미충족된 자리가 나야만 들어갈 수 있고, 들어가기 위해서도 본인의 이력을 기재해야 했다. 그렇게 내 이력을 기재해서 보내면 나름의 심사와 팀원의 동의를 구하고 겨우 그 스터디그룹에 합류할 수 있다. 그 이력에는 면접 경험도 적어야 했는데, 당연히 면접 경험이 없는 사람들 및 실무를 한 번도 통과하지 못한 사람들은 면접 과정에서 도움을 줄 수 있는 입장이 아니기 때문에 스터디그룹에 들어가는 것은 하늘의 별 따기였다. 또한, 전문대생이 4년제 준비생들과 함께 면접을 준비하는 것은 쉽지 않았다. 그래도 나는 조금이나마 도움을 받을 수 있는 4년제 준비생들과 면접을 준비하고 싶어 여러 군데에 참여 요청을 했다. 번번이 거절당하는 와중에 한 곳에서 함께하자는 연락을 받았다. 이처럼 면접 스터디를 들어가는 것조차도 쉽지 않은 사회생활이 시작되었다.

신촌에서 이루어지는 승무원 스터디에 참여해 대학교 4학년 학생들과 같이 면접을 준비했다. 이제부터는 인하공업전문대학교 항공운항과라는 특채 혜택은 나에게 없었다. 이제는 4년제 일반학과 및 모든 연령의 경쟁자들과 경쟁해야 했다. 경쟁은 더욱 가혹했고 나는 점점 합격과 멀어지는 느낌을 받았다. 스터디 모임에서 전문대 졸업생은 나 혼자였고, 어학연수를 다녀오지 않은 사람 또한 나 혼자였다. 대한항공 현장실습 경험과 인하공업전문대학교 항공운항과 출신 및 토익 760점이라는 이유로 겨우 스터디에 참여할 수는 있었지만, 그들 사이에서 나의 수준은 턱없이 부족했다. 영어로 질문이 주어지고 답변을 해야 하는 상황에서 쩔쩔매는 나의 모습에 언니들이 눈치 주는 것이 느껴졌다. 한번은 스터디그룹장 언니한테 핸드폰으로 연락이 왔다. 스터디그룹의 사람들이 나의 수준이 자신들과 맞지 않으므로 스터디그룹에서 내가 나가주기를 원한다고 했다. 자존심도 상하고 속상해서 나가고 싶었지만, 나는 그 스터디그룹을 나갈 수가 없었다. 그래서 미리 질문의 답변을 준비해 나로 인해 지체되지 않도록 최선을 다하고, 항공 관련 기사도 담당해서 준비해서 가겠다고, 그러니 그 안에서 같이 스터디할 수 있게 해달라고 설득했다. 내가 그곳에서 나오지 못한 이유는 그 사람들이 좋아서도, 그 스터디그룹의 실력이 훌륭해서도 아니다. 나는 그저 소속감이 필요했다.

대학교를 막 졸업한 나는 이제 학생도 아니고, 그렇다고 직장인도 아니었다. 그 어디에 소속되지 못했다는 마음이 나를 심리적으로 불안하게 만들었다. 이렇게 내가 사라져도 그 누구도 모를 것 같은 그런 존재감의 부재를 느꼈다. 그래서 내가 유일하게 소속된 그 스터디그룹에서 느끼는 동질감과 소속감이 필요했고 절실했다. 나를 환영하지도 않고 불편한 눈치만 주는 그곳에서도 나는 기꺼이 견뎌냈다. '견딤의 크기가 쓰임의 크기'라는 정호승 시인의 말처럼, 힘들고 어렵지만 어둠의 터널을 빠져나가는 고통을 감내해야만 했다. 아무리 세찬 비바람이 몰아쳐도 모든 비는 그치고, 이빨이 빠지는 극심한 통증이 와도 새봄은 어김없이 온다고 믿는다. 아무리 긴 터널이라고 할지라도 터널 끝에는 언제나 나를 반겨주는 밝은 빛이 존재함을 믿는다. 절망 끝에는 언제나 희망의 빛이 나를 반겨줄 것이라는 믿음만큼은 놓고 싶지 않았다. 계속되는 좌절과 절망 속에서도 새봄의 희망을 싹틔우려는 발버둥이 나를 매몰차게 몰아넣고 있었다.

우리는 살아가면서 목표를 이루는 과정에서 감정의 영향을 받아 도중에 가던 길에서 하차하는 경우가 있다. 그러나 무엇이 나에게 최선의 이득을 가져다주는지는 멀리 보고 판단을 내려야 한다. 때로는 자존심이 상하고 모욕을 느껴 그만두고 싶을 때도 있다. 그러나 그 감정이 다른 사람 때문에 일어나는 부정적인 감정이라면, 그 감정에 따라가지 말고 브레이크를 한 번 걸어야 한다. 그리고 절대로 다른 사람 때문에 내가 가야 할 길을 벗어나서는 안 된다. 그들은 그저 곁가지일 뿐이다. 목표가 생기면 그런 곁가지들은 잘라내야 한다. 자존심이 상하고 모욕적인 감정까지 견디며 그렇게 해야 하냐고 물을 수도 있다. 하지만 멀리 봤을 때 나에게 이로운 것은 그 감정에 휘둘리지 않고 내가 세운 목표를 바라보며 견디는 것이다. 작은 일에 휘둘려 일희일비하지 않고 가슴속에 품고 있는 원대한 목적의식에 의존한 채 나침반이 지시하는 방향으로 우직한 발걸음을 옮기는 일을 반복해야 한다. 물론 그 과정에서 다른 사람의 감정적 공격이나 자극으로 내 감정에 상처가 생길 수 있다. 하지만 감정을 통제하고 조정하는 주체는 나다. 내가 어떻게 반응하고 대처하는지에 따라 나는 감정의 주체가 될 수도 있고, 감정의 노예가 될 수도 있다.

그때는 합격했지만 이번에는 불합격, 항공사 면접은 알 수가 없다

항공사 면접을 위해 표정, 말투, 태도 등 항공사 객실승무원다운 이미지메이킹과 예상 질문에 관한 답변을 준비했지만, 승무원 면접은 준비하면 할수록 점점 모르겠다는 생각이 들었다. 일반시험처럼 점수가 나와서 합격이 결정되지도 않고, 내가 떨어진 이유도 모른 채 또다시 면접을 준비하는 악순환이 반복되기도 한다. 그래서 누군가는 항공사 면접 합격은 이미지에 달려 있다고 하고, 또 누군가는 운이라고 훈수를 뒀다. 그 작은 한마디 한마디에 나는 흔들렸고 매달렸다. 학교 선배 및 같은 학번 동기들의 합격만 살펴봐도 예쁘다고 다 되는 것도 아니었고, 영어를 잘한다고 다 되는 것도 아니었다. 나의 경우만 봐도, 대한항공이라는 한 회사의 면접에서도 현장실습 면접에는 합격했지만, 공채는 떨어졌다. 동일한 내가 동일한 회사에서 동일하지 않은 결과를 얻게 된 것이다. 그렇지만 뚜렷한 해결책도 없었기에 나는 그렇게 또 면접 스터디에 나가 웃는 연습을 하고 모의 면접을 진행하며 면접을 준비했다. 원인과 결과로 맺는 인과관계가 분명하지 않고, 무엇이 합격 여부를 결정하는 중요한 변수인지가 불분명한 상황에서도 나는 변함없이 공채 시험을 위한 준비와 도전을 멈추지 않았다. 그렇게 준비하고 몇 달 후 대한항공 공채가 났다.

1차 실무면접을 보기 위해 미용실에서 예쁘게 메이크업과 머리 손질을 받고 수백 명이 모여 있는 대기 장소에서 내 순서를 기다렸다. 잠시 후 면접 순서에 맞춰 내 이름이 호명되었다. 수험표를 블라우스에 달고 면접장에 들어갈 준비를 했다. 원활한 면접 진행을 위해 현직승무원분들이 면접 운영을 해주셨고, 그 승무원들의 안내에 따라 전신 거울 앞에 서서 같은 조 사람들과 함께 대기하고 있었다. 그런데 그때 어디서 "우진 씨~" 하고 부르는 소리가 들렸다. 나는 고개를 돌려 그 승무원을 보자마자 "강사님~" 하고 울음을 터뜨렸다. 그 현직승무원분은 대한항공 현장실습 당시 우리 반 담당 강사님이셨다. 두 달 동안 안전과 서비스 훈련을 받으며, 내가 너무 좋아하고 잘 따르던 강사님이셨다. 성함이 김모란이었는데, 그 강사님과 너무도 친해지고 싶어서 우리 집이 모란역에 위치해 있다며 너스레를 떨며 내가 먼저 다가갔던 강사님이었다. 작년에 현장실습에 떨어지고 학교로 돌아간 내가 신경이 쓰이셨는지 내가 다니던 대학교에 볼일이 있어 오셨다가 내가 생각이 나서 연락해서 밥을 사주셨던 그분을 여기서 만난 것이다. 다시 꼭 합격해서 대한항공 승무원이 되어 인사드리겠다고 했는데, 승무원 준비생으로 만나게 된 게 너무 속상했고 그저 서러웠다. 그렇게 나는 면접 전에 울음을 터뜨리고 면접장에 들어갔다. 그리고 몇 주 후 실무면접 발표에서 나는 또다시 "죄송합니다. 귀하는 금번 대한항공 실무면접에서 불합격하셨습니다"라는 문구를 보게 되었다. 나는 아무에게도 말하지 못하고 눈물을 흘렸다.

이렇게 또 대한항공 공채에서 불합격을 하니 엄마가 조심스럽게 말씀하셨다. "난 네가 꼭 승무원이 안 되어도 괜찮아. 그러니 힘들면 다른 일을 준비해봐" 이 말을 들으니 나는 더 오기가 났다. 그래서 나는 엄마한테 말했다. "엄마, 나 대한항공에 꼭 들어갈 거야. 대한항공에 못 들어가면 평생 대한항공을 볼 때마다 루저(looser)가 된 느낌을 받으며 살 거 같아" 그렇게 대답하고 스스로도 다짐했다. 어려서부터 열심히 하면 성공하고 원하는 것을 이룰 수 있다고 배웠다. 그래서 누구보다 열심히 살았다. 그러나 현실은 달랐다. 언제부턴가 나는 이 말이 나에게는 해당되지 않는다는 생각이 들었다. 그래도 포기할 수는 없었다. 열심히 해서 안 된다면, 남들보다 두 배 더 열심히 해야겠다고 생각했다. 계속되는 실패, 좌절과 절망은 나를 밑바닥으로 끌어내리는, 그야말로 설상가상의 형국이었다. '고난이 깊어질수록 심장이 뛴다'라는 니체(Friedrich Wilhelm Nietzsche)의 말처럼 나 역시 포기하고 싶은 충동보다 그럼에도 불구하고 1%의 가능성을 믿고서라도 다시 도전해야겠다는 용기를 넘어서 오기까지 생겼다. 주어진 상황에서 내가 취할 수 있는 최선의 모색해야 하는데, 실행하지 않고 절망하며 좌절한다면 나의 미래는 그저 암담할 뿐이다. 할 수 있는 마지막 1%의 노력이 남아 있다고 생각하며 스스로에게 희망과 용기를 던져줬다.

합격을 위해서는 이력서 스펙을 업그레이드시켜야겠다고 생각했다. 우선 항공사 면접에서도 나만 유일한 전문학사였기 때문에 학사학위를 취득해야겠다고 생각했다. 학사학위를 취득하기 위해 알아본 결과,

두 가지 방법이 있었다. 하나는 4년제 대학으로 편입해서 2년 만에 학사를 취득하는 것이고, 다른 하나는 학점은행제를 통해 6개월 만에 학사를 취득하는 방법이었다. 나는 마음이 급했다. 어서 빨리 내 친구들이 있고, 내가 잠시 몸담았던 대한항공으로 취업하고 싶었다. 그래서 학점은행제로 경영학 학사를 취득하기로 했다. 그 당시에는 자격증 두 개를 따고 필요학점을 취득하면, 한 학기 만에 학사학위를 취득하는 것이 가능했다. 그래서 열심히 온라인 수업을 들으며 자격증 취득 공부를 했고, 한 학기 만에 유통관리사와 텔레마케팅 자격증을 모두 취득했다. 이처럼 나는 자격증 시험과 학점관리처럼 정답이 정해져 있는 시험은 자신이 있었다. 내가 무엇이 부족하고 무엇을 보완해야 할지 명확하게 알 수 있기 때문이다. 그래서 노력한 만큼의 결실이 보였다. 그러나 면접은 달랐다. 정답도 없었고 내가 왜 떨어졌는지, 무엇을 보완해야 하는지 알 수 없었다. 모호하고 주관적인 이미지라는 것만 있을 뿐이었다. 특채 개념인 현장실습 면접에서는 내가 왜 붙었으며, 공채 면접에서 나는 왜 떨어지는지 도저히 알 길이 없었다. 그래서 승무원 합격은 운이라는 말을 들을 때마다 나는 치솟는 울분과 답답함을 느꼈다.

아르바이트도 시작했다. 나에 대한 불신이었는지, 현명한 플랜 B였는지는 모르겠지만, 만약에 또 면접에 떨어지게 된다면 어학연수를 가야겠다고 생각했다. 우리 집은 형제가 다섯이었기에 어려서부터 경제적인 부분에서는 필수적인 지원 이외의 것을 생각할 수 없었다. 작은 오빠도 자신이 막노동을 하며 스스로 1,000만 원을 모은 후, 부모님께 나머지 자금은 보태달라고 말해서 어학연수를 떠났다. 그래서 나도 어학연수를 떠나기 위해서는 내가 돈을 모으고 나서 부족한 자금은 보태달라고 해야겠다고 생각했다. 그래서 돈을 모으기 시작했다. 오전부터 오후까지는 도서관에서 자격증 공부 및 온라인 수업을 듣고, 저녁부터 PC방에서 아르바이트를 시작했다. 때로는 새벽까지도 일하면서 돈을 모았다. 주말에는 웨딩홀 아르바이트 및 코엑스 전시 아르바이트 등 나름 액수가 큰 고액 아르바이트를 했다. 경영학 학사학위를 취득하고 난 후에는 아파트 수주에서 행사 도우미로 장기 아르바이트를 하며 본격적으로 돈을 모으기 시작했다. 더 큰 꿈을 이루기 위한 디딤돌을 마련하는 작업이 필요했다. 먼 산을 넘기 위해서는 눈앞의 산부터 넘어야하지 않는가. 눈앞의 산도 안 넘고 먼 산만 바라보면 내가 궁극적으로 꾸는 꿈조차 이루기 어렵지 않은가? 힘들고 더디지만 지금 당장 꼬인 매듭부터 하나씩 차분하게 풀어나가자고 다짐했다.

대한항공은 빽 있어도 못 들어간다

그렇게 몇 달이 흘렀고, 공채 소식이 들려왔다. 2007년에는 경제가 호황기였고 그에 따라 항공사 면접도 잦았다. 이번에는 기존의 항공사 면접 스터디와 함께 내가 주도적으로 다른 면접 스터디를 운영하며 동시에 면접을 준비했다. 학사학위로 스펙을 업그레이드하고 토익 점수도 810점으로 업그레이드해서인지 처음으로 공채에서 실무면접에 통과했다. 그리고 실무에 합격한 사람들끼리 다시 스터디그룹을 구성해서 다음 단계인 임원 면접을 준비하기 시작했다. 실무 면접을 통과한 것이 너무 설렜고, 이번에는 뭔가 이전과 다르게 좋은 느낌이 들었다. 여느 날과 같이 면접 스터디를 하고 난 후, 아르바이트를 끝내고 집에 갔는데 부모님이 지인분들과 함께 이야기를 나누고 있다가 나를 그 자리에 불렀다. 그러고는 한 중년분을 아빠 지인이라고 소개시켜주시며, 대한항공 기내식 부서에 빵을 납품하는 제빵회사의 사장님이라고 하셨다. 그러면서 대한항공 임원분들과 친분이 깊으니 이번 임원 면접에 나를 가까운 친척이라고 소개하며 잘 부탁한다고 말씀해주시겠다고 했다. '이게 소위 말하는, 빽으로 입사하는 거구나'라고 생각했다. 그리고 빽으로라도 대한항공에 들어갈 수만 있다면 너무 좋겠다고 생각했다. 왜냐하면, 그동안 좌절했던 경험으로 받은 상처가 너무 컸기 때문이었다.

지금까지 우리 엄마는 고3 때를 포함해 내가 내신 성적이 꽤 좋았음에도 불구하고, 담임 선생님들께 찾아가 나를 잘 부탁한다고 말씀하신 적이 한 번도 없으셨다. 고등학교 때는 수시 제도가 있었기 때문에 이과에서 상위권 친구들의 엄마들은 다 학교에 찾아와 여러 활동을 하며 담임 선생님과 좋은 관계를 유지하셨다. 그러나 우리 엄마는 학교에서 활발한 활동을 할 성격도 아니고, 장사하시느라 시간이 없는 것도 알아서 나 또한 한 번도 엄마에게 학교에 오라고 부탁한 적도 없었다. 이처럼 나의 부모님은 내 일에 관해 한 번도 목소리를 내지 않으셨던 분들이었는데, 대한항공 공채를 준비하는 내 모습을 보는 게 얼마나 힘들었으면 지인분에게 이런 부탁을 하셨을까 싶은 생각에 코끝이 찡해졌다. 그리고 어떻게 해서든 대한항공에 꼭 붙어야겠다고 생각하고, 그 자리에서 처음 뵙는 그분께 말씀드렸다. "네, 오늘 처음 뵙지만 부탁드립니다. 저 대학교도 성적우수상 받고 졸업했고, 토익도 810점이에요. 대한항공 현장실습생으로 국내선 비행경험도 있고 이번에 학사학위까지 취득했어요. 그리고 또 이번에 실무면접도 제 힘으로 통과했어요. 그러니 저를 부탁하시는 거 부끄럽지 않으실 거예요. 죄송한건 알지만 부탁드릴게요, 꼭 말씀 잘 부탁드립니다" 나도 모르게 그동안 쌓였던 울분과 속상함이 폭발해 이렇게 말하며 눈물을 흘리고 말았다.

그리고 또 임원 면접을 열심히 준비하기 시작했고, 일말의 희망을 갖고 임원 면접을 보게 되었다. 임원 면접 중에 대학교 때 경험한 대한항공 현장실습도 언급해주시고, 현장실습 후 면접을 준비하기 위해 노력한 점도 물어봐주시며 짧은 기간 이룬 나의 성취와 노력도 인정해주셨다. 이렇게 이번에는 면접도 잘 본 거 같다는 생각이 들었고, 또 아빠 지인분께서 대한항공 임원분에게 잘 부탁해주신다는 말씀도 있어서, 나와 부모님은 이번 면접에 모두 기대하고 있었다. 그렇게 임원 면접 발표가 나는 날, 일말의 기대를 안고 확인한 면접 결과는 불합격이었다. 아르바이트를 하고 집에 돌아온 내게 엄마는 기대에 찬 듯 결과를 물었고, 나는 참으로 어리석게 엄마한테 화를 내고 말았다. "뒤로 힘써준다며. 그럼 그렇지, 우리 집이 무슨 빽이 있어. 나 불합격했어. 그냥 가만히 있지, 뭘 도와준다고 그래. 왜 안 하던 짓을 해. 내가 언제 도와달랬어" 그렇게 애꿎은 엄마에게 화풀이하고 방으로 들어가버렸다. 내가 부족해서 뒤로 힘을 써도 안 되는 것일까, 아니면 말만 힘을 써준다고 하고 아무것도 안 하신 것일까… 끝없는 자책과 의문으로 그렇게 울고 또 울며 잠이 들었다.

실패 앞에서 언제나 그랬듯, 희망인지 오기인지 모르는 동기를 가지고 면접 불합격 발표 다음 날, 나는 다시 일어났고 어학연수라는 목표를 위해 투잡을 뛰면서 돈 모으기에 집중했다. 그러던 중 또 한 번의 대한항공 면접의 기회가 왔고, 나는 또 실무면접 불합격이라는 결과를 맛봤다. 그리고 이제 더 이상은 신입으로 대한항공에 들어가는 것은 불가능하다는 것을 직감하게 되었다. 그래서 대한항공에 입사할 수 있는 다른 길을 찾아 우회하기로 했다. 즉, 타 항공사에 먼저 가서 경력을 쌓고, 그 경력을 바탕으로 대한항공에 경력직으로 들어갈 준비를 했다. 그렇게 나는 절망의 밑바닥에서 안간힘을 쓰고 있었다. 세상의 가장 아래쪽, 밑바닥에서 나는 다시 희망을 불길을 잡고 일어서야 했다.

가을

✈
가을

더 높이 날기 위해
우회도로를 택하다

'오뚝이'

쓰러지면 다시 일어나고, 쓰러지면 다시 또 일어나는 오뚝이가 그 당시 내 주위 사람들이 나를 묘사하는 단어였다. 그랬다. 나는 쓰러져도 희망을 찾아 다시 일어나고를 반복했다. 실패하면 조금도 쉬지 않고 또 다른 방법을 찾고 또 찾았다. 그때 나에게는 내 인생을 이끌어주는 사람이 없었다. 부모님조차도 나에게 조언을 주지 못하는 상황에서 내가 믿을 수 있는 사람은 오직 나 하나밖에 없었다. 그래서 나는 내가 너무 안쓰러웠고 애틋했다. 그런데 신기하게도 간절하게 방법을 찾으면 방법이 찾아졌고, 도와주는 사람이 나타났다. 방법은 책상에 앉아서 머리로 구상하는 게 아니고, 일단 행동하고 실천하면서 떠오르는 묘안임을 깨닫게 되었다. 방법은 언제나 행동하면서 우연히 떠오르는 실천적 대안이다. 이렇게 방법을 찾으려 애쓰면 꼭 방법이 찾아지는 경험이 몇 번 반복되니 마음속에서 확신이 생겼다. '간절하게 구하라. 그러면 열릴 것이니' 내 몸이 경험해서 얻어낸 이 한 구절이 내 마음 깊숙이 새겨지기 시작했다.

1보 전진을 위한 2보 후퇴를 하다

대한항공 객실승무원 공채에 신입으로 네 번이나 도전했지만 모두 탈락했다. 면접관들이 면접자를 탈락시키기 위해서는 그렇게 결정한 객관적인 이유, 즉 코멘트를 그 지원자 파일에 적어야만 한다. 그래서 항공사 승무원 면접에서는 지원 횟수가 많은, 즉 탈락 횟수가 많은 지원자는 그 탈락 코멘트가 쌓이게 되므로 면접에서 많이 불리하다는 말이 돈다. 그것도 그럴 것이, 면접장에서 면접자를 마주하기 전에 서류에서 그 면접자의 불합격 이유를 먼저 보게 되는 면접관은 아무래도 색안경을 끼고 그 면접자를 대할 수밖에 없다. 그러니 그 불합격 이유가 개선되지 않았다면, 아무래도 탈락으로 이어질 수밖에 없다. 그런데 이 상황이 답답한 것은 면접자는 자신의 불합격 이유를 모른다는 것이다. 그러니 개선의 포인트도 모르고, 그렇게 매번 다시 지원하는 악순환이 반복된다. 그래서 승무원 면접에서는 '첫 지원'이 매우 중요하다는 말이 오간다. 국내 항공사 면접은 '첫 지원'을 소중하게 아껴서 써야 한다는 전설적인 말이 생긴 이유다.

이런 전설적인 말을 나는 대한항공 첫 지원 때 듣지 못했고, 현장실습 탈락 후 조급한 마음에 준비 없이 패배감만 가진 채 대한항공 첫 지원을 써버렸다. 그 후에도 공채가 날 때마다 지원했고, 결국에는 네 번 모두 탈락하게 되었다. 그리고 이제는 직감적으로 알 것 같았다. 네 번 동안 쌓인 나의 탈락 코멘트가 눈덩이처럼 불어나 너무나 커져 있을 것이어서 다음 지원에는 아마도 서류도 통과하지 못할 것이라는 느낌이 들었다. 그래서 신입으로 대한항공에 들어가는 것은 불가하다는 판단이 들었다. 그렇다고 포기할 내가 아니었다. 다른 방법을 찾기 시작했다. 그러다 대한항공에서 경력직으로 승무원을 채용한다는 사실을 알게 되었다. 타 항공사에서 경력을 쌓고, 대한항공에 들어가는 방법이었다. 그래서 바로 방향을 바꿨다. 1보 전진을 위한 2보 후퇴를 하기로 했다. 문은 앞문만 있는 게 아니다. 앞문이 막히면 옆문도 있다. 보통은 앞만 보고 달리다가 앞문이 막히면 세상의 모든 절망을 끌어안고 좌절하게 되지만, 사실은 절치부심(切齒腐心)하며 또 다른 노선을 택할 가능성도 얼마든지 있음을 알아야 한다.

대한항공 공채를 준비할 때 4년제 대학교 준비생들과 면접 스터디를 했는데, 그 스터디 멤버 중에 어학연수를 다녀오지 않은 사람이 나밖에 없다는 것을 알았을 때 다소 놀랐던 경험이 있었다. 그리고 대한항공 이력서를 작성할 때도 어학연수 경험을 적는 공간이 있었다. 네 번의 공채 지원 동안 계속 그 칸을 빈칸으로 남겨놓고 지원하는 것이 마음에 걸렸다. 그래서 나도 기회가 되면 어학연수를 다녀오고 싶다는 생각을 가졌고, 지금이 행동으로 옮길 때라는 것을 직감했다. 어학연수를 1년 다녀오고 외항사에 지원하겠다고 다짐했다. 그리고 그 경력을 바탕으로 대한항공에 경력직 사원으로 입사하겠다는 큰 그림을 그려나가기 시작했다. 이렇게 나는 또 방법을 찾아 일어났고, 목표를 정해놓으니 다시 에너지가 돌기 시작했다. 뭐든지 시작을 하고 나서야 새로운 대안이 부각되고 아이디어도 샘솟았다. '시작하지 않으면 아무 것도 시작되지 않는다'라는 니체의 명언이 다시 뇌리를 스쳤다. '뭔가를 시작하면, 시작하지 않고 생각하는 방법보다 훨씬 좋은 생각이 떠오른다'라는 체험적 깨달음도 다시 확인하게 되었다.

다른 누구보다 실행력 하나만큼은 뒤지지 않았기 때문에 바로 2008년 1월 말로 어학연수 출국 날짜를 정했다. 그 당시 작은 오빠가 호주에서 대학교를 다니고 있었기 때문에 호주에 가기로 정했다. 오빠 소개로 호주에 있는 어학원과 연락을 주고받으며 하나둘씩 출국 준비를 하기 시작했다. 그리고 남은 4개월 동안 돈을 본격적으로 모으기 시작했다. 오로지 돈을 모으는 데만 집중했다. 그러니 하루하루를 버틸 수 있었고, 내 상황이 슬프게만 여겨지지 않았다. 꿈이 생기고 목표가 설정되니 현실적 어려움은 어려움도 아니었다. 목표를 달성해서 맛보는 성취감도 중요하지만, 목표를 달성하는 과정에서 내가 보고 느끼며 배우는 깨달음은 더욱 소중하다. 인생을 살면서 만들어내는 산물이나 결과보다 그것을 만들어내는 과정에서 우연히 얻게 되는 부산물이 더욱 소중하다는 사실을 몸소 느끼기 위해 노력하려는 자세를 잃지 않았다.

"우진아, 나 미국 비행 다녀왔는데 너 생각나서 선물 사왔어. 우리 만나자" 지금까지 몇 번을 핑계 대며 만나지 않았던 친구를 어학연수 가기 전에 보기로 했다. 대학교 때 학교 근처에서 자취하며 거의 매일 보던 친구였다. 성격도 비슷해서 매일 우리 집에서 과제도 같이하고 함께 미래를 상상하면서 대화를 많이 하던 친구였다. "우리 승무원 되면, 방화동에서 집 구해서 근처에 살자. 그리고 최소 1년에 한 번 휴가 맞춰서 해외 여행 가자"라고 약속하며 꿈에 부푼 대학 생활을 함께 보낸 친구였다. 대한항공 현장실습도 같이 합격해서 서로 정보도 공유하고 의지하며, 대학교 때 나눴던 꿈이 실현되었다는 기쁨을 나누며 또 다른 꿈을 같이 계획했다. 그러나 현장실습 종료 후 면접에서 나만 탈락하게 된 것이다. 그 이후 나는 조금씩 친구의 연락을 피하기 시작했다. 그 당시 나는 이 친구뿐만 아니라 면접에 합격한 다른 친구들과도 멀어지고 있었다.

몇 년을 같이 지냈던 친구들이 어느 날 나와 다른 부류의 사람들이라는 느낌을 받았다. 솔직히 처음 감정은 분노였다. 그래서 상황을 받아들이지 못했다. 나는 누구보다 학점도 높고, 토익 점수도 높고, 현장실습 당시도 한 번도 비행을 못 가거나 비행에 늦은 적도 없는데, 나보다 학점도 토익 점수도 낮은 친구가 합격하고, 수업도 자주 빠지고 불성실한 친구가 합격하고, 미스 플라이트(Miss Flight, 정시출근을 하지 못해 비행 업무를 수행하지 못함)한 친구가 합격하는 것을 보니 받아들이기가 힘들었다. 그래서 처음에는 합격한 친구들을 보기 싫었다. 그 당시 '싸이월드'라는 메신저를 통해 친구들의 사진을 보며 서로의 일상을 공유할 수 있었는데, 친구들의 사진들을 보고 있으면 나만 불행한 것 같아서 점점 슬퍼졌다. 방콕 비행을 가서 마사지를 받고 태국 음식을 먹는 사진을 보는 것도, 파리의 에펠탑 앞에서 웃으며 찍은 사진을 보는 것도 너무 힘들었다. 얼마 전까지 우리는 같은 교실에서 수업을 들었고, 또 대한항공 유니폼을 같이 입고 국내선 비행을 했었는데, 몇 달이 지난 지금 나만 여기 한국에서 학생도, 직장인도 아닌 신분으로 하루에 고된 아르바이트를 두 개나 하고 있었다. 이렇게 현실을 직시하기 시작하니 이제는 분노가 부끄러움으로 바뀌었다. 그래서 친구들을 만나기가 싫은 게 아니라 만날 수가 없게 되었다. 그 뒤로 나는 '싸이월드'를 하지 않기 시작했다. 친구들과 비교를 하며 열등감에 빠지는 나를 지키는 유일한 방법이었다. 그렇게 나는 친구들과 소통을 멈추기로 했다.

그래서 대학교 때 절친이라고 여겼던 친구에게 나는 몇 번이나 핑계를 대고 만나지 않았다. 그 친구도 내 마음을 이해해서 강요는 안 하고 기다려줬지만, 친구로서 보고 싶은 마음에 여러 차례 나에게 연락을 줬다. 그때 나는 그 친구의 마음을 헤아릴 정도의 여유가 없어 그저 피하기만 했다. 그렇게 피하기를 반복하다가 호주로 어학연수를 가기 전에 보기로 했다. 당일 아침부터 기분이 이상했다. 사실 아침에도 핑계를 대고 약속을 취소하고 싶었다. 어떻게 행복한 척을 해야 할까. '비행하는 친구가 부럽다고 티 내면 자존심이 상하니깐 티 내지 말아야지'

라고 약속 장소로 가는 순간까지도 다짐하고 또 했다. 그렇게 대학교 시절 매일 보던 친구를 몇 달 만에 보게 되었다. 몇 달 만이었는데 예쁘게 화장하고 스카프를 매고 루이비통 가방을 든 친구의 모습은 정말 현직승무원 같았다. 친구로서 반가운 마음도 있었지만, 그 당시 열등감과 패배감에 가득 찬 나에게는 내가 무척 되기를 바라는 승무원과의 만남 같았다. 다른 친구들의 이야기와 친한 선배들 이야기도 듣고, 회사 이야기 등 이런저런 근황을 이야기하면서 웃고 즐거웠지만, 계속 마음 한편에 씁쓸함이 남았다. '나도 현장실습 종료 후 면접에 떨어지지 않았다면, 이 친구처럼 해외로 비행을 다니고 있었을 텐데…'라는 생각이 머릿속을 떠나지 않았다.

친구는 내가 많이 보고 싶고 생각이 났는지 해외에서 매 스테이션마다 나에게 줄 선물을 사서 모아놓았다. 이 티셔츠는 뉴욕 비행에서, 이 화장품 파우치는 방콕에서, 이 립밤은 호주에서, 이 과자는 일본에서 샀다며, 나를 만나면 주려고 모아놨다고 했다. 지금 생각하면 너무나 감동스러운 일이다. 그러나 그 당시에는 감동보다 부러움이 앞섰다. 그래서 이 많은 선물을 받고도 충분히 고마워하지 못했다. 친구의 호의도 호의로 받아들이지 못하는 모습을 보면서, 앞으로 나의 인생이 열등감과 패배감으로 점철되지 않기 위해서라도 꼭 대한항공에 다시 들어가야 한다고 생각했다. 내 소중한 친구들을 잃지 않기 위해서도 대한항공에 다시 들어간다. 그렇지 않으면 나는 친구들도 못 보고, 평생 루저로 살아가야 한다. 생각만으로도 끔찍했고 내 인생을 그렇게 살고 싶지는 않았다.

700만 원과 바꾼 내 피부

대학교 때 나는 피부가 하얗고 좋기로 유명했다. 그래서 친구들이 화장품을 뭐 쓰는지 많이 물어봤고, 나 또한 '피부 부심(피부에 대한 자부심)'이 좀 있었다. 대학교 때부터 스킨, 탄력에센스, 미백에센스, 아이크림, 영양크림을 단계적으로 바르며 관리했다. 기초 화장품 바르는 데만 10분을 소요했다. 또 얼굴이 햇볕에 타는 게 싫어서 야외 운동은 거의 하지 않을 정도였으니 이 정도면 집착에 가까웠다. 20대에는 옷 사는 돈은 아껴도 피부에는 아낌 없이 투자해야 한다고 생각했다. 이렇게 피부에 애정이 많은 나였지만 어학연수를 가기 위해 돈을 모으기 시작하면서 스킨, 에센스 하나, 크림으로 화장품 수도 줄이기 시작했다. 피부를 위해 일찍 자려고 노력했던 규칙도 깨기 시작했다. 돈을 벌기 위해 새벽 2시까지 아르바이트를 해야 했기 때문이다. 또한, 가계부를 쓰기 시작하면서 돈이 나갈 수 있는 것은 다 제한했다. 화장품도, 옷도 안 사고, 친구도 안 만나고 오로지 돈 모으는 것에만 집중했다. 목표가 생기면 목숨 걸고 도전하는 과정을 즐기는 나에게 어학연수라는 목표도 마찬가지였다. 하나의 목표를 향해 몸을 던져 달성하려는 불굴의 의지와 목표에 임하는 도전정신이야말로 내가 가진 최대의 장점이라고 생각한다. 물론 가끔 무모한 도전으로 이어지는 경우도 있다. 하지만 시도하지 않고 후회하기보다 시도하고 안 되면 다시 도전을 하는 게 낫다고 생각했다.

　대한항공 공채 입사의 마음을 접고 어학연수를 준비하던 2007년 말에는 낮에는 코엑스 전시 아르바이트, 아파트 수주 아르바이트 등을 하며 보내고, 밤에는 호프집에서 아르바이트하며 돈을 모으고 또 모았다. 그해 초부터 아르바이트를 시작해 수중에 200만 원 정도가 있었고, 그 당시 아파트 수주 도우미 아르바이트 같은 것은 장기로 투입되기 때문에 무조건 참여하려고 했다. 이 아르바이트는 아파트가 지어지고 나면 전시하우스 같은 곳에서 손님 응대도 하고, 방문하는 손님들을 안내하는 업무였다. 그 당시 잠실 쪽에 아파트가 많이 지어지고 있어서 이러한 업무가 많이 필요했는데, 이 업무에도 면접이 시행되었다. 면접 장소에 가보니 승무원 면접장을 연상케 할 정도로 키가 크고 예쁜 여자분들이 많이 있었다. 나는 항공운항과 이력으로 많은 일에 참여할 수 있었다. 한번은 아파트 수주 도우미를 하는데 너무 추운 날이었다. 그날도 행사 유니폼을 입고 하이힐을 신고 일을 하고 있었다. 그때 어디서 "우진이 아니니?"라는 말이 들렸다. 돌아보니 대학교 때 학교에 강사로 오셨던 교수님이셨다. 항상 무릎 밑까지 내려오는 스커트에 단화를 신으셨는데, 자태가 항상 꼿꼿해서 인상에 남았던 교수님이셨다. 차분한 말투로 수업 시간에 기내에서의 일화를 많이 들려주셔서 그 일화를 들을 때마다 나도 꼭 승무원이 되어야지 하고 다짐했었다. 그런 교수님을 학교를 졸업하고 사회에서 만났다. 대학 시절 유독 교수님들을 잘 따랐던 나였기에 교수님도 나를 기억하셨던 모양이다. "교수님~, 저 우진이 맞아요. 저 현장실습하고 떨어져서 지금 어학연수 가려고 준비 중에 이렇게 아르바이트하고 있어요. 저 어학연수 갔다가 꼭 대한항공 갈 거예요" 교수님이 묻지도 않으셨는데 나는 주저리주저리 이 상황을 설명했다. 아마도 내가 놓인 그 상황이 부끄러웠던 모양이다. 그런 나를 교수님이 물끄러미 보시며 손을 잡아주셨다. "춥지 않니? 밥은 먹고 일하는 거야?" 그 한마디가 너무 따뜻해서 나는 코끝이 찡해졌고 목이 멨다. 그리고 교수님이 말씀하셨다. "너는 꼭 원하는 걸 해낼 거야. 학교 때부터 너의 눈에는 힘이 느껴졌어. 몇 년 늦는 건 중요하지 않아" 이렇게 말씀해주시고 본인이 하고 있던 목도리를 풀어 나의 목에 둘러주고 가셨다. 그렇게 가시는 교수님의 뒷모습을 보며 스며드는 따뜻함과 서러움의 감정에 한동안 움직이지 못했다.

그리고 나는 또 한 번 마음속으로 다짐했다. '무조건 대한항공에 다시 들어간다' 그렇게 추운 날 일을 끝내고 정신없이 집 근처 호프집으로 이동했다. 호프집에 도착해 저녁 7시부터 새벽 2시까지 아르바이트를 하고 집에 들어와서 자고, 다시 9시까지 아파트 수주 현장으로 가기를 몇 달 동안 반복하다 보니, 내 피부는 빨간 여드름으로 다 뒤덮여 있었다. 물리적으로 자는 시간이 너무 부족했고, 새벽까지 잠도 못 자고 일하는 것을 반복하니 피부가 버티지 못했던 것이다. 그래서 호주에서 1년 만에 나를 본 오빠가 내 얼굴을 보고 깜짝 놀랐다. 지금도 우리는 그때를 회상할 때 '피부 부심' 우진이가 돈 벌려고 피부까지 다 망

가져가며 일했다고 웃으면서 이야기한다. 하지만 그때 나는 절박했다. 출국 날짜에 맞춰 기한 내에 돈을 모아야 나는 어학연수를 갈 수 있고, 그래야 영어 실력을 늘려 외항사에 갈 수 있고, 그래야 경력직으로 대한항공에 다시 갈 수 있기 때문이다. 그래서 나는 모든 곁가지를 잘라내며 앞만 보고 달렸다. 이 순간을 넘어야 그다음 문이 열린다. 그래야 내가 원하는 세상으로 갈 수 있다. 그래서 나는 대한항공에 가기 위해서 이 순간들을 넘어야 했다.

매일 투잡을 뛰는 것은 체력적으로 힘이 들었지만, 통장에 쌓이는 돈의 액수를 보면서 돈 모으는 즐거움을 알게 되었다. 그렇게 2008년 1월 말에 나는 통장에 700만 원을 모았다. 몇 달을 돈 모으는 데만 열중하며 간절하게 어학연수 가기를 원하는 나를 보며 부모님도 흔쾌히 돈을 보태줄 테니 어학연수를 다녀오라고 말씀해주셨다. 이렇게 나는 내가 원하는 세상으로 가기 위해 또 한 관문을 넘었다. 대한항공 입사라는 먼 산을 넘기 위해서 우선 앞산부터 넘어야 한다. 앞산을 넘지 않고 먼 산을 넘을 수 없다. 하지만 우리는 가끔 앞산도 넘지 않고 먼 산을 바라보면서 걱정하고 고민만 늘어놓는다. 하지만 앞산을 넘다가 더 좋은 우회도로가 있음을 발견할 수도 있다. '빨리 가려면 돌아가라'라는 말도 이런 깨달음에서 나온 말이다. 《손자(孫子)》 군쟁 편(軍爭篇)에 우직지계(迂直之計)라는 말이 나온다. '가까운 길을 곧게만 가는 것이 아니라 돌아갈 줄도 알아야 한다'라는 병법의 지혜를 이르는 말이다. 나는 그동안 줄곧 대한항공 입사라는 직선주로를 향해 달려왔지만, 생각대로 잘 풀리지 않았다. 생각대로 풀리지 않는 일에는 생각을 바꿔서 다르게 시도해보라는 신호로 받아들였다. 더 멀리, 그리고 더 높이 날아가기 위해서 어학연수와 외항사 입사라는 우회도로를 선정해서 걸어가는 길을 택하는 방법이 더 현명한 선택일 거라 믿었다. 그 새로운 세상에는 또 어떤 일들이 벌어질까 설레는 마음으로 호주행 비행기에 올라탔다.

✈️

가을

"30대에 꽃피리라"
주문을 외우다

하늘이 참 낮다. 대한민국이 아닌 다른 나라를 처음으로 방문한 나는 호주에 도착하자마자 하늘을 올려다봤다. 대학교 때부터 항상 뭐에 쫓기듯 바쁘게 살아온 나를 옆에서 지켜본 대학교 베프(베스트 프렌드)가 하루는 나에게 문자를 보냈다. "우진쓰, 가끔은 하늘을 봐봐. 그리고 한숨만 쉬어가" 대학교 수업이 끝나고 정신없이 토익 학원으로 향하던 나는 대학교 후문을 나서며 그 문자를 받았고, 그 자리에 멈춰서 처음으로 의도를 갖고 하늘을 올려다봤다. 맞다. 나는 지금까지 한 번도 하늘을 가만히 응시해본 적이 없었다. 내 기억에 그날의 하늘은 참 맑고 높았다. 그리고 시간이 흘러 호주라는 곳에서 올려다본 하늘은 유난히도 손에 잡힐 듯이 낮게 느껴졌다. 그런 하늘을 바라보며, 더 높은 전진을 위해 우회도로를 택해 호주라는 곳으로 어학연수를 온 나에게 스스로 말했다. '한숨만 쉬어가자. 그래도 괜찮다' 그리고 입에서 '새 신을 신고 뛰어보자 팔짝. 머리가 하늘까지 닿겠네'라는 노래가 절로 나왔다. 그동안 한국에서의 실패는 잠시 잊고, 새롭게 새 신을 신고 뛰어보기로 했다. 몸도 마음도 너무 가뿐해 정말 머리가 하늘까지 닿을 것만 같이 설렜다.

한국인들을 멀리하다

친오빠가 1년 전 어학연수를 브리즈번으로 왔고, 이곳 생활이 너무나 만족스러워 브리즈번에서 대학교에 다니기로 결정한 상태였다. 그래서 처음 호주에 도착해서는 친오빠의 도움을 받을 수 있었다. 처음에는 오빠가 지내는 셰어하우스에 들어갔다. 방이 세 개에 거실과 주방을 공유하는 셰어하우스에는 오빠와 친하게 지내는 언니, 오빠들이 살고 있었다. 나는 그중 한 언니와 방을 셰어하게 되었다. 갓 지어진 셰어하우스는 벽이 하얗고 바닥에 카펫이 깔려 있었으며, 옥상에는 수영장과 바비큐장이 있었다. 그 건물과 동네의 깨끗함에 나도 모르게 환호성이 나왔다. 한국의 우리 집은 지하에 단란주점이 있었고, 도로변에 위치해 항상 시끄러웠던 것에 비해서 너무도 조용하고 쾌적한 환경에 나는 만족감을 감출 수가 없었다. 주말에는 옥상에서 바비큐도 해 먹고 맥주도 마시면서, 한국에서 상상할 수 없는 여유가 나에게도 찾아왔다.

도착하고 바로 다음 날 오전에는 어학원에 가서 레벨 테스트를 받았고, Intermediate라는 결과에 맞춰 반을 배정받았다. 그렇게 들어간 중간 레벨의 반에는 역시나 한국 학생들이 많았다. 집에서도 한국 사람들밖에 없어 영어 사용을 하지 못하다 보니 학원에서만큼은 영어를 사용하는 빈도를 늘리고자 한국 애들이 나에게 말을 걸어와도 반갑게 맞이하지 않았다. 그 대신 일본, 대만 그리고 브라질 등 외국 친구들과 어울리면서 지내고자 했다. 학원 생활도 너무 만족스러웠다. 수업은 말하고 참여하는 방식으로 이루어졌기 때문에 다른 사람들이 하는 말을 듣고 좋은 표현은 따라서 써보고자 노력했다. 그리고 방과 후에 외국 친구들과 커피를 마시고 놀 때도 영어를 쓰다 보니 노는 것도 공부가 되어버렸다. 일본, 중국, 대만, 브라질, 스위스 등 다양한 국적의 친구들을 만나며, 그들의 문화를 자연스럽게 접하고 배워나가면서 내 삶이 다채로워지는 것을 느꼈다.

처음 몇 주 동안은 영어로 사고하고, 영어로 말하는 방식이 익숙하지 않아 수업도 반 정도밖에 이해하지 못했고, 다양한 발음을 구사하는 친구들의 말도 제대로 알아듣지 못해 눈치로 파악해야 하는 경우가 많았다. 그래서 학원 수업을 마치고 집에 올 때쯤에는 머리가 너무 아파서 집에 오면 잠을 먼저 청하기 일쑤였다. 그렇게 잠을 자고 나면 어느 정도 긴장도 풀리고 다시 일상생활을 할 수가 있었다. 일어나면 밥을 먹고 셰어하우스의 언니, 오빠들과 필요한 대화만 나누고, 나는 내 방에 들어가 DVD 플레이어로 한국에서 챙겨간 〈프렌즈〉와 〈섹스앤더시티〉를 반복해서 보고 또 봤다. 이렇게 한 달을 지내다 보니 영어로 사고하는 것과 말하는 것이 다소 익숙해지기 시작했다. 그러면서 영어 말하기에 자신감과 욕심이 생기기 시작했고, 나는 오빠에게 외국인 셰어하우스로 이사를 하겠다고 말했다. 그 당시 호주 현지인이 운영하는 홈스테이는 가격이 매우 비쌌기 때문에 외국인들이 운영하는 셰어하우스에 들어가기로 했다. 집을 셰어한다는 것은 굉장히 예민한 부분이므로 오빠의 도움을 받아 신중히 살펴봤고, 콜롬비아 부부가 운영하는 셰어하우스를 찾을 수 있었다.

오빠와 함께 방문한 브리즈번 시티에 위치한 아파트에는 금융권 회사에 다니는 콜롬비아 부부와 어학연수 중인 콜롬비아 여학생, 이렇게 세 명이 살고 있었다. 걱정스러운 마음을 가지고 방문한 곳에서 그들은 너무나 반갑게 맞아줬고, 무엇보다 영어를 정말 잘 구사해서 너무 좋았다. 나는 나보다 두 살 많은 콜롬비아 여학생과 방을 같이 쓰게 되었다. 그녀는 어학원에 다니며 레스토랑에서 서빙 아르바이트를 한다고 했다. 주말에는 그들과 함께 식사하며 대화를 나눴고, 때때로 그들은 콜롬비아 음식을 만들어주고, 나는 매운맛에 익숙하지 않은 그들을 위해 궁중떡볶이와 김밥을 만들어줬다. 나는 그들도 우리처럼 전기밥솥에 밥을 해 먹는다는 것이 신기했다. 그리고 그들이 밥을 할 때 마지막에 올리브유를 넣는다는 것도 알게 되었다. 그들과 밥을 먹을 때는 맥주에 사이다를 섞어 종종 마셨는데 그때는 맛있다고만 생각했던 그 술이 카타르항공에 입사하고 나서야 'Shandy'라는 이름을 가진 칵테일이라는 것을 알게 되었다. 정도 많고 흥도 많았던 콜롬비아 셰어메이트 덕분에 호주에서의 하루하루가 너무 행복해서 이렇게 행복해도 되나 싶을 정도였다.

밤이 깊은 시간이었다. 잠이 오지 않아 조용히 거실로 나와 작은 스탠드를 켜고 다이어리를 쓰기 시작했다. 다이어리를 쓰는 것은 재수할 때부터 습관이다. 그때부터 다이어리에 하루하루 내가 해낸 것들을 기록하기 시작했다. 고등학교를 졸업하고 나서는 아무도 나를 이끌어주는 사람이 없었고, 학교라는 통제의 울타리도 없었다. 그러다 보니 내가 두 손을 놓아버리면 내 삶도 그저 주저앉을 것만 같았다. 특히, 재수할 때 학원에 다니지 않고 독학했기 때문에 나는 더욱 긴장을 놓지 않았고, 스스로를 통제하는 법을 찾았다. 그게 바로 다이어리를 쓰는 것이었다. 자기 전 다이어리에 내일 할 일의 계획을 세우고, 다음 날 다이어리에 적은 계획들을 실천하며, 자기 전에 다시 오늘 하루를 평가하면서 내일을 계획하는 것이다. 이렇게 다이어리에 내가 해낸 것들을 하나하나 기록하면 내가 해낸 것들을 시각적으로 확인할 수 있고, 빼곡히 적힌 성공의 기록들은 내가 나에게 갖는 확신의 근거가 된다. 이렇게 다이어리는 앞에서 나를 이끌어주는 역할을 하며, 동시에 내가 스스로에게 확신을 갖고 나아갈 수 있도록 뒤에서 밀어주는 역할을 해줬다.

더 높이 날기 위해 잠시 우회도로로 걸어가는 이 시점이 나는 내 인생에서 가장 중요한 시기라고 생각했다. 여기서 혹시나 방향을 잘못 잡거나 정신을 놓으면, 평생 원하는 곳으로 날지 못하고 우회도로로 계속 걸어야 할 것만 같았다. 그래서 스스로를 앞에서 이끌고, 뒤에서 밀며 어느 때보다도 나를 잘 챙겨야 한다고 생각했다. 그래서 가만히,

그리고 조용히 나만의 시간을 가지며 내 10년의 계획을 세우기로 했다. 내가 여기 호주에 온 이유를 잊지 않고, 내가 여기까지 오기 위해 한 고생을 기억하며, 내 미래를 계획하기 시작했다. 다이어리의 맨 위에 "나는 항공운항과 교수가 되고 싶다"라고 제일 먼저 빨간색으로 크게 적었다. 그리고 연도별로 해내야 할 것들을 나열하면서 미래를 계획했다. 2008 : 호주어학연수 / 2009 : 에미레이츠 입사 / 2010 : 경력 쌓기 / 2011 : 대한항공 경력직 입사 / 2012 : 회사생활 적응 / 2013 : 회사에서 많은 활동하기 / 2014 : 부사무장 진급 / 2015 : 대학원 진학 / 2016 : 대한항공 교관 지원 / 2017 : 석사학위 취득, 박사 바로 가기 / 2018 : 사무장 진급

이렇게 연도별로 굵직하게 내 인생에서 이루어야 할 것들을 계획했지만, 마치 내가 이룬 것처럼 이력서에 이력을 써 내려가듯이 적어 내려가기 시작했다. 종국의 목표인 인하공업전문대학교 항공운항과의 교수가 되기 위해서는 올해부터 세운 계획들을 하나하나 이루어나가야만 한다. '이 순간을 넘어야 그다음 문이 열린다. 그래야 내가 원하는 세상으로 갈 수 있다' 내가 좋아하는 이 문구처럼 나는 올해의 계획을 이루어야만 다음으로 이어지고, 그래야만 종국에 내 목표가 이루어질 것이다. 그래서 나는 올해의 목표를 이루기 위해 한 달, 한 달을 잘 계획해야 했고 하루하루를 소중하게 잘 써야 한다는 것을 너무나 잘 알고 있었다. 그래서 일어나자마자 다이어리 맨 뒷장에 적은 10년의 계획을 먼저 보고, 한 달의 계획을 살핀 뒤, 오늘의 계획을 실천해나갔다.

앞서 말했던 '등고자비(登高自卑)'라는 사자성어를 다시 되뇌인다. '높은 곳에 오르려면 낮은 곳에서 시작하라'는 뜻이다. 평범한 말이지만, 사람들이 이 말을 지키지 않는 것도 지극한 평범한 일이 되었다. 먼 산에 가려면 앞산부터 넘어야 하는데, 앞산도 넘지 않고 먼 산을 어떻게 넘을지 고민할수록 눈앞에서도 멀어지는 이유다.

"어떻게 하면 본인이 세운 목표를 그렇게 다 이룰 수 있었느냐?"라고 사람들은 종종 나에게 묻는다. 그러면 나는 사람들에게 간단하게 대답한다. 성인이 된 우리의 삶을 어느 누구도 이끌어주지 않기 때문에 자신을 동기부여하고 독려하는 방법들을 스스로 만들어야 한다. 나의 경우는 눈앞의 목표와 그 목표를 이룬 후 이어지는 다음 단계의 목표를 동시에 세운다. 하나의 단기 목표만을 세우면, 그 하나의 가벼움으로 인해 포기하기가 쉬워진다. 그러나 그 단기 목표와 이어지는 다음 목표를 둘 이상 세우면, 둘 이상이 갖는 무거움과 다음 목표를 빨리 이루고 싶은 욕구로 인해 이번 목표의 동기부여가 강해진다. '이 단기 목표를 빨리 끝내고 다음으로 넘어가야지'라는 강한 추진력이 생기는 것이다. 지금의 목표가 다음 목표 달성의 디딤돌이 되는 경우다. 지금 달성한 목표는 다음 목표를 달성하는 일종의 버팀목이나 밑거름이 되는 경우다. 이런 점에서 목표는 우리가 궁극적으로 도달해야 할 종착역이 아니라, 더 큰 꿈을 이루기 위한 수많은 간이역에 불과하다. 이런 점에서 목표 자체에 목숨을 걸기보다 목표를 달성하는 과정에서 배우는 깨달음의 즐거움을 행복하게 만끽해야 한다.

또한, 나는 무너지지 않기 위해 스스로와의 대화를 많이 했다. 이 당시에 나에게 주로 해줬던 말 중 하나는 "30대에 꽃피리라"였다. 이 문장을 거의 만트라처럼 외웠다. 이는 20대 초반부터 뭐든 자신이 원하는 것을 쉽게 갖지 못한다는 것을 느끼게 되면서 항상 남들보다 두 배더 노력해야 했고, 결과도 항상 늦게 꽃피운다는 사실을 인지한 스스로에게 건네는 위로의 말임과 동시에 굳건한 결심이었다. 내가 생각하는 멋진 삶을 위해서 20대는 준비하는 시기라고 생각했다. 본인이 멋지다고 생각하는 높은 이상에 오르기 위해 많이 실패하는 것은 당연한 일이며, 실패하고 우회하면서 내 그릇의 용적을 넓혀나가야 한다고 스스로를 매일 타일렀다. 그러면서 30대에 제대로 승부하겠다고, 그때까지는 실력을 쌓자고, 다짐하고 또 다짐했다. 실력은 저절로 생기지 않는다. 책상에 앉아서 잔머리 굴리며 요리조리 고민을 거듭해도 문제는 해결되지 않고 머리만 복잡해진다. 되든 안 되든 목표를 설정해놓고 어제와 다른 방법으로 무수히 도전하고 시행착오도 겪어보면서 판단 착오를 줄여나가는 가운데 자신도 모르게 실력이 쌓인다.

조용한 밤, 나에게 집중해서 거시적인 10년의 계획을 세운 나는 미시적인 계획을 짜기 시작했다. 3개월의 Intermediate 과정이 끝나면 나는 Academic Preparation Course를 가서 좀 더 체계적으로 시험을 위한 영어 공부를 하기로 계획했다. 그리고 학원은 그만 다니고 레스토랑에서 아르바이트 경력을 쌓기로 계획했다. 청소가 아닌 서빙 업무를 하기 위해서는 앞으로 최소 3개월 이내에 영어 회화 실력을 높여야 했다. 이러한 계획은 나의 영어 공부에 강한 동기부여가 되었고, 힘찬 추진력을 줬다. 너무나 고요한 밤, 나의 심장은 누구보다 빨리 뛰고 있었고, 어서 빨리 내일을 마주하기를 바라는 설레는 마음으로 잠이 들었다. 사람은 미래를 향한 꿈을 꾸면서 현실을 점검하고, 어제와 다른 방법으로 살아가야겠다는 결심과 결정을 통해서 변신을 거듭하며 성장하고 발전한다. 목표는 미래로 향하는 하나의 좌표이자 이정표다. 목표가 전부는 아니다. 하지만 목표 없이 인생을 사는 사람은 망망대해에서 목적지 없이 표류하는 배와 같다. 목표는 단기간에 내가 달성해야 할 가시적 산물이지만, 목적은 더 큰 꿈을 향해 내가 살아가는 이유나 방향을 제시하는 삶의 추동력이다. 내가 왜 이 일을 해야 하는지, 그 일을 통해 내 삶은 어떤 방향으로 변화되는지를 스스로에게 물어보는 의미와 가치다.

베트남 식당에서 아르바이트하다

Academic Preparation Course가 끝나기 전, 레스토랑에서 아르바이트를 구하기로 한 내 계획을 지키기 위해 어학원 과정이 끝나기 전에 이력서를 들고 브리즈번 시티 내의 레스토랑을 방문하기 시작했다. 서빙 아르바이트를 구하는 것이 쉽지 않을 거라는 것을 알고 있었지만, 어느 한 곳에서도 면접 기회를 갖지 못하고 문전박대를 당했다. 그렇게 2주 정도 시티에 있는 모든 레스토랑을 다 방문했지만, 결국에는 아르바이트 자리를 구하지 못했다. 하지만 이러한 상황이 나에게는 그리

큰 충격이 아니었다. 어쩌면 당연하다고 생각했다. 나는 언제나 뭐든지 쉽게 가지지 못한다는 것을 어린 나이지만 직감하고 있었고, 그래서 이 번에도 담담하게 우회도로를 택했다. 시티라는 좋은 입지를 가진 곳에 서 일할 수 없다면, 외곽에 조금 떨어진 곳으로 찾아보기로 했다.

시티에서 버스를 타고 브리즈번강을 건너 두 정거장 정도 지나면 사우스 뱅크 파크랜드라는 관광명소가 있는데, 그곳에는 많은 레스토 랑이 즐비해 있었다. 사우스 뱅크를 갈 때마다 맨발로 인공 수영장에 들어가서 놀다가 햄버거를 하나 들고 햇볕에 앉거나 누워서 일광욕하 는 호주인들의 자유로움을 보고 있자면, 참 살기 좋은 나라라는 생각 이 들었다. 그런 생각도 잠시, 나는 어디서부터 이력서를 제출할지 동 선을 짜기 시작했다. 사우스 뱅크 파크랜드는 관광지라서 그런지 이곳 의 레스토랑은 시티에 있는 레스토랑보다 규모도 크고 고급스러운 느 낌이었고, 여기서 일하는 것이 더 좋을 것만 같았다. 시티 내에서 일하 고자 했지만 원하던 곳이 안 되어 어쩔 수 없이 우회해서 온 곳이지만, 때로는 이러한 우회의 길이 더 나을 수 있음을 경험으로 체득했다. 마 치, 직선으로 곧장 얻는 것보다도 우회해서 곡선으로 가는 것이 삶이 풍부해질 수 있다는 교훈을 넌지시 알려주는 것 같았다.

호주는 대부분의 레스토랑이 오후 3시부터 오후 5시까지 브레이크 타임이라 이 두 시간을 이용해서 이력서를 제출하기로 했는데, 역시나 그날도 오후 5시까지 돌았지만 나를 고용해주는 곳은 없었다. 오후 5

시가 되니 배도 고프기도 하고, 그 당시에 호주에서 처음 먹어본 베트남 음식에 빠져 있던 터라 '이따가 밥을 먹으면서 이력서를 넣어봐야지' 하고 건너뛴 베트남 레스토랑으로 향했다. 녹색으로 인테리어가 된 베트남 음식점이 참 고급스럽다고 생각했고 쌀국수를 시켜서 맛있게 먹었다. 그리고 계산하려고 카운터에 다가갔을 때 엄마처럼 푸근한 베트남 여자 사장님이 서 계셨다. 나는 내가 먹어본 베트남 음식 중에 최고였다고, 레스토랑이 너무 예쁘고 직원들 유니폼도 너무 예쁘다고 말을 건넸다. Kim이라는 이름의 사장님은 영어가 다소 서툴렀지만 그래서 나는 더 알아듣기 편했고 우리는 그 외 여러 대화를 나눴다. 그러다가 상황을 살피며 적절한 시점에 사실 내가 아르바이트를 찾고 있는 중이라고 말을 꺼냈고, 짧게라도 괜찮으니 일을 시작하게만 해달라고 말씀드렸다. 그랬더니 Kim은 기꺼이 나에게 면접 기회를 줬고, 내일 오후 3시에 다시 방문해달라고 말했다. 나는 너무 기뻐서 소리를 질렀고, 다음 날 면접에 합격해서 Viet de Lite라는 베트남 식당에서 서빙 아르바이트를 시작하게 되었다.

2008년 당시, 호주의 시급은 호주 달러 17불이었다. 2007년 한국의 호프집에서 아르바이트했을 때 시급이 5,000원이었던 것에 비하면 세 배나 많은 것이었다. 그리고 영어를 쓰면서 돈도 벌 수 있고, 서비스 경험도 할 수 있다는 것 자체가 너무 신이 났다. 관광지에 위치한 고급 레스토랑이었기 때문에 손님들은 주로 호주 사람들이었고, 초반에는 종종 손님들의 말이 빨라 소통이 잘되지 않아서 Rhea라는 호주 알바

생에게 도움을 구해야만 했다. 같이 일하는 아르바이트생들 대부분은 베트남 출신이지만, 호주 국적의 대학생들이었고 대만과 호주인도 있었다. 나는 그들에 비해 영어 실력이 부족했기에 그들은 나를 배려해서 나와 대화할 때는 속도를 천천히 해서 말을 해줬다. Kim 사장님 내외도 나를 "Sweetheart"라고 부르며 부모님처럼 잘 챙겨주셨다. 모든 게 너무 완벽했으나 그 집 첫째 아들만큼만은 예외였다. 생긴 것은 전형적인 베트남 사람이었으나 호주에서 태어난 시민권자였던 Ethan은 호주 사람이라고 할 수 있는데, 영어를 잘하지 못하는 나에 대한 배려가 하나도 없었다. 오히려 일부러 말을 빨리해서 내가 알아듣지 못하게 만들고, 못 알아들었다고 웃고 놀리기를 반복했다. 내가 자존심이 상해서 삐지거나 화를 내면 맨날 나에게 "Evil"이라고 부르며 괴롭히기 일쑤였다. 그래서 나는 Ethan과 같이 일하는 저녁조에 배정되면 너무나 일을 하러 가기가 싫었고, 이 또한 영어 실력을 길러야 한다는 자극제가 되었다. 나중에 일을 그만두기 전에 Kim은 Ethan이 나를 좋아해서 그렇게 표현한 것이니 마음 상하지 말라고 귀띔해줬는데, 당시의 나는 그런 것도 눈치 못 채고 Ethan을 경멸에 가깝게 싫어했었다.

한국인 특유의 빠른 눈치와 대학교 전공을 통해 배운 서비스 마인드로 몇 달이 지나자 나는 누구보다 빨리 일에 적응했고 어느새 일을 잘한다는 평가를 받았다. 어학원의 마지막 코스도 마무리 되면서 나는 이제 거의 풀타임으로 일했다. 현장에서 일하면서 사실 학원에서 배운 것보다 영어 실력이 더 많이 늘었고, 무엇보다 통장에 쌓이는 돈으로 어학연수 다음의 계획을 실천할 여유자금을 마련할 수 있게 되었다. 꽃은 어느 날 갑자기 피지 않는다. 씨앗을 뿌린 후, 뿌리가 깊게 내리고, 싹을 틔우고 줄기와 가지를 뻗도록 관심과 애정을 갖고 돌봐야 한다. 식물이 원하는 방향으로, 기대했던 대로 자라지 못하게 하는 다양한 장애물도 만날 수 있다. 갑자기 비바람이 몰아쳐 잘 자라던 줄기와 가지가 부러질 수도 있고, 잘 자란 꽃망울이 터지기 직전에 뜻밖의 사고로 꽃이 피기 전에 시들 수도 있다. 꽃은 피우기까지 정성을 쏟아야 할 뿐만 아니라, 환경에 시기적절하게 지원해주고 대응해줘야 한다. 씨앗을 뿌리기 전에 토양을 점검해보고, 뿌린 씨앗이 싹이 틀 수 있도록 보살펴주고, 싹이 나오면 물도 주고 장애물도 제거해줘야 한다. 30대에 피어나는 꽃은 20대의 시행착오와 우여곡절이 만들어낸 사회적 합작품이라고 생각한다.

가을

새로운 세상에서
진짜 나를 만나다

"네가 이렇게 잘 웃었었나?" 어느 날 호주에 있는 작은오빠가 나에게 물었다. 사실 우리는 재혼 가정으로 맺어진 남매 사이다. 새아빠 쪽에서 오빠 두 명과 여동생 한 명, 엄마 쪽에서 나를 데리고 결합했고, 두 분 사이에 막내가 태어났다. 이렇게 오 남매로 이루어진 재혼 가정에서 우리는 어느 날 갑자기 같이 살게 된 것에 대한 불편함이 있었다. 또한, 두 분의 삶이 녹록지만은 않아서 다툼도 많았기에 나는 점점 웃음을 잃어갔다. 고등학교 때쯤 나는 나에게 많은 자아가 있다는 것에 혼란스러워했던 적이 있다. 학교에서는 얼음공주로 불리며 친구들과 거리를 뒀으나 초등학교 때부터 친했던 오래된 친구들 앞에서는 곧잘 웃기도 하고 마음을 열었다. 그러다 집으로 들어가는 순간, 나는 또 얼음처럼 경직되고 웃음을 잃어버렸다. 이러한 나를 지켜보면서 스스로 다중인격이라는 생각이 들었고, 그 나이에 누구나 할 수 있는 고민에 빠졌던 적도 있었다. 오빠는 집에서만 나를 봤기 때문에 항상 웃지 않는 내 모습만을 알고 있었을 것이다. 그런데 호주에서 누구보다 편안해하고 잘 웃는 내 모습을 보고 신기했었나 보다.

내가 필요했던 건 소속감이었나 보다

내가 있어야 할 곳이라고 느끼는 것을 우리는 '소속감'이라고 부른다. 아홉 살에 부모님이 이혼하셨고, 엄마는 경제활동을 하기 위해 나를 이모 댁에 맡기셨다. 나보다 한 살 많은 이종사촌 언니를 나는 너무 좋아하고 잘 따랐다. 그런 언니도 나를 친동생처럼 잘 챙겨줬고, 이모와 이모부도 편애와 불편함 없이 나를 잘 대해주셨다. 그러나 나는 그곳이 내가 있어야 할 곳이라는 느낌을 받지 못했고, 누구도 주지 않았으나 눈치를 보고 있었다. 그리고 엄마가 재혼하게 되었고, 나는 내 의지와 상관없이 또 새로운 가정에 들어가게 되었다. 모든 것을 인지할 수 있는 나이에 새롭게 구성된 가정에서도 나는 내가 있어야 할 곳이라는 느낌을 받지 못했다. 그래서 집이라는 곳이 나에게는 그저 먹고, 자는 곳 이상의 의미가 없었다. 집은 물리적 공간을 의미하는 'house'가 아니라 심리적 연대와 인간적 관계가 일어나는 'home'이어야 한다. 내가 어떤 사람과 어떤 공간에서 어떤 시간을 보냈는지에 따라 나는 다른 인간으로 거듭난다고 생각한다. 결국, 인간은 시간과 공간의 합작품인 셈이다. 내가 머물렀던 집은 인간적 교감이 일어나지 않고, 단순히 먹고 자는 물리적 공간이었다. 내가 한때 불행하다고 생각한 이유가 바로 공간이 주는 거리감 때문이었다.

부모님은 365일 하루도 쉬지 않고 밤까지 장사를 하셨고, 내 기억이 맞다면 우리 가족은 집에서 다 같이 모여 식사를 한 적이 없었다. 나는 시간이 될 때 엄마가 운영하시는 식당에 가서 밥을 먹거나 아니면 바쁘다는 핑계로 밖에서 사 먹기 일쑤였다. 그래서 중학교 3학년 겨울방학 때부터 독서실에 이부자리를 챙겨서 잠도 거기서 잤고, 고3 때부터는 고시원에 들어가서 학교에 다녔다. 이렇게 집이라는 곳에 대한 애정이 없었던 터라 나에게는 항상 소속감의 부재가 있었다. 그런데 호주에 어학연수나 공부를 하러 온 사람들은 가정을 떠나 외국에 왔기 때문에, 모두가 한국의 완전한 가정 형태를 취하지 않고 새롭게 맺어진 구성원들과 살고 있었다. 비록 피 한 방울 섞이지 않았지만, 모두가 마음을 의지하며 새로운 가정의 형태를 갖추고 있었다. 나는 이 피 한 방울도 섞이지 않은 새로운 가정의 형태가 낯설지 않았다. 오히려 익숙했다. 호주에 와서 처음 몇 달간 한국인 셰어하우스에서 작은 오빠와 친한 친구들과 함께 음식을 해 먹고, 술도 한잔하면서 이 이야기, 저 이야기 하면서 나는 편안함과 안정감을 느꼈다.

그리고 호주에서는 영어 이름을 사용하면서 한국의 이름을 사용하지 않았다. 그래서 "너는 왜 다른 형제들하고 성이 달라? 너는 왜 아빠하고 성이 달라?"라는 질문을 받지 않아도 되었다. 나는 그저 Jinie였다. 호주에서는 지겹도록 내 발목에 밧줄처럼 묶여 있던 가족의 연결성이 없었다. 나는 이혼 가정, 재혼 가정의 아이도 아니었고, 그저 잘 웃는 Jinie였다. 그저 내가 나로서 받아들여지고 평가되는 이곳에서 나는 막혀 있던 숨이 트이는 느낌이었다. 10대까지는 미성년자로서 내가 선택하지 않은 가정과 환경에 영향을 받을 수밖에 없었고, 나를 둘러싼 사람들의 말에 의해 내가 정의 내려진다. 그래서 한국에서 나는 어쩔 수 없는 환경에서 방어적으로 택한 성격으로 독한 아이, 말 없는 아이, 자기만 아는 아이라고 정의되었다. 그러다 보니 나도 자연스럽게 타인에 의해 정의된 나를 나라고 받아들이고 산 것이다. 사람은 태어날 때부터 다른 사람과의 관계와 환경이 주는 영향력에서 벗어날 수 없다. 내가 어떤 환경에서 자랐는지에 따라서 나의 성격이나 인성도 영향을 받는다. 인성(人性)은 인간성(人間性)의 약자다. 사람(人)과 사람(人) 사이(間)에서 생긴 성품이 인성인 셈이다. 결국, 사람마다 인성이 다른 이유는 저마다 다른 환경에서 자라면서 때로는 참고 견디면서, 또 다른 때는 즐거워하고 행복해하면서 나도 모르는 사이에 성격과 인성이 만들어지기 때문이다.

그러나 호주에 와서는 나를 정의해주던 주위환경과 시선에서 벗어나면서 진정한 나를 만날 수 있었다. 내가 선택한 사람들과 같이 살면서 서로를 받아들이고 소통하고, 내가 선택한 직장에서 동료들에게 인정받고 협력하면서 나는 이곳이 내가 있어야 할 곳이라는 느낌을 받았고, 이 사람들이 내 사람들이라는 느낌을 받았다. 비로소 소속감을 느끼면서 거기에서 오는 따뜻함과 안정감으로 '얼음 땡' 놀이에서 '땡'을 당한 것처럼 나는 자유로웠고 유연해졌다. 그래서 호주에서의 나는 잘 웃는 아이, 싹싹한 아이, 장난기도 많은 아이라고 정의되었다. 스스로에 대한 자기 인식은 내가 속한 환경과 그 속의 다른 사람의 평가에 좌우되는 경향이 많다. 그래서 한국에서는 나는 내가 들었던 말에 따라 나를 정의했고, 다른 사람들의 판단에 나를 맞췄다. 그러나 낯선 해외에서 나를 찾고 내가 선택한 사람들에 의해 나를 재정의하면서 나는 나를 알아갔다. 전혀 다른 환경에서 일정 기간 살았던 경험은 이전의 삶에서 내가 보여준 성격과 인성을 근본부터 다르게 형성하게 만들었다. 전환점이 된 것이다. 과거에는 다른 사람의 눈치를 보며, 나의 존재나 위치를 스스로 비하시켜 생각하는 자괴감에 시달리기도 했지만, 그렇게 하지 않아도 되는 뜻밖의 색다른 환경에서 이전과 전혀 다른 나의 참모습을 발견하게 된 것이다. 어떻게 생각하면 지금의 내 모습이 내가 만들고 가꿔나가야 할 나의 진짜 모습일거라는 생각을 했다.

호주에서 얻은 가장 큰 것은 마음의 힐링이었다

"마음이 너무 편해, 엄마. 한국에서 떠날 때는 날씨도 내 마음도 너무 추운 겨울이었는데, 여기는 여름이야. 날씨도 마음도 너무 따뜻해."
시간 내서 엄마에게 안부 전화를 했다. 목소리가 너무 밝다고 엄마는 안도하셨고, 나는 진심으로 행복하다는 생각이 들었다. 지금까지 '행복'이라는 단어를 내 입에 담아본 적이 없었다. 나는 항상 무언가에 쫓기며 살았다. 그래서 항상 '지금'에 머물러 본 적이 없었다. 그런데 호주에서는 지금 하늘을 봤고, 지금 불어오는 바람을 느꼈고, 지금 내 감정에 주의를 기울이고 있었다. 지금 이 순간, 모든 것이 한국과는 정반대로 흘러가는 것 같았다.

남반구에 위치한 호주는 우리나라와 정반대의 계절이다. 그래서였을까. 1월 말 한국을 떠날 때 몸도 마음도 차갑게 얼어 있던 나를 호주는 따뜻하게 감싸 녹여주는 것 같았다. 처음 공항 밖으로 나왔을 때 마주한 청명하고 낮은 하늘, 시야가 막히지 않는 넓은 대지, 잠시 지내다 갈 사람들이기에 서로에게 깊이 관여하지 않고 묻지 않는 자유로움이 너무 좋았다. 나에게도 어학연수라는 명목으로 냉혹한 취업 시장에서 잠시 쉬어가는 그러한 시기로 받아들여졌기에 1년 동안만큼은 취업에 얽매이지 않아도 된다는 공식적인 유예기간이 주어진 것 같았다. 그래서 이제는 앞만 보지 않고 좌우도 살피며 고개를 위로 들어 하늘을 볼 여유도 생겼다. 앞만 보고 달리는 사람의 특징은 오로지 목표 중심으로 산다는 것이다. 목표를 왜 달성하는지는 모른다. 그저 목표만 달성하면 된다는 강박관념으로 앞만 보고 달리는 것이다. 사람은 무엇을 위해 왜 사는 것일까? 목표를 달성하기 위해서 사는 삶보다 목표를 달성하는 과정에서 깨닫는 뜻밖의 즐거움을 만끽하는 삶이 행복한 삶이라고 생각한다. 나 역시 지나치게 목표 중심적인 삶을 살아오다가 호주에서 잠시 살아가는 동안 진정으로 행복한 삶이란 어떤 삶인지를 조금이나마 깨닫게 되었다.

오늘은 아르바이트 시간보다 1시간 일찍 사우스 뱅크에 도착하게 되었다. 그래서 간만에 여유를 부리며, 혼자 소프트아이스크림을 사서 벤치에 앉아 있었다. 그런데 호주 할머니가 "Hi, Sweety" 하고 말을 건넸다. 순간 나는 '무슨 도움이 필요하나?'생각했다. 그런데 할머니는 나에게 어디서 왔는지, 여기서 지내는 것은 어떤지, 뭐할 때 가장 기분이 좋은지 등 아무 목적도 없이 나와 대화하고 싶어 했다. 처음 드는 생각은 '왜 나한테 말을 걸지?'였다가 필요에 의한 것이 아니라는 것을 알고 나도 대화를 같이 이어나갔다. 내가 영어를 이해하는 데 불편함이 없도록 천천히 이야기해주시는 할머니가 고마웠다. 할머니는 "너는 무엇을 할 때 가장 행복해?"라고 질문했고, "나는 대한항공 승무원이 되면 행복할 것 같아"라고 대답했다. 그러자 할머니는 말했다. "아니, 미래가 아니라 지금 너를 행복하게 만드는 게 뭐야? 앞으로 인생에서 지금 너를 행복하게 만드는 것을 최소 세 개는 네 주머니 안에 넣어놔. 그리고 슬플 때 하나씩 꺼내서 봐. 어디서 구하지 말고 네 주머니에서 꺼내 보면서 스스로 행복해야 해"

한국에서는 낯선 사람이 아무 목적 없이 말을 거는 경우가 거의 없었고, 이처럼 삶에서 정말 중요한 것을 일깨워주는 어른을 만나본 적도 없었다. 이 낯선 어른의 눈빛에서 나는 따뜻한 애정을 느꼈다. 지금도 '내가 이 어른이 말한 것을 정확하게 이해한 것이 맞을까…, 아니면 내가 듣고 싶은 말을 그 어른의 입을 통해 스스로에게 해준 것일까…' 라는 의문이 남지만, 할머니의 질문은 나의 시선이 밖이 아니라 나 자신에게 향하게 하는 계기를 갖게 해줬다. 그리고 아르바이트를 하러 가는 내내 '나는 무엇을 할 때 행복하지?'라는 질문을 스스로에게 계속

해봤다. 처음에는 그 질문이 나에게는 다소 어색하고 어려워 '나는 뭐 할 때 즐겁지?'라는 질문으로 바꾸어 던져봤다. 이 이후로도 나는 나를 즐겁게 하는 것 세 가지를 내 곁에 두려고 하는 습관을 갖게 되었고, 이를 스스로 구비하려고 노력했다. 행복은 관념적으로 생각하는 우리의 이상이 아니다. 행복은 지금 내가 살아가는 여기서 매일 매일 느끼고 만끽해야 하는 일상이다. 오늘 가장 행복하게 살아가는 사람이 내일도 행복한 경우가 더 많다. 하기 싫은데 억지로 하면서 주어진 목표를 달성하는 데만 여념이 없는 사람은 언제 행복한 시간을 보낼까. 목표도 중요하고 꿈도 중요하지만, 더 중요한 것은 매 순간 내가 행복해지는 방향으로 삶을 꾸려나가려는 자세와 실천이다.

첫사랑, 마음의 상처를 치유하다

3개월의 Intermediate 과정이 끝나고, 계획했던 대로 Academic Preparation Course 수업이 시작되었다. 앞문이 열리며 한 남학생이 장난기 가득한 표정으로 웃으며 들어왔다. 그런데 그 순간, 나는 이상한 느낌을 받았다. 내가 저 사람을 좋아할 것 같다는 느낌이었다. 이런 느낌은 처음 받아봤다. 지금껏 여중, 여고, 여자들이 많은 과를 나온 나는 남학생들과 자연스럽게 수업을 같이 듣거나 친해질 기회가 없었다. 그런데 이 남학생을 보는 순간, 첫눈에 반했다는 표현보다는 운명적으로 엮일 것만 같은 느낌을 받았다. Academic 반은 호주에서 대학을 다니려고 준비하는 학생들이 듣는 수업이었기 때문에 보통 영어를 꽤 하는 학생들이었다. 처음에는 영어를 사용하기 위해 한국 애들을 멀리하려고 불편하게 지냈지만, 그 남학생과 나는 공교롭게도 같은 팀으로 프레젠테이션을 준비해야 했다. 그는 내 의도를 알고 자신의 호주 친구들을 소개해주며 내게 영어를 사용할 기회를 만들어줬다. 그렇게 우리는 조금씩 조금씩 가까워졌고 커플이 되었다.

이 친구는 작은오빠와 나이가 같아 오빠와도 친하게 잘 지냈다. 막내로 사랑받고 자란 남자친구는 항상 잘 웃고 밝은 성격이었기에 어디를 가도 환영받고 분위기를 주도할 줄 아는 사람이었다. 이렇게 밝고 잘 웃는 남자친구 옆에 있으면서 서서히 물이 들듯이 나도 그 옆에서 자주 웃고 밝아졌다. 그래서 하루는 작은오빠가 "처음에는 몰랐는데 둘이 닮아가는 것 같고 우진이가 밝아지는 것 같다"라는 말을 했다. 사람은 자신을 알아봐주고 마음속 깊이 공감해주는 사람을 만나면, 나도 모르게 그 사람을 닮아간다. 전혀 다른 배경과 관심 속에서 자랐지만, 시간이 흐를수록 외모는 물론 마음까지도 비슷해지는 이유는 서로가 서로의 입장에서 존중해주고 배려해주기 때문이다. 사람은 존중받을 때 가장 행복한 자존감을 느끼며, 배려받는다고 생각할 때 인간적 신뢰감이 가장 깊게 쌓이는 법이다. 지금 나는 누구를 존중하고 배려하는지, 거꾸로 나는 누구에게 존중받고 배려받는 삶을 살고 있는지 물어볼 필요가 있다.

남자친구와 나는 작은오빠와 친하게 잘 지내면서 어느날은 한국 이름을 공유하는 순간이 왔으나, 성이 다른 우리를 보고도 남자친구는 왜 성이 다른지 묻지 않았다. 굳이 말을 하지 않아도 그는 내 슬픔과 아픔을 공감하고 있었다. 지금까지 친한 친구한테도 숨겨왔던 재혼 가정의 주홍글씨가 그에게는 아무것도 아닌 것처럼 받아들여졌을 때 나는 큰 치유를 받았다. 사실 밖으로 드러냈을 때 아무것도 아닐 수 있는 것이 두려움 때문에 밖으로 나오지 못했을 때, 그것은 안에서 커다란 스토리를 만들고 더 커다란 두려움을 만든다. 그래서 자신 안에서는 아주 큰 문제로 남아 있는 것이다. 나에게도 어쩌면 아무것도 아닐 수 있는 100원짜리 크기의 가정의 문제가 초, 중, 고, 대학을 거치며 밖으로 나오지 못해 내 안에서는 스노우볼 효과로 바위 크기만큼 커져 있었던 것이다. 그래서 누가 뭐라고 하지 않아도 나는 가정 이야기만 나오면 움츠러들었고 피하기 일쑤였다. 사실 지금까지 누구에게도 가족 이야기뿐만 아니라 나에 대해서도 100% 터놓고 이야기한 적이 없었지만, 남자친구에게는 나에 대해 다 말하고 있는 나를 발견했다. 그는 그 어떤 판단도 하지 않고 나를 받아줬고 내 모든 것을 그저 감싸 안아줬다.

그는 누구보다 나의 목표에 대해 잘 알고 있었고, 내가 누구보다 대한항공 승무원이 되고 싶어 한다는 것도 알고 있었다. 그래서 항상 나의 영어 실력 향상을 위해 최선을 다해 도와줬고, 데이트도 가능한 한 외국인 친구들과 자리를 만들어 영어를 사용할 수 있는 환경을 만들어줬다. 내가 한국에 가서 외국항공사 준비 학원에 등록할 돈을 마련하기 위해 아르바이트 시간을 늘리고 많은 시간을 아르바이트에 쏟아도 한 번도 화내거나 짜증 내지 않고, 베트남 식당으로 찾아와 나를 보고 가곤 했다. 이렇게 서로를 위하고 아끼며 예쁘게 관계를 지속했지만, 워킹홀리데이 비자 만료가 1년이었기에 헤어짐의 시간이 다가오고 있었다. 어느 날, 그는 나에게 한국에 돌아가지 말고 호주에서 자기와 함께 살면 안 되겠냐고 조심스럽게 말을 꺼냈다. 그러나 나는 내가 계획한 10년의 계획이 더 중요했기에 그의 제안을 거절했다. 그는 나를 너무나 잘 알고 있었고, 무엇이 나를 더 행복하게 해주리라는 것을 알았는지 기꺼이 나의 의견을 존중해줬다. 그리고 시간이 흘러 한국으로 떠나는 날이 다가왔고, 그는 나를 배웅하러 공항에 와줬다. 우리는 공항에서 서로 한참을 부둥켜안고 울었다. 나를 온전히 받아줘서, 내 삶에 와줘서 고마웠다고 나는 그렇게 한참을 울었다.

나는 부모의 이혼과 재혼을 무력하게 겪으면서 마치 이 모든 게 내 잘못인 것처럼 느껴져 감추려 했고, 이러한 영향은 한국에서 내 교우 관계까지 이어졌다. 그렇게 주홍글씨처럼 나를 따라다니던 것이 내가 선택한 소중한 사람에 의해 아무런 문제가 아니며, 내 존재가 온전히 받아들여짐을 느꼈을 때, 나는 큰 치유를 받았다. 가정에서 받은 마음의 상처가 사랑으로 치유되는 것을 느끼면서 나에게 호주는 여전히 사랑과 치유의 장소로 남아 있다. 독일의 문호, 요한 볼프강 폰 괴테 (Johann Wolfgang von Goethe)는 이런 말을 남겼다. "지금 네 곁에 있는 사람, 네가 자주 가는 곳, 네가 읽는 책들이 너를 말해준다" 내가 누구인지 이 세 가지를 확인해보면 알 수 있다는 말이다. 우선 지금 내 곁에 누가 있는지, 즉 내가 맺는 인간관계다. 두 번째로 내가 어디를 자주 가는지, 내가 자주 가서 몸으로 겪는 체험이 나를 말해준다는 의미고, 마지막으로 내가 무슨 책을 읽고 있는지에 따라서 내가 받는 지적 자극이나 충격이 달라진다는 의미다. 괴테의 명언을 다르게 해석해보면 나를 바꾸는 방법은 세 가지로 요약된다. 첫째, 내가 만나는 사람이다. 내가 호주에 가서 만났던 거리의 할머니, 레스토랑 사장님, 그리고 첫사랑의 상대는 지금까지 생각해왔던 내 삶의 고정관념을 깨는 계기가 되었다. 둘째, 나에게 호주라는 이국땅은 지금까지 생각해보지 못했던 색다른 공간적 체험, 환경적 자극의 소중함을 일깨우는 자극제가 되었다. 낯선 곳에서 색다른 체험을 하게 된 계기는 인생의 전환점을 마련하는 분명한 전기(轉機)가 되었다. 마지막으로 호주에 가서 많은 책을 읽지 못했지만, 나와 다른 세계에서 다른 생각을 하면서 다른 삶을 살아가는 사람들이 쓴 책을 읽으면, 전혀 다른 지적 충격을 받을 것이다. 그것 또한 나를 바꾸는 소중한 자극이 아닐 수 없다.

카타르항공,
한 번에 합격하다

한국에서 700만 원이라는 돈을 모아 호주에 갔고, 호주에서 500만 원을 모아 한국에 왔다. 나에게 호주는 치유의 공간인 동시에 삶의 다음 단계를 위한 준비의 공간이었다. 호주에서의 생활은 장대높이뛰기 선수가 높이 뛰기 위해 도움닫기를 하는 것과 같았다. 그렇게 나는 도약을 준비하고 있었고, 나의 모든 안테나는 내가 호주에서 계획한 10년 계획에 맞춰져 있었다. 2009년 1월, 나는 한국에 돌아왔다. 나의 계획대로라면 나는 외항사에 가야 했다. 그러나 그 당시 2008년 금융위기의 여파로 막강하던 에미레이트항공사조차도 채용이 나지 않고 있던 터였다. 우선은 2월 한 달은 학원에 다니며 토익을 준비했다. 아침에 수업을 듣고 점심을 먹고 스터디를 한 후, 저녁 9시까지 학원에서 자습하며 종일 학원에서 시간을 보냈다. 그렇게 토익 시험에서 890점을 획득했다. 토익 준비는 혹시 모를 대한항공 채용에 대비해 플랜 B로 준비한 것이다. 동시에 나의 플랜 A인 외항사 합격을 위해 영어회화 준비를 하던 3월의 어느 날, 카타르항공 채용이 났다.

성남에서 신촌으로 매일 9시에 등원하다

카타르항공은 2009년 3월에 처음으로 2008년 금융위기 여파의 살얼음을 깨고 가장 먼저 채용공고가 난 항공사였다. 그 당시 나는 카타르라는 나라를 들어본 적이 없었고, 카타르항공사라는 곳이 존재하는지도 몰랐다. 내가 목표한 곳은 에미레이트항공이었으나 우선 시험 삼아 카타르항공에 지원해보기로 했다. 그런데 카타르항공 채용절차 중 1차 면접을 특정 승무원 학원에서 대행한다는 소식을 접했다. 즉, 학원 관계자분들이 1차 면접을 보고, 합격한 학생들만 카타르항공에서 온 외국인 면접관들과 2차 면접을 볼 수 있다는 말이다. 그렇다면 무조건 1차를 통과해야만 했다. 학원 대행이라는 것은 아무래도 학원생에게 유리할 수밖에 없을 거라는 판단이 들었고, 나는 그길로 카타르항공 채용 대행 승무원 학원에 수강 등록을 하러 갔다.

우리 집은 성남 모란에 위치하고, 승무원 학원은 신촌에 있었기 때문에 가는 데만 1시간이 소요되었다. 수업은 일주일에 세 번 진행되었으나 나에게는 한 달이라는 시간밖에 남지 않았기 때문에 매일 학원에 등원했다. 그 당시 학원에는 학생들을 지도해주는 담당 선생님이 계셨는데, 선생님께서 보통 외항사는 1~2년 준비해야 합격할 수 있기 때문에, 이번 카타르 면접은 경험 삼아 가볍게 보는 게 좋겠다고 말씀하셨다. 그러나 나의 10년의 계획에 따르면, 나는 이번에 꼭 외항사에 합격해야 했다. 그래서 나는 남들보다 두 배, 아니 세 배의 노력을 쏟아부어야 한다고 생각했고, 최종 합격을 의심하지 않으며 준비를 시작했다. 외국에서 6개월의 Academic 교육과 6개월의 서비스 경험이 있었지만, 영어 면접 준비는 처음이었기 때문에 초반에는 답변을 만드는 데 다소 헤맸다. 특히나 카타르항공 2차 면접 유형인 Groop Discussion은 정말 최악이었다. 열 명 남짓의 사람들이 원을 그려 앉아 한 가지 주제로 토론하는 것이었다. 토론 문화에 익숙하지도 않았을 뿐만 아니라 영어 실력과 더불어 의견 표출 및 설득하는 종합적 사고 능력이 필요했다. 첫날은 정말 꿀 먹은 벙어리처럼 덩그러니 학원생들을 쳐다보다가 끝이 났다. 열 명의 구성원이 각자 자신을 어필하기 위해 상대의 발언을 잘 경청하면서 적절한 시점에 치고 들어가 자신의 의견을 개진해야 하는데, 나는 어느 시점에 다른 사람의 말을 끊고 들어가야 하는지 감을 잡지 못했고, 다음 수업도 그렇게 끝이 나버렸다.

변화가 필요했다. 부끄러움과 실력의 부족함을 탓하지 말고, 저들처럼 행동하고 말해야 한다고 생각했다. 그래서 같이 공부하는 학원생들의 답변에 귀 기울이며, 그들이 자주 쓰는 표현과 답변 구성 방식을 스폰지처럼 받아들이고, 밝고 적극적인 학생들의 태도도 내 것으로 만들었다. 1차 면접까지는 2~3주 정도의 시간밖에 없었고, 나는 합격을 의심할 시간도 없이 면접 준비에 매진했다. 그 당시 학원생들은 정말 최소 6개월 이상을 준비한 사람들이었기 때문에 답변 구성 면에서 상대적으로 나의 부족함을 많이 느꼈고, 나는 학원 강사님과 상의 끝에 강사님의 소개로 개인 과외 선생님을 소개받았다. 카타르항공 출신의 과외 선생님의 지도하에 답변 노트를 만들고, 이력서에 맞춰 답변을 준비하기 시작했다. 한 살 많은 과외 선생님은 친언니처럼 나를 챙겨 주었고, 나는 심리적으로도 선생님에게 많은 도움을 받았다. 주중에는 비가 오나, 눈이 오나 무조건 학원에 9시에 등원해 수업이 있을 때는 수업을 듣고, 수업이 없을 때는 빈 강의실에서 답변 준비를 했다. 그리고 주말에는 개인 과외를 받으며 좀 더 답변의 완성도를 높이는 맞춤 지도를 받았다. 남들보다 늦게 시작한 만큼 두 배의 속도로 준비를 해 나갔고, 어느덧 카타르항공 1차 면접을 앞두게 되었다.

카타르항공, 면접 첫 지원에 최종면접까지 가다

1차 면접은 승무원 학원 대행이었기 때문에 나는 학원의 커리큘럼을 잘 따르고 성실한 모습을 보여와서 문제없이 합격할 것으로 생각했다. 외항사 1차 면접도 국내 항공사 면접과 비슷하게 한국인 면접관 세 분 정도가 앉아 있었고, 지원자 다섯 명이 한 조가 되어 면접장으로 들어섰다. 대학교 시절 항공운항과에서부터 익힌 승무원의 면모는 면접장에서 자연스럽게 발현되었고, 이력서를 바탕으로 영어로 주어지는 기본 질문에도 준비한 대로 적절하게 답할 수 있었다. 역시나 1차는 예상대로 합격했다. 이제 카타르항공 면접관을 만나는 2차 면접이 기다리고 있었다. 2차 면접까지 주어진 시간은 일주일 정도였다. 나는 학원 수업에서 시행되는 토론에 어느 정도 참여할 수 있게 되었다. 지금까지는 상대 의견을 듣다가 적절한 타이밍을 보고 상대의 의견에 동의하거나 반대하며 내 의견을 표출해봤는데, 이번 수업만큼은 처음으로 토론의 시작을 주도해보기로 굳게 마음먹고 수업에 참여했다. 항상 그렇듯 처음이 가장 힘이 든다. 그러나 잘하는 것보다 한번 해보는 것이 중요하다. 처음이다 보니 잘할 수가 없는 것은 당연하다. 다만 두려움을 깨고 시작해보는 것이 중요하다.

기내에서 발생한 이례적 상황을 제시하고 해결방안을 도출하라는 토의 주제가 주어졌다. 오늘은 토의의 시작을 주도해보겠다고 마음먹는 순간, 가슴이 무척 뛰기 시작했다. '내가 시작을 잘못해서 토의가 잘못된 방향으로 가면 어떡하지. 한 번도 먼저 나선 적이 없는 내가 나선다고 사람들이 이상하게 생각하면 어떡하지…' 마음속에는 시작하지 말아야 하는 이유가 나를 붙잡기 시작했고, 토의 시작과 함께 나는 나를 붙잡던 수 많은 이유들을 심리적으로 박차고 일어나 첫마디를 던졌다. "wow guys, this topic is quite tricky, but 10 of us are all here. so we could make a good decision together"라고 운을 떼고, 해결해야 할 문제에 대해 나의 의견을 제시했다. 사람들은 자연스럽게 나의 의견에 이어서 토의를 시작했고 나는 안도했다. '처음 시작하는 것도 별것 아니구나. 지금까지 내가 안 해서 몰랐던 거구나' 언제나 처음은 힘이 든다. 두려움을 박차고 일어날 용기가 필요하기 때문이다. 이 한 번의 작은 해냄의 경험들과 하루하루 다이어리에 기록한 나의 최선들이 스스로에 대한 확신으로 다가왔고, 나는 2차 합격이라는 성취를 위해 뛰기 시작했다. 니체도 말하지 않았던가. "모든 시작은 위험하다. 그럼에도 불구하고 시작하지 않으면 아무것도 시작되지 않는다"라고. 시작해야 뭔가 시작되지, 시작하지 않으면 아무것도 시작되지 않는다는 말은 너무 당연한 말 같지만, 이 당연한 사실을 많은 사람들이 잊고 살아간다. 시작하기 전에 가졌던 불안감과 걱정도 일단 시작하면, 쓸데없는 기우(杞憂)에 지나지 않았음을 시작하고 나서 몸소 깨닫는 경우가 많다. 하지만 여전히 많은 사람이 시작하지 않고 불안에 떨거나 초조해하고 걱정을 거듭하면서 검토한다. 검토에 검토를 거듭해도 쉽게 결론은 나지 않는다. 앉아서 고민을 거듭할수록 머리만 아프고 실제로 상황을 개선할 수 있는 뚜렷한 대안은 떠오르지 않는다.

외국항공사 면접은 국내와 달리 겸손의 미덕보다는 하이텐션의 에너지로 자신을 어필해야 한다는 과외 선생님의 지론에 따라, 과외 선생님과 나는 같이 면접 복장을 사러 백화점으로 갔다. 보통 국내 면접은 흰 블라우스에 검정 치마로 모두가 획일적인 복장을 입는 반면, 외항사는 빨, 주, 노, 파, 남, 보 같은 색색의 면접 복장을 입고 면접장에서 자신을 어필할 것이라고 했다. 그래서 무조건 나에게 잘 어울리고, 나를 돋보이게 할 수 있는 복장을 선택하기로 했다. 몇 군데를 돌아보다가 핫핑크 재킷을 보게 되었다. 나와 선생님은 "바로 저거야"라고 외치며 입어봤고, 핫 핑크색은 정말 내 얼굴을 잘 살려줬다. 그렇게 2차 면접 당일이 되었고, 예약한 미용실에서 머리 손질과 메이크업을 받은 후 나에게 너무 잘 어울리는 핫핑크 정장을 입고 학원에 들어섰다. 그때 학원 강사님들을 비롯해 같이 공부해온 친구들도 모두 깜짝 놀랄 정도로 내 모습은 평소와 다르게 예쁘게 보였다. 또한, 예상했던 것과 같이 면접장에 들어서니 자신의 개성을 살리는 다양한 면접 복장들을 볼 수 있었다. 드디어 두 명의 카타르항공 현직 면접관들이 들어왔고, 열여섯 명 정도가 한 조가 되어 그룹 토론을 시작했다. 면접관들은 지원자들의 주위를 돌며 자신의 노트에 무언가를 적고 있었다. 지원자들이 승무원의 면모를 계속 유지하면서 상대의 의견을 경청하고, 적절하게 자신의 의견을 내세우며, 의사소통 능력과 문제 해결력의 역량을 가지고 있는지 평가하고 있었다.

첫 번째 라운드에서 우선은 나를 적극적으로 드러내기보다는 상대방이 말할 때 잘 경청하고, 고개도 끄덕이면서 승무원으로서 적합한 표정과 태도를 보여주는데 집중했다. 그리고 최대한 긍정적인 말로 나의 의견을 말하려 했고, 한 주제에서 두 번 정도는 말할 기회를 잡았다. 이렇게 한 차례 토론이 끝나고, 현장에서 합격자 발표가 이루어졌다. 너무나 다행히도 나는 1차 합격자 명단에 들게 되었고, 1차 합격자들을 대상으로 다시 2차 토론이 이루어졌다. 이번에는 여덟 명 정도로 면접 지원자가 줄었고, 또 다른 주제가 주어져 그룹 토론이 시작되었다. 인원수가 적어지니 지원자들은 좀 더 말할 기회가 많아지고, 동시에 면접관들도 지원자들을 좀 더 정확하게 파악할 수 있게 되었다. 따라서 나는 이번에는 좀 더 적극적으로 토론에 임했고, 승무원의 면모를 잃지 않았다. 이렇게 2차 토론이 진행된 후 합격자 발표가 이어졌다. 이번에만 합격하면 파이널 면접이 진행되기에 너무나 간절히 합격자 이름에 내 이름이 포함되길 바랐다. 그리고 잠시 후 합격자 발표에 내 이름이 불렸을 때, 나도, 학원 원장님과 강사님들도 모두 놀랐다. 그 후, 최종면접을 준비해야 하는 학생들만 원장님실에 모였는데, 원장님도 수업 시간에 특별히 두각을 나타내지도 않았고, 이제 겨우 한 달 준비한 내가 2차 면접을 통과한 사실을 믿지 못하셨다.

운이었을까, 실력이었을까 모두가 의심을 품었지만, 최종면접을 준비하는 동안 나는 나에 대해 의심하지 않았다. 나는 그저 내 인생의 목표에 맞춰 올해 외항사에 들어가야 한다는 생각밖에 없었다. 그렇게 최종면접 날이 되었고, 두 명의 면접관이 앉아 있는 면접장에 혼자 들어가서 이력서를 바탕으로 많은 이야기를 나눴다. 그들은 호주 경험 중에서 레스토랑 서비스 경험, 외국인들과 셰어하우스에서 겪은 갈등과 그 해결 과정, 그리고 대학 전공인 항공운항과 등 다양한 부분에 대해 질문을 했다. 그리고 마지막으로 나에게 카타르에서도 보고 싶다고 넌지시 암시를 주고 면접을 마쳤다. 면접이라는 것은 시험을 보고 결정하는 것이 아니라 사람이 사람을 평가하는 것이기 때문에 지원자에게 풍겨져 나오는 에너지가 중요하다. 에너지라는 것이 조금은 추상적이고 모호하다고 느낄 수 있지만, 그것은 그 사람에 대해 많은 것을 말해준다. 초롱초롱한 눈빛에서 그 사람의 삶에 대한 열정을 읽을 수 있고, 환한 미소와 친절함으로 상대에 대한 열린 마음을 느낄 수 있었으며, 당당한 자세는 스스로가 준비되었다는 자신감을 나타내고, 힘찬 목소리는 자신에 대한 확신을 종합적으로 보여준다. 면접장에서 한 사람이 내뿜는 에너지 측면에서, 나는 호주에서의 1년 동안, 스스로 나 자신을 보살폈고, 좋은 사람들에 의해 치유를 받았으며, 작은 성취들을 이루면서 1년 전과는 다른 에너지를 갖고 있었다. 그 에너지를 면접관도 느꼈을 것이라는 생각이 들었다.

5번째 대한항공 면접은 서류 탈락, 1번째 카타르항공 면접은 최종 합격

면접을 보고 나면 항상 그렇듯, 면접장에서 내가 했던 말과 면접관이 했던 말들을 계속 떠올리며 '그때 내가 왜 그런 말을 했지…, 또는 그때 이렇게 말을 했어야 했는데…'라며 계속 면접 상황을 되뇌이게 된다. '나를 카타르에서 보고 싶다니? 수능을 세 번이나 보고 대한항공 공채는 네 번 떨어진 내가 외항사에는 한 번에 붙는다고?' 이렇게 기대하면 나중에 실망이 더 클까 봐 계속 아닐 거라고, 내가 오버하는 거라고 스스로에게 말을 건넸다.

카타르항공 최종면접 결과를 기다리는 동안, 내가 그렇게 원하던 대한항공의 채용공고가 났다. 대한항공 네 번째 공채 탈락 이후 1년이라는 시간이 지났고, 이력서에 어학연수 경험도 추가하고 토익도 890점으로 업그레이드했기 때문에 이번에는 어쩌면 대한항공에 합격할 가능성이 있을 거라는 생각이 들었다. '카타르항공 최종면접까지 본 시점에 이렇게 대한항공 채용 공고가 난 것은 그래도 내가 대한항공에 갈 운명인가 보다'라는 생각까지 들었다. 그래서 공고가 나자마자 승무원 채용준비 인터넷 카페에서 대한항공 공채 스터디그룹을 모집해서 바로 대한항공 면접 준비에 들어갔다. 인하공업전문대학교 항공운항과 출신에 대한항공 현장실습 경험이 있었고, 다수의 면접 경험 및 어학연수 경험이 있었기 때문에 스터디 모집은 수월하게 이루어졌다. 대한항공은 서류 합격은 매우 관대했기 때문에 스터디를 준비하던 멤버 모두가 서류는 당연히 통과할 거라고 확신하고 실무면접 준비에 돌입했다. 이렇게 실무면접을 준비하는 사이 대한항공에서 서류 발표가 났다. 아무런 긴장감도 없이 서류 발표를 확인했는데, 모니터상에 '불합격'이라는 문구를 확인했다. 도저히 믿기지가 않았다. 물론 대한항공에 다섯 번째 도전이었지만, 네 번째 대한항공 지원과는 1년이라는 시간 텀(term)도 있었고, 서류를 지원할 때마다 이력서 스펙도 업그레이드시켰기 때문에 아무 의심 없이 당연히 서류가 통과할 것이라 생각했다. 그렇지만 현실은 내 생각과 달리 서류 불합격이라는 결과를 보여줬다. 면접 탈락과 달리 서류 탈락은 사실 큰 의미가 있다. 그것은 이제 더 이상 대한항공에서 면접 기회조차도 주지 않겠다는 의미이며, 더 이상 대한항공에 지원하지 말라는 뜻이기도 했다. 즉, 나는 이제 대한항공에 신입으로 들어갈 수 없다는 확실한 메시지였다. 대한항공 공채 네 번 탈락 후 신입으로 대한항공에 입사하는 것이 쉽지 않을 것이라는 걸 알고 있었지만, 이렇게 눈앞에서 확인 사살을 당하고 나니 허탈감이 밀려왔다.

며칠 후, 카타르항공 최종 합격 소식을 들었다. 하늘은 너무 명확하게 지금은 대한항공이 아니고, 카타르항공에 가야 한다고 나에게 말해줬다. 대한항공 신입 입사에 관한 일말의 희망도 거두어갔기 때문에 이제는 미련조차 갖지 않고 카타르항공 승무원이라는 나만의 길을 담담히 걸어가고자 결심했다. 승무원이라는 꿈을 이루고 한국을 떠날 준비를 하는 나는 새로운 인생의 장막에 어떤 일들이 벌어질까 기대하며 카타르로 향하는 비행기에 올라탔다. 대한항공 입사는 연속해서 실패하고, 외국항공사인 카타르항공은 단 한 번 만에 합격한 사실이 내 인생에 전해주는 메시지가 무엇일지 생각해봤다. 그때는 몰랐지만, 지금 생각해보면 인생의 모든 일에는 이유가 있다는 것을 알게 된다. 그때 그렇게나 가고 싶었던 대한항공은 불합격하고, 카타르항공에 가게 된 연유도 다 내 그릇의 밑면적의 용적을 크게 만들고자 하는 것이었고, 내 삶을 풍부하고 다채롭게 만들기 위함이었음을 이제는 알 것 같다. 실패해 길을 찾는 과정에서 우회 경험들이 나를 차별화시켜줬고, 실력을 기를 수 있게 해줬다. 그래서 이제는 지금은 알지 못하지만 나에게 일어나는 모든 것에는 이유가 있을 것으로 생각하고, 가능한 한 받아들이고자 노력한다.

가을

우회한 길로
삶이 다채로워지다

이민 가방 세 개에 짐을 싸서 인천공항으로 출국하러 갔다. 거기에
는 나와 함께 합격한 지원자들이 낯선 곳으로 떠나는 두려움과 승무
원의 꿈을 펼칠 설레임을 품고 카타르로 떠나기 위해 가족의 배웅을
받고 있었다. 당시 카타르항공 채용에 합격한 한국인은 여덟 명이었
고 우리는 서로 인사를 나누었다. 20대 중반으로 나이대가 비슷했고
승무원을 지원한 사람들답게 친화력이 다들 좋아서 카타르로 향하는
비행기 안에서 우리는 금방 친해졌다. 그 당시 나는 중동이라는 지역
에 대해서 잘 몰랐지만, 낯선 곳에 대한 두려움보다는 이 경험을 기반
으로 발돋움해서 더 높이 날고자 하는 희망으로 가득했다. 구본형 작
가의 《낯선 곳에서의 아침》[3]처럼 설레는 마음으로 떠났지만, 그곳에
서 펼쳐질 미지의 세계가 던져줄 배움과 교훈도 생각보다 크게 가지
고 있었다.

3. 구본형, 《낯선 곳에서의 아침》, 생각의 나무.

눈치 백 단, 쌈닭이 되다

카타르 도하에 도착하자마자 우리는 앞으로 거주하게 될 Stanli 2 라는 아파트로 이동했다. 회사에서 제공해주는 아파트는 새로 지은 빌딩으로 매우 깨끗했고, 우리는 두 명씩 아파트를 셰어하게 되었다. 다행히도 우리는 다 같은 층으로 배정되었고, 나는 나와 동갑인 친구와 같이 살게 되었다. 개인 방과 개인 화장실이 주어졌으며, 현관과 부엌만 공유하는 시스템으로, 가구부터 모든 것이 새것인 이 집이 나는 너무 마음에 들었다. 방에 들어서자 회사에서 준비해준 웰컴 바스킷에 약간의 생필품과 현지 돈이 들어 있었다. 도착한 첫날부터 우리는 한곳에 모여 각자 한국에서 가져온 재료로 음식을 해서 먹으며, 다음 날 무엇을 할지 계획했다. 우리가 도착한 5월 도하의 날씨는 집 밖으로 나가면 사우나에 들어가는 것 같이 숨 막혔기에 이 더위에 걸어서 다닌다는 것은 불가능했다. 그래서 도하에는 공식적인 택시가 아닌 프라이빗 택시들이 많았다. 지금 생각하면 매우 위험하지만, 당시에는 택시 드라이버를 지정해 개인번호를 교환해서 필요시에 그들을 불러 이동하곤 했다. 다음 날 우리는 프라이빗 택시를 불러 시티센터라는 쇼핑몰에 가서 핸드폰도 개통하고, 필요한 물품들을 구매했다. 쇼핑몰에는 아바야(Abaya)와 디쉬다쉬(Dishdash)라는 현지 전통 복장을 입은 사람들이 많았고, 중동답게 정말 다양한 국적의 사람들이 함께 어울려 있었다. 도하에 도착해 하루 정도 휴식을 가진 후, 다음 날 바로 카타르항공사 승무원이 되기 위한 트레이닝에 돌입했다.

트레이닝 첫날, 한국인 여덟 명을 포함해서 중국인, 일본인, 대만인 동기들을 만났고, 인도와 남아프리카공화국 출신의 인스트럭터(Instructor)들도 만났다. 두 달 동안 모든 훈련은 영어로 이루어지며, 매 교육을 제대로 이해했는지 확인하기 위해 다음 날 아침 복습 차원에서 공포의 리캡(recap) 시간을 가졌다. 매일 아침 인스트럭터가 랜덤으로 훈련생을 지목해서 전날 배운 내용을 물어보면 즉각적으로 답해야 하는 압박의 시간이었고, 대답 여부가 트레이닝 통과와 관련이 있기 때문에 쪽잠을 자기 일쑤였다. 또한, 거의 매주 치러지는 실기 및 필기시험을 통과해야만 했고, 시험에 떨어지는 횟수가 잦으면 트레이닝에 통과하지 못하고 한국으로 돌아가야 한다는 압박이 나를 힘들게 했다. 인도 발음을 가진 인스트럭터의 영어를 이해하는 것도 힘들었고, 하나라도 놓치는 내용이 있을까 봐 8시간의 교육에 집중한 후 집에 돌아와 저녁만 간단하게 먹고, 다음 날 리캡을 위해 공부하기를 반복했다. 다행히 나는 대학교 전공과 대한항공 현장실습 때 받았던 객실승무원 훈련의 경험이 있어서 내용 이해에는 어려움이 없었지만, 그 내용을 영어로 표현하는 부분에 있어서 익숙하지 않아 긴장을 늦출 수가 없었다.

안전 훈련과 응급처치 훈련, 그리고 서비스 훈련 과정을 거치면서 정말 생존을 위해 영어를 습득하고 있었다. 그 과정에서 영어 실력도 많이 늘었지만, 그와 함께 눈치도 백 단으로 늘었다. 다양한 국적의 사람들이 영어를 공용으로 사용한다고 해도 각국의 억양이 짙게 배어 있어서 말하는 속도가 빨라지는 순간에는 내용을 100% 이해하는 게 힘들었다. 그럴 때는 상황과 맥락으로 눈치를 봐서 이해하고 답하기 일쑤였다. 한번은 유럽의 세르비아 훈련생과 대화를 나누었는데, 영어를 구사할 때 자국 언어의 억양이 너무 강하게 배어서 잘 알아듣지 못하고 그저 눈치껏 웃으며 이야기를 마쳤다. 그때 옆에 있던 한국인 친구가 "너, 다 알아들었어? 나는 하나도 못 알아듣겠다. 뭐라고 한 거야?" 내가 "나도 몰라"라고 답하자, 우리는 웃음이 터져 한참을 웃었다.

이슬람 국가인 카타르는 한국과 달리 금요일과 토요일을 공휴일로 지정하고 있다. 그래서 훈련 기간 동안 우리는 금요일을 맞이하는 것이 유일한 기쁨이고 희망이었다. 매주 금요일만큼은 휴식을 취하면서 주변의 쇼핑몰에 가거나 레스토랑에 가서 여유를 부리곤 했다. 한번은 금요일에 친하게 지내는 중국 동기들과 함께 쑥 와키(Souq Waqif)라고 불리는 아라빅 전통 시장을 방문하기로 했다. 이동할 때는 프라이빗 택시를 부르는 게 보통인데, 가끔은 택시 기사가 바빠서 도로로 나가 공용 택시를 잡아서 타야 했다. 우리는 네 명씩 공용 택시를 잡아서 가기로 했고, 쑥 와키에서 만나자고 했다. 도하에서 카타르 국민은 카타르 전체 인구의 15% 정도밖에 되지 않고, 인도 사람과 파키스탄 사람들이 대다수를 차지한다. 오늘 타게 된 택시 기사도 인도 사람이었고 쑥 와키로 가자고 말을 하고 탔는데, 이 택시 기사가 우리를 어리숙하게 봤는지 빠른 길로 가지 않고 멀리 돌아서 가는 것이었다. 그래서 나는 "왜 이 길로 가느냐? 이렇게 하면 제 돈을 줄 수 없다"라고 화를 냈고, 택시 기사는 "그럼 여기서 내리라"며 화를 냈다. 이렇게 카타르에서 택시 기사 또는 상점 주인과 싸우는 것이 일상이 되어갈 때쯤 우리의 훈련도 마무리되어갔다.

모범생, 전 세계 클럽에 가다

매일 시험에 시달리며 잠 못 자던 두 달의 트레이닝이 끝이 나고, 우리는 수료식을 축하하기 위해 호텔에 있는 클럽에 가게 되었다. 이슬람 국가는 알코올 섭취가 금지되어 있기 때문에 외국인들도 마트에서 술을 구입할 수가 없고, 호텔 바(BAR)나 클럽에서만 술을 마실 수 있었다. 그래서 우리는 예쁘게 차려입고 다 같이 클럽에 갔다. 지금까지 한국에서는 클럽에 가본 적이 없었고 그래서 춤을 출 줄도 몰랐지만, 동기들을 따라 술을 마시고 음악을 즐기며 우리의 두 달 동안의 노력과 성취를 축하했다. 카타르 클럽에는 정말 다양한 국적의 사람들이 있었지만, 모르는 사람들과도 스스럼없이 웃으며 인사하고 건배도 하며 외국의 자유로움을 느꼈다. 수료 축하 파티는 해방감과 안도감으로 시간이 지날수록 무르익었고, 어느새 우리 중 한 명이 "벌써 새벽 2시 20분이야. 빨리 들어가야 해!"라고 말했다.

카타르항공사는 아파트를 무료로 제공해주면서 아파트에 사는 승무원들에게 통금시간을 부여했다. 내가 재직할 당시는 통금시간이 오전 3시로, 모든 승무원은 외박이 안 되고 꼭 오전 3시까지 아파트로 돌아와야 했다. 그런데 클럽에서 즐기다 보니 오전 2시 20분이었다. 그래서 우리는 급하게 클럽을 빠져나와 택시를 타고 회사 아파트로 귀가했다. 아파트 입구에 도착하니 시계는 2시 55분을 가리켰고, 항상 아파트 입구에서 출입증 관리를 해주는 관리인이 우리에게 웃으며 한마디 했다. "Hye guys~ you guys are safe" 우리는 출입문 위에서 우리를 감시하는 CCTV를 향해 손으로 브이를 날리며, "We are all safe. And Finally we can fly"라고 말하고 각자의 방으로 들어갔다.

나의 첫 비행은 프랑크푸르트였다. 설레는 마음으로 현지에 가서 입을 옷도 챙기고 비행에 필요한 아이디카드, 앞치마 등 필수 휴대품들을 다시 한번 꼼꼼히 챙기며, 내일 브리핑 시간에 있을 질의응답에 대답하기 위해 해당 노선 정보, 기종, 안전, 응급처치, 서비스 등을 다시 한번 공부했다. 카타르항공사는 팀제가 아니기 때문에 매 비행마다 새로운 승무원들이 만나서 팀워크를 이루어 비행을 한다. 그렇기 때문에 비행 전 브리핑에서 승무원이 준비가 잘되어 있는지 확인하기 위해 CSD(Cabin Service Director)라고 불리는 책임 승무원이 브리핑을 주관하며 모든 팀원에게 비행에 관해 질문했고, 우리는 그 질문에 답해야 했다. 이 질문은 단순한 질문이 아니라 비행 전반에 대한 나의 비행 준비성 및 전문성이 평가되는 순간이기 때문에 자신감 있게 잘 대답하는 것이 무엇보다 중요했다. 그렇지 못하고 버벅대는 순간, 비행 책임자는 그 승무원의 전문성을 의심하고 비행 내내 의심의 눈초리로 그 승무원을 바라보게 될 수밖에 없다. 그래서 나는 비행 전날 자기 전에 모든 내용을 한 번 쭉 훑고, 비행 당일 준비시간보다 1시간 일찍 일어나 다시 한번 전반적인 내용을 훑고 브리핑에 참석했다. 프랑크푸르트 비행 승무원들이 모이는 브리핑실에 들어가서 앉아 있으니 어피어런스 체킹 직원이 와서 메이크업 상태, 헤어 상태, 손톱 상태 및 유니폼 상태를 확인하고 나갔고, 드디어 해당 브리핑이 시작되었다.

우리는 돌아가며 자신의 영어 이름과 출신 국가를 말하며 자기소개를 했다. "Hello My name is Jinie. I'm from Korea. And this is my first flight. I will do my best" 각자 소개를 마치자, 책임 승무원은 첫 라운드에 안전과 응급처치에 관해 한 명씩 질문했고, 다음 라운드에는 서비스에 관해 다시 한번씩 돌아가며 질문했다. 다행히 나는 자신감 있게 대답을 잘했고, 브리핑을 마치고 버스에 탑승해 공항으로 이동했다. 비행기에 타서도 눈치 백 단의 센스로 동료 승무원들을 살피며, 그들의 행동을 따라 하면서 비행을 잘 마무리했다. 우리는 프랑크푸르트에 도착하자마자 다 함께 식사하러 나갔다. 야외 레스토랑에서 맥주와 소시지를 먹으며 인도, 필리핀, 중국, 독일, 파키스탄, 태국, 영국 국적의 승무원들이 다 함께 앉아서 이런저런 이야기를 한 것이 아직도 선명하게 기억난다. 우리는 오후 9시가 되었는데도 해가 지지 않는다며 신기해했다. 카타르라는 낯선 나라에서 두 달간의 훈련을 잘 마치고, 다양한 국적의 승무원들과 무탈하게 첫 비행을 잘 마무리하고 웃으며 이야기를 나누고 있는 나를 보면서, '나에게 이렇게 넓고 큰 세상을 담으라고 대한항공에 바로 합격시켜주지 않고 카타르항공사로 우회하게 했나 보구나'라는 생각을 했다. 나는 카타르항공의 경험으로 내 삶의 그릇이 더 큰 용적과 다채로운 빛깔을 갖게 될 것 같다는 직감을 하며 그 순간을 즐기고 있었고, 그날의 맥주와 소시지는 지금도 내 인생의 가장 근사한 저녁으로 기억에 남는다.

2010년에 새해를 상하이에서 맞이하게 된 우리는 상하이로 가는 비행기 안에서 상하이 어디에서 카운트다운을 할지 고민하다가 상하이 와이탄에서 카운트다운을 하고 인근 클럽에 가기로 했다. 이슬람 국가인 카타르 여성들은 일을 할 수 없기 때문에 카타르항공 승무원들은 모두 외국인들로 구성된다. 모두가 저마다의 이유로 자신의 나라를 떠나 카타르항공에 입사해서 몇 년 동안 경력을 쌓고, 각자의 나라로 돌아갈 거라는 암묵적인 인식이 있어서였을까, 모두가 'Enjoy the life'를 실천하고 있었다. 그뿐만 아니라 회사에서도 "유니폼 'ON' 하고 'OFF' 하는 동안에만 업무에 집중해줘"라고 말할 정도였으니 워라밸을 넘어 LIFE의 비중이 70%이고, WORK 비중이 30%에 가까웠다. 그래서 매 비행으로 간 해외 스테이션에서 클럽에 가는 것이 마치 업무의 연장이 될 정도였다. 상하이 와이탄의 야경은 너무도 아름다웠고, 인근 건물은 중국이 아니라 유럽을 연상시킬 정도로 너무 매력적이었다. 우리는 2010년 새해를 맞이하기 위해 강을 마주하고 앉아서 카운트다운을 준비했고, "10, 9 … 3, 2, 1 Happy New Year"라고 외치며 마음속으로 소원을 빌었다.

'대한항공 경력직에 꼭 합격하게 해주세요'

앞집, 옆집 여자와 삼총사가 되다

교육이 끝나고 비행을 시작하면서 여덟 명의 한국인 승무원들이 모두 시간을 맞출 수가 없었다. 어느 무리나 자신과 성향이 맞는 사람들끼리 다시 그룹을 짓기 마련인 것 같다. 나는 앞집에 사는 아람 언니, 옆집에 사는 지현 언니와 친해지게 되었고, 우리는 셋이서 잘 어울리게 되었다. 세 살 많은 맏언니 아람 언니는 항상 재미있는 일을 하는 것을 좋아했고, 사람을 좋아해서 인맥도 넓었다. 한 살 많은 지현 언니는 자신만의 색깔이 강하고 글 쓰는 것과 깊은 대화를 나누는 것을 좋아했다. 막내인 나는 이런 언니들과 함께 있으면서 점점 성격이 활발해지고, 삶이 가벼워지는 느낌을 받았다. 비행이 없는 날이면 일어나자마자 앞집이나 옆집 언니들 방에 찾아가 옆에 누워서 이런저런 이야기를 하면서 즐거워했다. 맏언니인 아람 언니는 음식도 잘해서 우리를 위해 항상 맛있는 음식을 해줬고, 재미있는 파티에 종종 데려가 주곤 했다.

나는 고등학교 때부터 가능한 한 교우 관계를 많이 맺지 않고, 단짝이라고 부를 수 있는 친구 한두 명 정도만 옆에 뒀다. 나에게 친구란 목표를 위해 함께 가는 사이이자, 서로에게 도움을 주는 존재였으나 언니들은 달랐다. 언니들은 자신의 치부도 대수롭지 않게 드러내고, 바보 같은 행동도 아무 필터 없이 나와 공유했다. 언니들이 그러하니 나도 내 어리석은 행동을 공유했고, 그 이야기를 듣고도 언니들은 나를 판단하지 않고 웃어 넘겼다. 지금까지 친구에게는 좋은 모습만 보여왔던 나에게 바보 같은 모습을 보여도 내 옆에 있어주고, 자신의 이야기도 공유해주는 언니들을 보면서 친구의 정의가 재정립되었다. 이런 언니들을 통해 가볍게 사람과 관계 맺는 법을 배우고, 가볍게 살아가는 법도 배우게 되었다. "인간관계가 달라지니 관계 속의 인간도 달라진다"라는 유영만 교수의 《이런 사람 만나지 마세요》[4]를 떠올려본다. 나는 내가 만나는 사람이라고 한다. 나를 바꾸는 방법은 내가 만나는 사람을 바꾸는 것이다. 그동안 내가 만나는 사람이 나를 만들어왔고, 앞으로 내가 만나는 사람이 또 다른 나로 변신시켜줄 것이라고 믿는다.

그날도 어떻게 시간이 맞아 다 같이 모여서 그동안의 비행에 대해 재미있는 에피소드를 공유하고 있었다. 그러다 지현 언니가 "나 인연을 만난 거 같아. 카트만두에서 카타르로 오는 비행에 한 남자가 탄 거야. 눈을 마주치는 순간, 우리는 서로에게 끌렸어. 아니나 다를까 그가 콜 버튼을 누르는 거야. 그래서 내가 갔지. 그랬더니 그가 콜라를 달라고 하는 거야. 그래서 내가 콜라에 레몬을 띄워서 줬어. 내 마음을 표현한 거지. 그 후 그 남자가 비행 동안 계속 콜 버튼을 눌렀고 계속 내가 응대했어. 그리고 내릴 때 그가 종이에 자신의 이메일 주소와 전화번호를 적어서 주더라고. 그의 이름은 크리스(Chris)이고, 독일 의사야. 카트만두에서 자원봉사를 하고 독일로 돌아가는 비행에서 나를 만난 거지. 우리는 지금 계속 이메일로 연락을 주고받고 있어. 너무 애틋하

4. 유영만, 《이런 사람 만나지 마세요》, 나무생각.

고 그리워. 내 다음 비행이 스위스인데, 그가 나를 보러 스위스에 오기로 했어."

영화 같은 언니의 이야기를 들으며, 이런 일이 정말 현실에서도 일어나는구나 싶어 신기했다. 예전부터 언니는 외국인과 결혼해서 외국에 살고 싶다고 말했었는데, 정말 사람은 자신이 말하는 대로 이루어지는구나 싶었다. 그렇게 언니와 크리스는 스위스에서 만났고, 그 후로도 계속 이메일을 주고받으며 애틋하게 연락을 하고 있었다. 그러다 몇 주 후 언니 방을 찾아갔는데, 언니가 나에게 크리스 이야기를 하며 너무 보고 싶다고 우는 것이었다. 그때 나는 이들이 정말 사랑하고 있음을 느낄 수 있었고, 그리고 얼마 후 이들이 약혼하기로 약속했다는 말을 들었다. 모든 게 빨랐고, 마치 영화 같았다. 언니는 그렇게 크리스와 결혼을 했고, 우리는 휴가를 내서 독일 프랑크푸르트에서 열린 언니의 결혼식에 참석해 이 사랑스러운 커플을 마음 깊이 축하해줬다. 결혼식에서 언니는 많은 사람들 앞에서 "내가 카타르항공사 승무원이 된 것은 크리스를 만나기 위해서였던 것 같다"라고 말했다.

우리는 각자 나름의 이유를 갖고 카타르항공에 입사했다. 어떤 이는 이유를 모른 채 입사해서 나중에 이유를 찾기도 한다. "때로는 잘못 탄 기차가 올바른 방향으로 우리를 데려다준다"라고 파울로 코엘료(Paulo Coelho)도 말하지 않았던가. 잘못 탄 기차라고 생각했지만, 가다 보니 뜻밖의 만남을 통해 색다른 깨우침을 얻으며 살아가는 게 우리 인생이라는 생각이 들었다. 모든 것이 계획대로 잘 풀리고 생각한

대로 실현된다면, 오히려 우리 삶은 재미없을 것이다. 예기치 못한 변수를 만나 엉뚱한 곳으로 가다가도 뜻밖의 우연을 만나 필연적인 삶을 꿈꾸는 게 훨씬 더 역동적이고 재미있지 않을까. 이처럼 뜻하지 않은 곳에서 시간을 보내며, 자신이 처음 생각한 이유 이상의 더 큰 이유를 찾기도 한다. 내가 처음에 카타르항공을 오기로 한 이유는 단순히 대한항공 경력직에 가기 위한 '경력 쌓기용'이었다. 그러나 여기서 생활하면서 나는 그 이상의 이유가 있다는 것을 알아가고 있다. 나는 좋은 사람들을 만나 정서적으로 풍요로워지고 있고, 세계를 무대로 전 세계 사람들과 일하며 내 시야와 마인드가 넓어지고 있으며, 맡은 바에 최선을 다하고 인정받으면서 나의 열등감이 회복되고 자존감이 서서히 피어나고 있음을 느끼고 있었다. 우리 앞에 일어나는 일이 원치 않는 일이라도 때로는 받아들일 줄 알아야 한다. 가끔은 이렇게 이유를 모른 채 시작한 일에서 시간이 지나면서 자신이 생각하지 못한 이유를 발견하기도 하고, 때로는 자신이 생각한 이상의 값진 이유도 발견할 수 있기 때문이다. 삶 속에서 지금 내 앞에 일어나는 일이 최선이고, 그게 가장 아름다운 모습일 수 있다.

여름

대한항공,
경력직으로 입사하다

　카타르항공에 입사한 지도 어느새 1년이 되어갔다. 비행도 익숙해
지고 도하의 생활도 익숙해질 때쯤 F1이라 불리는 상위클래스 담당 승
무원으로 진급도 했다. 내가 호주에서 세운 계획은 외항사에서 2년 경
력을 쌓고, 대한항공에 경력직으로 입사하는 것이다. 그래서 몸은 카타
르에 있지만, 나의 안테나는 항상 대한항공 경력직 채용에 맞춰져 있
었다. 그리고 그 당시 읽었던 이지성 작가의 《꿈꾸는 다락방》처럼 꿈을
현실로 만들기 위해 현장실습생 때 대한항공 유니폼을 입고 찍은 사진
을 인화해서 방문 앞에 붙여놓고, 매일 다시 대한항공 유니폼을 입는
나를 생생하게 머릿속에 그리고 있었다. 미국의 만화가 딜버트(Dilbert)
도 매일 아침 자신이 되고 싶은 꿈을 그림으로 그렸다. 미국 유명 일간
지에 자신의 만화를 게재하는 그날까지 꿈을 그리워하면서 그렸다고
한다. 내가 얼마나 간절하게 그리워하는지가 바로 그 꿈을 현실로 구
현하는 에너지로 작용한다고 한다. 나 역시 내가 꿈꾸는 대한항공 승
무원이 되는 이상적인 모습을 하루도 그리워하지 않은 적이 없었다.

꿈을 그리워하면 꿈을 닮아간다

고등학교 때 고시원 시절부터 스스로를 동기부여하는 방법으로 마음 깊이 새기고 싶은 말을 글로 적어 책상 앞이나 문 앞에 붙여서 매 순간 잊지 않으려고 했다. 이번에도 나는 현장실습생 시절 대한항공 유니폼을 입고 찍은 사진과 "대한항공 한 번에 간다"라는 문구를 내 방문 앞에다 붙여놓았다. 그래서 비행을 갈 때든, 일상을 살아갈 때든 항상 대한항공 입사를 염두에 두고 있었다. 로마 트레비 분수에서 동전을 던지고 나서도, 프라하 카를교에서 동판을 만지면서도 마음속으로 항상 대한항공 경력직에 합격할 수 있게 해달라고 소원을 빌었다. 그래서 심지어 친한 언니들도 내 생일날 촛불을 끄기 전에 "오우진 소원은 대한항공 한 번에 가는 거, 맞지?"라고 말할 정도였다.

그렇게 카타르항공에서 비행한 지 1년쯤 된 2010년에 고대하던 대한항공 경력직 채용이 났다. 항상 대한항공 경력직 채용에 한 번에 합격할 수 있게 해달라고 기도하고 준비하고 있었던 터라 이번 채용의 기회는 꼭 잡고 싶다는 열망이 강했다. 경력직 채용을 확인하자마자 서류를 준비했다. 1년 전 대한항공 신입 채용 서류 탈락의 경험이 있었기 때문에 서류 준비부터 긴장이 되었다. 내가 알고 있는 대한항공은 현장실습부터 신입 공채 다섯 번 불합격이라는 나의 기록을 모두 보유하고 있을 것이라는 걸 알기에 더욱 불안했다. 이번에는 신입이 아니라 경력직 지원이지만, 이번에도 서류 합격이 안 된다면 내 모든 계획은 물거품이 되고 더 이상은 대한항공 입사의 꿈은 가질 수 없게 된다. 그래서 이번 서류 합격이 내 인생의 10년 계획에서 가장 중요한 발표라는 생각이 들었다. 서류 합격이 불확실하던 터라 서류 발표 날까지 잠을 계속 설쳤고 마침 서류 발표날이 되었다. 발표 5분 전부터 컴퓨터 앞에 앉아는 있었으나 차마 바로 결과 확인은 못 하고 한참을 미루고 미루다가 결과를 확인했다. 경력직 서류에 합격하게 되었다.

내가 아직 대한항공 입사의 희망이 있다는 것만으로도 나는 너무도 감사해서 그 자리에서 울고 말았다. 엄마에게 전화해서 서류 합격의 기쁨을 나누고, 그제야 면접을 준비해야겠다는 생각이 들었다. 하늘이 도운 것일까. 그달 비행 스케줄이 대한항공 면접일을 앞뒤로 해서 3일 오프가 배정되어 있었다. 느낌이 너무 좋았다. 다행히도 경력직 면접은 임원 면접 한 번의 절차만 통과하면 되었기에 비행 스케줄 조정에 큰 무리가 없었다. 이미 현직승무원으로 근무하고 있던 터라 면접 준비는 따로 하지 않았다. 그리고 어느덧 시간이 지나 면접 날이 되었고, 예쁘게 머리 손질과 메이크업을 받고 면접장에 도착했다. 2년 만이었을까… 내게는 너무나 익숙한 대한항공 본사 건물에 들어서자 많은 생각이 들었다. 나는 그렇게 다시 입고 싶었던 대한항공 유니폼을 입고 영어 면접을 간단하게 치르고 임원 면접장에 들어섰다.

임원 면접에서는 공통적으로 자기소개를 시켰고, 개별적으로 이직 이유에 대해서 물어보셨다. 예상했던 질문이라 무난하게 답하고 면접장을 나왔다. 항상 그렇듯 면접은 보고 나서도 결과를 알 수 없고, 특히 국내 항공사 면접은 결과가 나오기까지는 아무도 예상할 수가 없다. 면접을 보자마자 카타르 비행기가 만석이어서 대한항공 비행기를 타고 두바이를 경유해서 카타르로 돌아가게 되었다. 카타르에 도착해 비행하면서 "되도 좋고 안되도 좋아"를 주문처럼 외우고 있었다. 시간이 지나 어느덧 면접 발표날이 되었다. 애써 '대한항공 합격이 안 되어도 나는 카타르항공 승무원이니깐 괜찮아. 되도 좋고 안되도 좋아'라고 애써 마인드 컨트롤을 하며 결과를 확인했다. 역시 나에게는 뭐든 한 번에 주지 않는 그 징크스가 다시 펼쳐졌다. 경력직 채용에 불합격한 것이다. 누구보다 내가 간절히 원하던 것을 잘 알고 있었기에 발표가 나고 조심스럽게 언니들이 나를 찾아왔다. 나의 표정을 보고 언니들은 눈치를 챘고, 더 묻지도 않고 밥 먹으러 아람 언니 집으로 오라고 했다. 언니들은 나에게 내가 대한항공 합격해서 벌써 떠나면 어떡하나 걱정했다며, 여기서 자기들과 더 즐겁게 시간을 보내고 다음 공채에 합격해서 떠나라고 말했다. 언니들 덕분에 나는 "그치? 아직 카타르를 떠나기엔 나도 뭔가 아쉬워"라고 말하며 웃을 수 있었다.

1년 전 서류 탈락을 제외하고 2년 만에 또다시 대한항공 임원 면접 탈락을 맛봤다. 그러나 똑같은 상황에 대한 나의 반응이 달라졌다. 2년 전 신입공채 임원 면접 탈락 때는 스스로를 무척이나 자책하고 낙오자가 된 기분에 휩싸였다. 그러나 지금은 탈락하고도 웃고 있는 나를 발견했다. 마음의 힘이 많이 커진 것이다. 우선 내가 일할 곳이 그대로 있고, 좋은 사람들이 내 곁에 있으며, 무엇보다 나 스스로가 나를 인정하며 괜찮다고 느끼고 있기에 면접 탈락이 더 이상 내 뿌리를 흔들지는 못했다. 그렇게 나는 2년 동안 많이 치유되었고 단단해졌으며 여유가 생겼다. 그리고 무엇보다 가장 중요한 것은 나는 지금이 매우 만족스러웠다. 그러면서 중요한 것을 깨달았다. 2년 전의 나는 내 현실도 불만족스러웠고, 대한항공 합격이 현실의 도피처처럼 간절했다. 그래서 나에게 뿜어져 나오는 에너지는 밝지 않았을 것이고 우울했을 것이다. 그러나 지금 나는 내 현실에 만족하고, 내가 계획한 것을 이행하기 위해 대한항공에 지원했기에 합격해도 좋고, 안 해도 좋다는 생각을 했다. 그래서 지금 나의 에너지는 다소 밝아졌다. 특히나 사람이 사람을 평가하는 면접에서는 그 사람의 에너지가 굉장히 중요한 부분이기에 나는 면접을 준비하는 사람들에게 꼭 이렇게 당부한다. "지금 당신이 가장 행복해야 해요. 스스로를 행복하게 해주세요" 그래야 면접장에서 그 에너지가 자연스럽게 발휘되고, 면접관도 그것을 느낄 수 있기 때문이다.

집착을 놓고 행복한 꿈을 꾸다

경력직 면접의 불합격이 더 이상 나에게 슬픔으로 크게 다가오지 않을 정도로 나는 내 생활에 만족하고 있었다. 비행도 너무 재미있고 도하에서 언니들과의 시간도 너무 즐거웠다. 중동이라는 지리학적 위치상 유럽이 8시간 비행 거리 안에 위치했고, 1년 동안 30일의 휴가를 마음대로 쓸 수 있었기 때문에 유럽 여행도 많이 다녔다. 지현 언니의 결혼식이 독일 프랑크푸르트에 있어서 아람 언니와 함께 독일 결혼식에 참석하기 전에 체코 프라하 여행을 가기로 했다. 2박 3일 여정의 프라하 여행에서 우리는 게스트하우스에서 머물러도 보고, 이국적인 프라하의 곳곳을 눈에 담았다. 카를교 소원을 비는 동판을 만지며 나는 또 소원을 빌었다. 이번 소원은 '카타르에서 맺은 소중한 사람들이 모두 행복하게 해주세요'였다. 더 이상 '대한항공에 합격하게 해주세요'가 아니었다. 내 현재의 삶이 만족스러우니 더 이상 과거나 미래의 불확실한 것에 집착하지 않고, 현재의 확실한 행복을 보기 시작한 것이다. 지금 이 순간의 행복을 잡지 못하면 먼 미래 행복은 언제 다시 다가올지 모르는 일이다. 나를 비롯해서 많은 사람이 범하는 삶의 큰 오류 중 하나는 미래의 행복을 기약하지만, 현재를 불행하게 사는 것이다. 현재(present)라는 말이 선물이라는 말도 있듯이, 지금 나에게 주어지는 선물을 즐겨야 미래도 행복해질 것이다.

그렇다고 대한항공 입사의 꿈을 포기한 것은 아니다. 그저 꿈을 꾸되 꿈에 집착해서 현실의 행복을 놓치는 것이 아니라, 현실을 즐기며 즐거운 꿈을 꾸자고 생각을 고쳐먹었다. 그래서 대한항공에 입사해도 좋고 안 되어도 좋은 그런 가벼운 마음을 갖게 되었다. 대한항공 승무원이 나에게 궁극적인 삶의 목적지는 아니지 않은가? 우리는 가끔 행복은 목적지에 가면 널려 있기에 간이역은 될 수 있는 대로 빨리 지나가야 한다고 착각하면서 살아간다. 그런데 과연 그럴까? 지금까지 경험해본 바로는 행복은 목적지에도 있지만, 목적지로 가는 간이역에도 내 생각만 바꾼다면 얼마든지 널려 있다는 깨달음을 얻기 시작했다.

인생의 모든 것이 계획을 세워서 실행한다고 해서 생각대로 되지는 않는다. 생각대로 안 된다고 모두가 불행한 일이 아니라는 것도 인생에서 배운 소중한 교훈이다. 안 되면 안 되는 대로, 실패하면 실패 속에서 또 다른 깨달음을 배우는 소중한 기회라고 생각하자.

너무 사랑스러운 한국 여자 지현 언니와 독일 남자 크리스의 결혼식 축하를 마치고 카타르에 도착하니 2011년도 대한항공 경력직 채용이 나 있었다. 이번에는 부모님을 포함해서 그 누구에게도 말하지 않고 면접을 준비하기로 했다. 나는 정말 가볍게 여행 가듯 한국에 들어가 즐겁게 면접을 보고 오고 싶었다. 이제는 삶을 조금은 알 것 같았다. 나는 대한항공 입사를 원했지만 이루어지지 않았고, 카타르항공에 오게 되었다. 그러나 카타르항공에서의 삶은 나에게 많은 것을 느끼게 해줬고, 내 삶을 풍부하고 다채롭게 만들어줬다. 그래서 카타르항공에 온 것에 감사하며, 대한항공 입사라는 불확실한 미래의 집착을 놓고 지금 현실을 즐겁게 살고 있다. 이렇듯 삶은 내가 원하는 대로 항상 이루어지는 것이 아니며, 꼭 내가 원하는 대로 이루어진다는 것이 좋은 것도 아니다. 때로는 내가 원치 않는 길을 걸으면서 더 소중하고 값진 것을 얻기도 한다. 그래서 애써서 되는 일은 없고, 애쓸 필요도 없다는 것을 알게 되었다. 때가 되면 이루어지는 것이기에 가볍게 시도만 하고, 결과에는 집착하지 말아야 함을 나는 경험으로 깨우쳤다.

그래서 이번 면접은 아주 가볍게 볼 수 있게 되었다. 너무나 감사하게도 서류 전형에 합격했고, 임원 면접을 볼 수 있게 되었다. 도하에 있는 아람 언니에게만 조용히 대한항공 면접을 보고 올 거라고만 언질을 주고, 아무도 모르게 면접을 보러 한국에 들어갔다. 이번 면접은 아주 가볍게 보자는 생각 덕분인지, 면접장에서도 작년의 떨림과 불안함을 느끼지 못했다. 이제는 대한항공 본사가 편안하기까지 했다. 유니폼을 갈아입고 영어 면접을 마치고 임원 면접장에 들어섰다. 본인이 생각하는 서비스의 정의에 대해서 말해보라는 질문을 받았고, 카타르항공의 서비스 경험을 바탕으로 내가 생각하는 서비스에 대해 자세히 말씀드렸다. 떨림이 사라져서였을까 이제는 면접관이 고개를 흔들고 내 말에 동의해주는 모습까지도 볼 수 있었고, 나는 면접관들과 대화하는 느낌을 받았다. 면접 지원자의 위치에서 평가받기를 바라는 마음으로 질문에 대답하는 것이 아니라, 현직 객실승무원이자 서비스 제공자로서 내 생각을 말하는 자리에 참석한 것처럼, 면접관과 대화하는 시간처럼 느껴졌다. 면접이 끝나고 '내가 이제 제법 서비스 제공자로서 가치관과 주관을 가지고 있구나'라는 생각을 하게 되었고, 면접을 잘 마치고 간다는 편안함을 느꼈다.

그렇게 면접을 마치고 비행을 즐겁게 하다 보니 합격자 발표날이 되었다. 비행을 마치고 돌아와 바로 결과를 확인하지 않았다. 너무 피곤해 씻고 자기 전에 합격자 발표를 확인했다. 그리고 나는 경력직 11-1차에 합격하게 된 것을 알게 되었다. 믿을 수가 없었다. 나는 결과를 확인하고 기쁨의 눈물인지, 서러움의 눈물인지 알 수 없는 울음이 터져 계속 울고 있었다. "우진아, 너 오늘 결과 나는 날 아니야?" 하고 아람 언니가 내 방에 들어왔다. 계속 울고 있는 나를 보고 언니는 불합격한 줄 알고 "야, 나는 너 합격해서 가면 어쩌나 엄청 걱정했어. 지현이도 없는데 나랑 여기서 더 있다 가자. 괜찮아"라고 말했다. "언니, 나 합격했어"라고 훌쩍이며 말하자 언니는 "합격했는데 왜 울어?"라고 물었다. 나는 "모르겠어. 그냥 그동안 너무 힘들었어"라고 말하고 나서도 울음이 그치지 않았다. 그렇게 이유를 명확하게 알지 못하는 울음을 멈출 때쯤 나는 가장 편안한 잠이 들었다.

대한항공을 가기 위해 참 멀리도 돌고 돌았다. 나의 인하공업전문대학교 항공운항과 동기 중에는 2006년도에 나와 함께 현장실습 종료 후 그대로 국제선 비행 승무원이 되어 비행하는 친구들도 있었다. 그런데 나는 현장실습 종료 후 면접에서 떨어져 공채라는 넓고도 거친 경쟁에 뛰어들어 계속되는 실패를 경험했다. 학사학위 취득, 어학연수 경험, 토익 890점이라는 내 위치에서 높일 수 있는 스펙을 다 높여봤지만, 결국 대한항공 신입 공채에서 서류 탈락을 맛봤다. 그 후 입사한 카타르항공에서 나는 치유받았고, 그간의 많은 경험으로 더 깊고 넓고 단단해져 2011년도에 다시 대한항공에 돌아오게 되었다. 대한항공에 다시 돌아오는 데 5년이라는 시간이 걸렸다. 비록 내 동기들보다는 5년이 뒤처졌지만, 나의 그릇은 밑면적이 더 넓어졌고 깊어졌다. 인생은 20대에는 절대 알 수 없다. 20대에는 자신의 그릇을 만드는 시기로, 도전해서 실패하지만, 다시 일어나 우회해서 내 밑면적을 넓혀야 한다. 그래야 30대에 더 많은 것을 담을 수 있다. 20대에는 승부 볼 생각하지 말고 단단하게 실력을 쌓자. 그리고 30대에 제대로 승부를 보는 것이다.

"제 손으로 그만두려고 다시 왔습니다"

2011년 4월 18일 대한항공 입사일에 맞춰 카타르항공에는 3월 29일까지 근무하기로 했다. 정말 일복 하나는 끝내준다는 말을 들으며 퇴사 절차를 진행했다. 유니폼과 각종 회사 물품과 아이디 카드까지 반납하고 나서야 퇴사를 실감했다. 호주에서 계획한 외국항공사 2년 경력을 채 못 채우고 1년 10개월 만에 퇴사를 하게 되었다. 그래도 계획한 2년이 얼추 맞아떨어진 것을 보면서 글의 힘에 놀라워했다. 나는 말과 글의 힘을 믿는다. 그래서 말과 글이 좋은 방향으로 갈 수 있도록 생각의 방향을 잘 잡으려고 노력한다. 때로는 역으로 말과 글의 힘을 이용하기도 한다. 실제로 내가 그렇지 않더라도 말이나 글로 그렇다고 하면 나의 삶이 그 방향으로 가는 것이다. 그래서 나는 계획을 글로 쓰고 주위에 말한다. 내 주위 사람들은 내가 대한항공을 가고 싶어하는 것을 다 안다. 줄곧 나는 꼭 갈 거라고 말해왔다. 그렇게 하면 내가 쓰고 말한 대로 삶이 내 앞에 펼쳐진다.

이민 가방 세 개에 짐을 싸서 한국으로 가기위해 카타르 공항으로 향했고, 이번에는 가족과 같은 아람 언니가 마중을 나와줬다. 혼자 남겨질 아람 언니가 마음이 쓰였지만, 성격이 좋아 주위에 많은 좋은 사람들이 있기에 씩씩하게 잘 지낼 거라 믿고, 언니의 배웅을 받으며 한국에 돌아왔다. 한국에 도착해 급하게 가양에 오피스텔을 구하고 입사 준비를 하기 시작했다. 그렇게 쉴 겨를도 없이 대한항공 11-1차 경력직 입사 교육에 들어갔다. 계약서를 쓰는 첫날, 다른 사람들의 서류에는 대한항공 이력에 2011년 4월 18일 입사로만 쓰여 있었으나 나의 서류에는 2006년 8월 31일 현장실습 종료라는 문구가 하나 더 있었다. 이렇게 5년 만에 다시 돌아온 대한항공에 나는 무척이나 애정이 컸고, 내가 있어야 할 곳이라는 소속감이 느껴졌다. 두 달의 입사교육과 두 달의 안전 및 서비스 교육으로 이루어지는 전체 과정에 모두 합격해야 비행을 할 수 있기에 다시 훈련생 모드로 전환했다. 입사 교육은 회사 전반과 각 부서에 관한 교육으로 이루어졌고, 공채 합격생에게만 주어지는 이 교육을 통해 다시 한번 내가 KAL MAN이 되었음을 실감할 수 있었다. 그다음에 이어지는 안전 및 서비스 교육부터가 진짜 객실승무원 훈련이었다. 이때는 시험 성적 및 근태가 수료 여부에 영향을 미치기 때문에 긴장해야 했다. 매주에 한 번씩 이루어지는 필기시험 및 실기시험에 통과해야만 비행 근무를 할 자격이 주어지기에 집중하고 또 집중했다. 나는 벌써 비슷한 교육을 세 번째 듣는 것임에도 여전히 긴장의 끈을 놓지 못했다.

안전 교육에 들어가는 첫날, 훈련 강사님들의 소개가 이어지고 정규 훈련에 들어가기 전 가볍게 교실에서 이야기를 나누는 시간이었다. 남자 승무원을 제외한 동기들은 모두 경력직 출신이었고, 출신 항공사도 카타르, 에미레이츠, 오만, 케세이, 홍콩, 베트남, 남방, 동방, 제주항공 등 다양했다. 각자 자기소개를 마치고 강사님이 경력직 승무원들은 왜 대한항공에 이직하기로 마음을 먹었는지 궁금하다고 했다. 그러다가 우연일까. 그 강사님은 나를 지목해서 "우진 씨는 왜 대한항공으로 이직하려고 마음먹었어요?"라고 물었다. 그 순간, 나는 "제 손으로 대한항공을 그만두려고 왔습니다"라고 말했다. 이 말을 들은 강사님과 동기들은 어리둥절해했고, 나는 "사실 저는 2006년 대한항공 국내선 현장실습을 한 경험이 있습니다. 그때 본의 아니게 현장실습 종료 면접에서 불합격하게 되었고, 제 의지와 무관하게 회사를 나오게 되어 심적으로 너무 힘들었습니다. 그래서 꼭 대한항공에 다시 들어와 제가 충분하다고 느끼는 시점에 아름답게 잘 마무리하고 그만두고 싶습니다"라고 설명을 덧붙였다.

다소 도발적이고 맹랑하게 느껴질지도 모르는 답변이지만, 나는 대한항공에 다시 들어오지 못하면 평생 대한항공을 볼 때마다 루저의 느낌을 받을 것만 같았다. 그러한 열등감을 스스로 없애기 위해서라도 나는 대한항공에 꼭 다시 들어와서 내가 원하시는 시점에 잘 마무리하고 내 의지로 그만두고 싶었다. 그리고 그날 교육을 마치고 호주에서 계획했던 10년 계획의 연장선으로 계획을 더 세웠다. 2008년에 계획한 다이어리에는 2019년 사무장 진급이라는 계획까지만 쓰여 있었다. 여기에 나는 2021년 대한항공 퇴사라고 적었다. 대학교 때 아빠가 대한항공 최초 경희대 박사학위를 취득한 현직 객실승무원의 신문 기사를 오려서 나에게 준 적이 있다. 그러면서 나에게 "한 분야에서 10년은 해야 그 분야에 종사했다고 말할 수 있다"라며, 나도 신문 기사 속의 현직승무원처럼 오래 비행하면서 학업도 계속했으면 좋겠다고 말했다. 그래서 나는 대한항공에 입사하자마자 10년 뒤 퇴사를 계획했다. 10년 동안 대한항공에서 내가 할 수 있는 모든 활동을 다 하고, 내가 원하는 시점에 내 손으로 아름답게 비행을 마무리하고 싶었다.

삶에서 자신의 삶을 통제하는 힘은 굉장히 중요하다. 내 의지와 무관하게 일을 그만두게 되면, 견딜 수 없는 무력감과 불안함을 느낀다. 그래서 나는 내 인생의 통제력을 회복하기 위해 2008년 호주에서 10년의 계획을 세웠고, 그것을 이루기 위해 하루하루 다이어리에 기록하며 내 시간을 통제해갔다. 그렇게 하루하루가 쌓이니 1년이 내 뜻대로 이루어지고, 벌써 4년이 지났다. 4년이 지난 지금, 나는 내가 계획한 모습이 되어 있다. 나는 내 삶을 통제해나간다는 느낌으로 무력감을 극복하고 자신감과 자존감을 회복하고 있다. 그러니 삶을 통제하고자 한다면, 내가 원하는 방향으로 10년의 장기 계획을 세우고 1년의 단기 계획을 세우며 다시 하루 24시간을 통제해야 한다. 그러면 어느 순간 내 삶은 내가 원하는 방향으로 흘러가고 있다는 것을 발견하게 될 것이다.

여름

경력직 승무원,
팀의 막내가 되다

　타 항공사와 달리 대한항공에서는 팀제를 도입해서 승무원을 관리하고 비행을 운영하고 있다. 각 팀은 16~18명의 팀원으로 구성되어 있고 1년을 주기로 변경된다. 코로나 이전에는 팀 동승률을 80%에 맞춰서 비행 스케줄이 배정되곤 했기 때문에 내가 속한 팀은 회사생활에서 굉장히 중요한 요소였다. 8월 말쯤 우리는 4개월간의 교육을 무사히 수료한 후, 비행 현장에 투입되었고 각자의 팀에 배정되었다. 우리는 경력직으로 입사했기 때문에 진급 체계에서 경력 2년이 인정됨에도 불구하고, 대한항공 문화에서는 입사년도에 따라 서열이 매겨지기에 우리는 2011년도에 신입으로 입사한 11사번과 같은 서열이 되었다. 심지어 신입사원은 2년의 인턴을 거치지만, 경력직 승무원은 6개월의 인턴 과정만 거치게 되어 정규직으로 전환되었을때 다시 부여받는 회사 사번이 빠름에도 불구하고 경력직을 그해 입사한 신입과 같이 대우했다. 그래서 우리는 각 팀에서 나이 많은 막내가 되었다.

아무 의미 없는 '언니'라는 호칭

첫 팀은 팀 운영 중간에 들어가서 6개월 정도 함께했다. 나는 2011년도에 입사했기에 11사번이라는 사번을 갖게 되었고, 나는 팀의 막내로서 해야 할 일들을 익혔다. 우선 브리핑 전에 일찍 회사에 와서 브리핑 준비를 도와드리고, 기내에서는 제일 먼저 신문 세팅을 해야 하며, 식사 서비스에 가담할 때는 실수가 일어날 가능성이 있으니 부팀장님(이코노미 책임자)과 함께 밀(meal) 카트를 잡고 식사 및 음료 서비스를 해야 했다. 해외 스테이션에서는 호텔 픽업 전에 모든 승무원에게 모닝콜을 돌려야 하며, 항상 "제가 하겠습니다"를 입에 달고 비행생활을 했다. 이러한 업무적인 것은 전혀 어렵지 않았으나, 딱 하나 쉽게 하기 힘든 것이 있었다. 그것은 나보다 일찍 입사한 승무원들에게 '언니'라는 호칭을 사용하는 것이다. 나는 경력직으로 입사했기 때문에 나이도 있었고 '선배님'이라는 호칭도 있는데 왜 굳이 '언니'라는 호칭을 사용해야 하는지 이해가 가지 않았다. 배속된 팀에는 2010년도에 입사한 10사번 선배가 있었는데, 2년제 항공과 출신인지라 나보다 다섯 살 어린 스물두 살이었기에 도저히 언니라는 말이 나오지 않았다. 그녀도 이런 나의 마음을 알았는지 오히려 더 언니라는 말을 들으려고 묘한 신경전을 벌이며 나에게 "우진 씨"라고 부르면서 언니 대접을 받고 싶어 했다. 그냥 나도 '언니'라고 부르면 될 것을 이상한 고집으로 언니라는 호칭을 사용하지 않고 '선배님'이라는 호칭을 고집했다. 이러한 상황을 우리 둘뿐만 아니라 나중에는 팀의 다른 선배들과 팀장님, 부팀장님도 알게 되었다. 그래서 선배님들이 "우진 씨, 왜 ○○ 씨한테 언니라고 안

해요? 경력직이라서 못 하겠어요? 나이가 어리니 선배라고 인정을 못 하겠어요?" 이렇게 훈수를 두곤 했다.

한 달 스케줄을 그 전달에 한 번에 배정받는 승무원들은 비행 스케줄상 팀 비행도 있지만, 때로는 처음 만난 승무원들과 비행하는 조인 비행을 하기도 한다. 이때는 승무원들의 사번을 보고 서열 구분을 잘 해서 각자 알아서 '언니'라는 호칭을 써야 한다. 정말 별것 아닌데 언니라는 호칭을 붙이지 않으면 기분이 상해하는 사람들이 많았다. 특히나 경력직의 사번은 일반승무원의 사번과 차이가 있었기 때문에 사람들은 내가 경력직이라는 것을 인지하고 있었고, 경력직에 대한 다소 따가운 시선도 있었다. 경력직 동기 중에 나는 거의 막내 축에 속했고, 그 당시 동기 중에는 서른 살이 넘은 언니들이 대부분이어서 스물두 살 선배들에게 '언니'라는 호칭을 쓰는 게 내심 불편했기에 대한항공 객실 문화에 적응하지 못하는 경력직 승무원들이 많았다. 그래서 선배님들은 경력직이라고 하면 이 승무원이 살갑게 행동하는지 아닌지를 유심히 살펴보곤 했다. 특히 대한항공에는 인하공업전문대학교 항공운항과 출신들이 많았고, 회사 사번으로는 선배이나 대학교 학번으로는 후배인 경우도 종종 있어서 이럴 때는 서로 난감한 경우도 많았다.

한번은 비행에서 사번이 나보다 선배이길래 한참 '언니'라는 호칭을 사용하며 비행을 했다. 승객 서비스를 마치고 승무원들이 모여 겔리(비행기 안 간이 부엌)에서 밥을 먹고 있는데, 그 선배가 "우진 씨, 혹시 2010년에 인하공업전문대학교에서 카타르항공 승무원으로 특강하지 않았어요?"라고 물었다. 2010년에 인하공업전문대학교 교수님으로부터 모교 출신 외항사 승무원 특강에 초청되어 강의한 적이 있었다. 그래서 내가 맞다고 하니 "저 그때 우진 씨 강의 들었어요. 그래서 설마설마 했는데, 맞네요?" 그 회사 선배는 반갑다고 꺼낸 말이지만, 내가 지금까지 대학교 후배한테 언니라고 한 것을 인지하는 순간 굉장히 씁쓸했다.

그러나 시간이 지나고 대한항공의 문화에 익숙해지면서 나는 아무 의미 없이 '언니'라는 호칭을 가볍게 사용하게 되었다. 언어라는 것은 내가 속한 사회의 약속으로써 대한항공 내에서는 그저 '나보다 먼저 들어온 승무원'이라는 의미를 갖는 것뿐이었다. 《언어를 디자인하라》[5] 를 보면, '언어는 공동체 문화가 나도 모르게 내 몸에 각인하는 리모컨' 이라는 말이 나온다. 언니라는 말에는 왜 언니라고 불러야 하는 이유가 없다. 그냥 나보다 먼저 입사한 선배를 언니라고 부르는 게 공동체의 규칙이자, 내가 공동체에 동화되기 위해 해야 되는 것이다. 리모컨이 조종하는 대로 나는 그냥 따라 하면 되는 말이었다. 그것의 이유를 묻는 것은 의미가 없다. 무조건 따르면 되는 공동체의 합의된 코드가 바로 언어다. 또한, 내가 어느 집단에 들어가면 싫든, 좋든 그 문화를 따르는 게 나에게 이롭다는 것을 알게 되었다. 따르고 싶지 않다면 그 집단에서 분란을 일으키지 말고 조용히 그 집단을 나와야 한다. 나는 대한항공 집단에서 내가 계획한 10년을 보내야 했기 때문에 대한항공의 문화를 잘 따르기로 결정했다.

5. 유영만·박용후. 《언어를 디자인하라》. 쌤앤파커스.

경력직이라서 죄송합니다

사람은 첫 직장의 문화가 깊숙이 자리 잡기 마련이라 대한항공 현장실습을 약 4개월을 했음에도 약 2년을 보낸 카타르항공의 문화가 여전히 내 안에 깊숙이 자리 잡고 있었다. 그래서 팀이 없었던 외항사의 문화인, '함께'가 아니라 '각자' 알아서 해야 하는 개인주의가 나에게는 직무적 상식으로 작용했고, 그러한 면에서 대한항공에서 여러 번의 마찰을 피할 수가 없었다. 카타르항공에서는 각자의 업무가 명확하게 구분이 되어 있었고, 책임도 본인이 지면 되는 시스템이었다. 항공기에서 승무원들은 유일하게 자기의 영역이 있는데, 그것은 자신의 담당 Door, Jump Seat(승무원 좌석), 그리고 Zone(서비스 구역)이다. 이 세 개는 담당 승무원이 비행 내내 책임져야 하는 자기 고유의 영역이다. 그래서 외항사에서는 누구든 내 허락 없이 내 담당 영역에 들어와 내 역할을 대신할 수 없다. 그런데 어느 날, 대한항공에서 내 직무적 상식으로 이해되지 않는 일들이 벌어졌다. 앞에서 말한 항공기 Door는 탑승 중에는 승객들이 드나들 수 있는 출구인 Door라고 불리지만, 탑승이 완료되고 지상 직원의 허락하에 Door를 닫는 순간, 비상구인 Exit로 불리게 된다. Door에서 Exit으로 변환되기 위해서는 승무원들이 Door Mode 변환을 해야 하는데, 이때 Door Mode 변환은 담당 승무원만 할 수 있다. 그날도 지상에서 승객 탑승 중, 내가 유아 동반 승객을 응대하고 있는 사이에 승객 탑승이 완료되었고, 팀장님이 "Cabin Crew, Door Side Stand-By, Safety Check and Cross Check"라고 방송했다. 이 방송은 전 승무원에게 위에 말한 Door Mode 변경을 지시하는 방송으로, 승무원들은 각자 담당 Door로 가서 안전 업무를 하라는 의미다. 그러나 나는 승객을 응대하고 있던 중이라 응대 도중에 바로 내 Door로 갈 수가 없는지라 승객에게 안전업무를 해야 해서 업무가 끝나는 대로 다시 오겠다고 말씀을 드리고 내 Door로 이동했다. 그렇게 내 Door의 Mode를 변환하려는 찰나 이미 누군가가 나를 대신해 내 담당 Door Mode를 변경한 것을 발견했다. 너무 당황스러웠고, 내 직무적 상식으로 이해되지 않았다. 내 Door에 문제가 발생할 시 내가 책임져야 하는 내 영역에 나의 허락 없이 내 업무를 대신했다는 것이 도저히 이해가 가지 않았다. 그래서 나는 내 업무를 대신한 반대편 Door의 언니에게 다음부터는 내 Door에 내 허락 없이 손을 대지 않았으면 좋겠다고 말을 건넸다. 대한항공에서는 서로가 업무를 도와주는 미덕이 문화로 자리 잡혀 있다. 이것은 정말 한국적이고 바람직하다고 생각하지만, 안전에 있어서만큼은 각자의 영역이 분명해야 사고를 막을 수 있다고 생각한다. 내가 저 상황에서 내 건너편 언니가 내 Door Mode를 변환한 것을 모르고 Door Mode를 다시 변경했다면, 안전 문제로 이어질 가능성이 있기 때문이다. 사실 이러한 사례는 현장에서 종종 발생한다. 이러한 나의 의도와 달리 대한항공에서 후배가 선배에게 이런 말투로 업무를 지적하는 일은 드물기 때문에 언니는 기분이 상해서 이를 그날 부팀장님에게 말했고, 부팀장님은 나에게 경력직인 것을 티 내지 않으면 좋겠다는 쓴소리도 하셨다.

대한항공 신입 승무원들은 2년의 인턴 기간을 지나면 그동안의 평가를 근간으로 면담을 통해 정직원 전환이 이루어진다. 반면에 경력직들은 6개월의 인턴 기간만 지나면 정직원 전환이 이루어진다. 이처럼 정직원 전환에 차이가 있다 보니 부사무장 진급에서도 격차가 발생한다. 물론 같은 연도에 입사해도 입사한 달에 따라 미세한 차이가 있지만, 경력직 승무원들은 신입 승무원보다 대략 1년 정도 빨리 진급 자격이 주어진다. 진급하면 급여에도 큰 차이가 있고, 무엇보다 직급에도 변화가 있기 때문에 승무원들은 진급에 굉장히 민감하다. 대한항공 진급은 연차가 쌓인다고 자연스럽게 되는 것이 아니라 철저히 성과에 의해서 이루어진다. 그래서 어학 실력도 중요한 부분인데, 평균적으로 경력직 승무원은 영어가 신입보다 출중하니 종종 경계의 대상이 되곤 했다. 이처럼 상대적으로 높은 어학 실력과 빠른 진급 조건을 가진 경력직 승무원들은 일반승무원들의 눈엣가시로 느껴져서 정말 말과 행동을 주의해야 한다.

어느덧 대한항공에 입사한 지도 1년이란 시간이 지나고 나도 벌써 2번째 팀에 속하게 되었다. 팀에서는 겨우 막내를 벗어나 밑에서 3번째 정도였지만, 카타르항공의 경력이 인정되다 보니 나는 1년 만에 부사무장 진급 대상이 되어 있었다. 우리 팀에서 내 위로는 2002년도에 입사한 02사번, 2008년도에 입사한 08사번, 2009년도에 입사한 09사번, 2010년도에 입사한 10사번 등등 부사무장 진급을 준비하는 많은 선배님들이 있었다. 선배님들도 진급이 간절했을 것이다. 하지만 모두가 속으로는 진급을 원해도 겉으로는 욕심이 없다는 모습을 보이는 게 대한항공의 미덕이고 남들도 기대하는 모습이다. 더욱이 경력직 승무원은 눈엣가시이기 때문에 더더욱 말과 행동에 주의를 기울여야 했다. 그러던 어느 날, 시애틀 팀 비행을 가서 우리는 시애틀 공공 재래시장인 파이크 플레이스 마켓을 투어하고 있었다. 해산물을 양껏 먹고 스타벅스 1호점을 방문하러 가는 길에 후배가 "언니, 올해 진급 대상이지?"라고 물어서 "응, 맞아. 나 올해 진급 대상이야"라고 대답했고, 후배는 내게 꼭 진급했으면 좋겠다고 했다. 나는 "고마워, 내년에 진급해서 대학원에 가고 싶어. 나는 인하공업전문대학교 출신이라 공부에 대한 애착이 좀 있는 거 같아" 이렇게 정말 별생각 없이 내 계획에 대해 말했다. 그런데 이것이 앞으로 큰일을 만들 줄은 몰랐다. 다음 팀 비행부터 나를 둘러싸고 이상한 분위기가 감돌았다. 이런 것을 소위 '은따'라고 불리는 것인지 모르겠으나 그때 그 후배와 친한 선배들이 나를 멀리하기 시작했다. 처음에는 이유를 몰랐으나 나중에 다른 팀원을 통해 듣게 된 바에 의하면, 내가 진급 욕심이 있고 이를 말하고 다닌다는 것이었다. 대한항공 문화는 진급 욕심이 있어도 없는 척해야 하는 게 미덕인데, 이제 겨우 비행한 지 1년 된 팀의 주니어 경력직 승무원이 내년에 진급하고 싶다고 입 밖으로 내뱉었으니 나를 나쁘게 보려면 얼마든지 나쁘게 볼 수 있는 부분이었다. 순간 아차 싶었다. 아무 생각 없이 무심코 하는 말도 조심해야 함을 배우며 나는 변명 없이 받아들이기로 했다.

직장생활에서는 인간관계라는 것이 중요하다. 그리고 그 관계를 잘 유지하기 위해서는 처세술이 필요하다. 《탈무드》에 나오는 "귀는 친구를 만들고, 입은 적을 만든다"라는 말처럼 직장에서 특히나 진급, 급여, 이직처럼 민감한 주제에 있어서는 침묵을 택하는 지혜가 필요하다. 그리고 절대 다른 사람 뒷담화를 하지 않는 것도 요한다. 누군가에게 다른 사람의 뒷담화를 하는 것은 내 주의와 삶이 그 누군가와 내가 뒷담화한 사람에게 기울어짐을 의미한다. 나와 함께 뒷담화한 누군가는 또 다른 누군가에게 내 말을 전할 가능성이 있고, 뒷담화 대상이 된 사람은 내가 뒷담화한 사실을 알게 될 가능성이 있다. 이러한 부정적인 가능성은 내 에너지를 빼앗게 된다. 직장생활을 하면서 느낀 것은 내 편이 언제나 내 편이 아니고, 적이 언제나 적은 아니라는 것이다. 그저 상황에 따라 바뀔 뿐이니, 지금 누군가가 싫어도 상황이 바뀌면 좋아질 수 있다는 것을 잊지 말고 경솔하게 싫은 사람을 욕해서는 안 된다. 그리고 뒷담화라는 부정적인 행위를 한 순간부터 나는 그들의 눈치를 봐야 하고, 그들로부터 자유로워질 수 없다. 그러나 뒷담화를 하지 않으면 모두에게로부터 자유로울 수 있다. 그러면 혼자 다녀도 외롭지 않고 불안하지 않다. 그래서 나는 나를 위해 어느 순간부터 뒷담화를 직장 내에서 절대 하지 말아야 할 것으로 정했다.

승무원 다음 목표가 있기에 지금을 버틸 수 있다

경력직으로 같이 입사한 봉기 언니를 회사 버스에서 만났다. "언니, 오랜만이야. 잘 지내? 근데 살이 왜 이렇게 빠졌어?"라고 말을 건넸다.

안색이 좋지 않은 언니의 반응은 싸했다. "나 오늘이 마지막 비행이야. 난 대한항공이랑 안 맞는 거 같아. 팀이 너무 힘들고 매번 비행 가기 싫어서 회사 가는 버스에서 구토한 적도 여러 번이야"라는 말을 듣는 순간 애써 괜찮은 척해왔던 나도 눈물이 났다. 인하공업전문대학교 항공운항과와 대한항공 현장실습을 경험한 나도 외항사의 습성이 몸에 배어 있어 회사생활이 힘들었던 적이 한두 번이 아니었다. 더욱이 일반 대학교에서 일반학과를 전공하고, 외항사에서 오래 일하다 온 동기들은 대한항공 문화에 적응하지 못하는 게 어쩌면 당연하다고 할 수 있다. 그런 언니에게 "다른 사람 때문에 언니가 힘들게 온 대한항공을 그만두면 너무 아깝잖아. 적어도 다른 사람 때문에 그만두는 건 아닌 거 같아, 언니"라고 말하니 언니의 대답은 간단했다. "난 여기서 버텨야 할 이유가 없어" 이 말을 듣고 나서 나는 더 이상 말을 잇지 못했다. 나에게는 10년을 버텨야 할 이유가 있었다. 한 분야에서 10년을 일해야 그 분야에 종사했다고 말할 수 있고, 누군가를 가르칠 조건이 된다고 믿었다. 나는 항공과 교수가 되기 위해 10년의 비행 경력이 필요했고 버텨야 할 이유가 되었다. 그래서 나는 비행 업무에 대해 판단하지 않고 최대한 감정을 배제하려고 했다. 싫어도, 힘들어도 나는 버텨야 하는 이유가 있었다.

나는 언젠가부터 비행을 하면서 내 정신을 '모드 전환'하기 시작했다. 유니폼을 입는 순간은 '비행모드'로 코드를 꽂고, 비행이 끝나면 '비행모드'의 코드를 뽑아버리고 '일상모드' 코드를 꽂는다. 비행이 끝나면 비행에 관한 생각을 웬만하면 하지 않으려고 애쓴다. 같이 비행한 사람들, 비행기 기종, 해외 스테이션을 포함해 안 좋았던 비행 기억, 좋았던 비행 기억도 지나간 것은 내 기억에서 다시 꺼내려고 하지 않는다. 예전에 한 스님께서 이런 말씀을 하셨다. "지나간 과거는 다 허상입니다. 지나간 것을 다시 가져오면 내 생각이 덮이고 내 해석이 덮입니다. 그것은 진실이 아니에요. 내 눈앞에 있는 바로 그것만 진실입니다. 그러니 과거와 미래에 주의를 주지 말고 눈앞의 진실인 현실을 살아가세요" 나는 지나간 것을 다시 가지고 오지 않는 연습을 하며 살아가고 있다. 그래서 비행이 끝나고 동기들이 "비행 어디 갔다 왔어? 비행 힘들었어?"라고 물으면, 나는 항상 "기억이 안 나"라고 웃으며 말했다. 이렇게 말하면 동기들은 "네가 성격이 둔감해서 그런가 보다"라고 말한다. 그러나 이건 성격이 아니라 철저히 연습으로 만든 습관이다. 이처럼 내 정신을 지키고 보이지 않는 생각을 다루기 위해 나는 코드를 꽂고 뽑기를 반복한다.

그날도 유니폼을 입고 '비행모드'로 코드를 꽂고 비행을 갔다. 승무원들 사이에 무섭기로 유명한 사무장님과 비행을 가는 날이었다. 다행히 동기와 함께하는 비행이어서 그나마 위안을 얻고 브리핑실에 들어갔다. 너무나 단아한 모습의 사무장님에게 인사를 드리고 브리핑을 시작했다. 나와 동기는 '생각보다 괜찮은데?'라고 생각하며 비행기에 올랐다. 운이 좋게도 내가 비즈니스 겔리장으로 일하고 동기는 나와 함께 비즈니스 아일(aisle)에서 승객 서비스를 담당했다. 그 사무장님 또

한 우리를 도와 비즈니스 서비스를 같이했는데, 이륙하자마자 얼굴이 변하면서 신경질을 내기 시작했다. 조금의 지체도 허락하지 않고 계속 몰아붙이는 서비스를 진행하며 계속 입으로 지시했다. 그때 당시 출산하고 복직한 지 얼마 안 된 동기는 서비스를 할 때, 다른 승무원보다 조금 행동이 느렸다. 몇 번의 신경질을 낸 후에도 동기의 행동에 변화가 없자 누가 들어도 무안한 말을 던지며, 동기를 비즈니스 클래스 서비스 도중에 이코노미 클래스 서비스로 보내버렸다. '와, 이거구나.' 그때부터 모든 승무원이 긴장하기 시작했다. 긴장하니 나 또한 흐름이 말리기 시작하고 실수하기 시작했다. 사무장님이 옆에서 계속 뭐라고 하니 나중에는 커틀러리로 음식을 옮기는데 손이 떨리는 나를 발견했다. 그럼에도 나는 계속 웃으며 사무장님의 비위를 맞추고 멘탈이 무너지지 않게 잡으려고 애썼다. 다른 아일 승무원들과 안쓰러운 눈빛을 서로 주고받으며 그날따라 길게 느껴지는 10시간 비행을 마치고 호텔에 도착했다. 동기는 "우진아, 오늘 비행은 맥주 각이다"라고 말하며 맥주 한잔하자고 했다. 그렇게 유니폼을 벗어 던지고 나는 '일상모드'로 전환 후, 동기와 맥주를 한잔했다. 동기가 "서비스하다가 쫓겨나기는 처음이야. 진짜 대박인 거 같아" 이렇게 말했고, 나는 "언니, 이 좋은 시간에 그 사람 이야기하지 말자. 기억에 그 사람을 1할도 안 남기는 게 최대 복수야. 언니가 아기를 낳다니. 아기 사진 좀 보여줘"라고 말했다. 우리는 그동안 어떻게 지냈는지 이야기하며 기분 좋게 그날을 마무리했다. 비행이 끝나고 유니폼을 벗어 던지는 순간, 나는 비행 생각을 포함해 회사 생각을 하지 않으려고 부단히 노력한다. 나는 힘들어도 어쨌든 승무원 다음의 커리어인 교수라는 계획 때문에 대한항공에서 10년은 버텨야 한다. 나에게는 힘들어도 버텨야 하는 이유가 있다. 그러니 이왕 버틸 거 잘 버틸 수 있는 방법을 찾아야 했고, 그러한 방법이 정신적 모드 전환이었다. 그래서 비행을 쉬는 날에는 '일상모드'로 전환해서 내가 하고 싶은 일에 집중한다. 회사 이외의 내 삶의 계획에 집중해서 그것을 위해 내 시간과 에너지를 몰두한다. 이렇게 하면 나에게 내 일상이 주(主)고 비행이 부(附)가 된다.

회사는 인생의 전부가 되어서는 안 된다. 그리고 이제는 평생직장이라는 개념도 사라지고 있다. 우리는 입사하는 순간 퇴사를 계획해야 한다. 그리고 각자가 정한 근무 기간 동안 회사에서 얻을 수 있는 것은 다 얻고 나와야 한다. 그러니 지금 내가 속한 회사의 다음 커리어를 계획하고, 그것을 위해 이 회사의 경력을 이용해야 한다. 그리고 내가 정한 퇴사 날짜까지는 누구를 위해서도 아니고, 나의 다음 커리어를 위해 버티는 것이다. 그러면 버틸 힘이 생긴다. 항공사뿐만 아니라 일반 직장도 퇴사할 이유는 하루에도 몇 번이고 생긴다. 그러나 그런 작은 것에 일희일비해서 흔들리면 안 된다. 나에게 다음 커리어가 있다면 그냥 그때까지는 여여부동(如如不動)하게 버티는 것이다. 그리고 내가 결정한 시점에 내가 정한 이유로 퇴사를 해야 한다. 절대로 "팀장 때문에 힘들어서, 선배가 괴롭혀서 회사에 못 다니겠어"라고 말하며 내 계획이 아닌 다른 사람 때문에 퇴사를 포함한 내 삶의 어떤 결정두 내려서는 안 된다. 내 인생은 내가 책임지고 사는 것인데, 다른 사람이나 환경 때문에 중요한 결정을 감정적으로 내려서는 안 된다. 그뿐만 아니라 내가 계획한 다음 커리어를 위해서라도 그 직장에 있는 한 최대한 성장해야 한다. 내 업무가 아닌 것이 주어졌다고 싫어하는 것이 아니라 나중에 분명 도움이 될 것이라 생각하고 다 소화해내서 내 것으로 만들어야 한다. 이것이 내가 생각하는 슬기로운 직장생활이다.

여름

부사무장,
신입생이 되다

첫 번째 부사무장 진급 대상 시점에는 승진하지 못했다. 입사 후 1년 만에 진급 대상이 되었기 때문에 자격 조건이나 경력 부분이 부족하기도 했지만, 생각보다 부사무장으로 진급하기가 쉽지 않다는 것도 체감했다. 그래서 다음 해는 최선을 다해서 꼭 진급해야겠다고 생각했다. 부사무장으로 진급하고 난 후 대학원 석사과정을 시작하는 것이 내 삶의 계획이었기 때문이다. 즉, 부사무장 진급을 해야 그다음 계획들이 내 삶에 펼쳐질 수 있는 것이다. 계획한 목표를 가장 효과적으로 이룰 방법은 지금의 목표 다음의 계획을 두 단계 정도 더 세우는 것이다. 그러면 다음 목표들은 지금의 목표 달성을 더 앞당기는 강한 동기 부여가 되어준다. 그래서 나는 항상 지금의 목표보다 한 단계, 두 단계 이상의 목표를 항상 더 잡아서 이번 단계의 달성에 추진력을 가한다. 목표는 언제나 다음 목표를 달성하는 징검다리와 같다. 바로 앞의 돌을 건너야 다음 돌을 건널 수 있고, 결과적으로 이쪽에서 저쪽으로 도약할 수 있는 계기를 마련할 수 있다. 목표는 성취의 끝이 아니라 다음 목표를 달성하기 위한 디딤돌이자 버팀목이다. 단기 목표는 장기 목표의 디딤돌이자 버팀목이고, 더 큰 목표를 달성하기 위한 징검다리다.

직장인도 취준생만큼 공부한다

각 회사는 직무평가표에 의해 그 직원의 직무를 평가하고 그 평가 결과를 진급에 반영한다. 그렇기 때문에 직무평가표를 잘 분석해서 모든 분야에서 치우치지 않고, 모자라지 않게 점수를 따도록 계획을 세워야 한다. 대한항공 직무평가표는 크게 팀 단위 성과, 비행 근무 칭송/불만 관리, 비행손실 방지, 자기계발, 업무 기여도로 나뉜다. 그중 어학 성적은 팀 단위 성과와 자기계발에 영향을 미치고 영어 부분은 토익, 토익 스피킹, 그리고 토익 라이팅으로 나뉘는데 각 점수대에 따라서 1급, 2급, 3급이 부여되고, 각 급수에 따라서 개인에게 부여되는 점수가 달랐다. 첫 번째 목표로 현재 L/C 1급과 R/C 2급인 토익 성적을 공부를 더 해서 모두 1등급을 만들어야겠다고 생각했다. 그다음 계획으로 토익 라이팅 3급을 따기로 정했다. 그리고 영어가 마무리되면 바로 기내 방송 A 자격을 따기로 했다. 이처럼 계획을 여러 단계로 짜면 빨리 다음 단계로 넘어가고 싶은 마음에 토익 점수를 빨리 따야겠다는 큰 동기부여가 된다.

비행 스케줄이 불규칙적이다 보니 토익은 인터넷 강의를 신청했다. 그리고 한 달 안에 모든 인터넷 강의를 다 듣고 시험을 보기로 계획을 세웠다. 인터넷 강의는 총 60강이었고 비행을 하다 보니 하루 단위로 일정 분량을 할당하기가 쉽지 않아 주 단위로 계획을 짰다. 즉, 1주 안에 15강을 무조건 다 들어야 한다. 그리고 바로 토익 시험을 신청했다. 시험을 신청해야지만 목표 의식이 생기기 때문에 나는 준비가 안 되어도 우선은 시험을 보기로 했다. 이렇게 시험 준비를 마치고 토익 공부에 돌입했다. 비행을 쉴 때는 집 근처 도서관에 가서 인터넷 수업의 진도를 따라가며 수업을 듣고 문제를 풀고, 손바닥 크기의 오답 노트를 만들었다. 그리고 그 오답 노트를 항상 소지하고 다니며 집에서 공항 가는 공항버스에서 보고, 심지어 비행 중에도 계속 오답 노트를 소지하고 시간 날 때마다 틈틈이 봤다. 해외 스테이션에서도 투어를 나가지 않고, 인터넷 강의를 듣고 문제를 풀었다. 한 달을 꼬박 토익에 빠져서 보낸 후, 시험을 보니 첫 시험에는 850점이었지만, 그다음 달 시험에서는 놀랍게도 910점이 나와 L/C와 R/C 모두 1급을 얻을 수 있었다. 바로 이어서 토익 라이팅 시험을 준비하기 시작했다. 서점에 가서 책 한 권을 사서 시험 2주 전부터 문제 유형을 확인한 후, 시험을 치렀고 라이팅은 한 번에 쉽게 3급을 획득할 수 있었다.

이제 마지막 기내 방송 A 자격을 획득하면 내 계획은 끝이 난다. 기내에서 승객들이 듣게 되는 기내 방송은 회사에서 치러지는 기내 방송 평가에서 A를 취득한 승무원들이 비행 단계별로 실시간으로 방송하는 것이다. 이러한 기내 방송 자격 취득은 진급에서 큰 점수를 차지하기 때문에 모든 승무원이 이 자격을 따기 위해 쉬는 날도 반납하고 회사에 와서 교육을 받는다. 나 또한 기내 방송 자격을 취득하기 위해 매달 회사에서 제공하는 집체 교육과 개별 교육에 참석했다. 내가 교육을 받을 당시에는 교육 횟수에 제한이 없었기 때문에 한 달 비행 스케줄이 나오고 방송 교육 예약 사이트가 열리면 기다렸다가 바로 비행이 없는 날에 교육을 다 신청했다. 한국어 방송은 단어 하나하나의 장음과 발음 규칙을 찾아서 정리하고, 영어 방송도 단어 하나하나의 강세와 장음을 찾아 정리했다. 그리고 이동할 때마다 사내 방송 강사가 녹음한 오디오를 들으며 그대로 따라 했다.

한 달에 두세 번씩 방송 교육에 참여하다 보니 "우진 씨, 또 왔어요?"라고 방송 강사님이 알아볼 정도였다. 그렇게 세 달 정도 규칙적으로 교육을 받고 매달 방송 평가를 받았다. 이번 달도 어김없이 방송 녹음을 했지만 A자격을 취득하지 못했을 것 같아서 결과를 기다리는 동안 개별 교육을 받으러 회사로 갔다. 순서를 기다리다 내 차례가 되어 교육을 받으러 들어가 방송 강사님께 인사를 하니 강사님께서는 "우진 씨, 이제 교육 그만 받아요. 아직 공지는 안 나갔는데 우진 씨 저번 달에 본 방송시험에서 A자격 취득했어요. 그러니 이제 그만 와요" 하고 웃으며 말씀해주셨다. "아, 정말요? 너무 감사합니다. 강사님"이라고 말씀드리니, 강사님께서는 "왜 나한테 감사해요. 우진 씨가 잘해서 딴 건데. 기내에서 고품격 기내 방송 부탁해요"라고 해주셨다. 나는 너무 기뻐서 이 소식을 듣자마자 팀장님께 말씀드렸다.

팀원이 방송 자격이나 어학 자격을 취득하면 팀원 개인에게도 좋지만, 팀원이 속한 팀에도 점수가 부여되어 팀장님께도 좋은 것이다. 팀장님께 방송 A자격 취득과 영어 자격 두 개를 취득한 것에 대해 말씀드렸다. 대한항공 승무원 진급에서는 팀장님의 팀원 평가 점수도 있다. 이 점수에는 어학 및 방송 자격 취득뿐만 아니라 업무 수행 능력 및 팀내 기여도 등 다양한 분야가 있다. 그래서 직무평가표의 모든 영역을 두루 챙겨야 한다. 그렇기 때문에 자신이 진급에 욕심이 있다는 것을 팀장님에게 지나치지 않게 어필하는 것도 중요하다. 자격을 딴 결과도 중요하지만, 자격을 따기 위해 교육을 받고 있다는 것과 영어 시험을 꾸준히 보고 있다는 사실을 대화에서 자연스럽게 노출시켜서 진급을 위해 이렇게 노력한다는 것도 내비쳐야 한다. 그 외 업무에 있어서도 내 업무만 하는 것이 아니라 내 업무를 완벽하게 하고 나서 도움이 필요한 다른 승무원을 기꺼이 도와주어 팀 내 기여도 영역도 챙겨야 한다.

2013년 12월까지 내 모든 영혼을 갈아 넣어 진급을 위해 딸 수 있는 자격을 다 따고 4월 진급 발표만을 기다렸다. 1, 2월은 잊고 지내다가 3월 말이 다가오니 마음이 심란해지기 시작했다. 심지어 비행 도중 승무원이 쉬는 벙커에서 잠을 자다가 진급에 떨어지는 꿈을 꾸기도 했다. 진급 발표를 기다리는 동안 나는 워싱턴 비행을 왔고 혼자 헬스클럽에서 운동을 하고 있었다. 그런데 갑자기 많은 사람에게 카톡이 오기 시작했고 "오 사무장님, 이제 파란 재킷 입어야겠네"라고 팀 언니가 보이스톡으로 나의 진급 사실을 알려줬다. 대한항공은 일반승무원은 하얀색 재킷을 입고 부사무장부터는 파란색 재킷을 입는다. 유니폼 색으로 직급이 명확하게 구분되어 승무원들은 더욱 부사무장 진급에 많은 애를 쓴다. 진급은 회사에서 나의 실력을 인정받는다는 것이기에 직장인에게는 큰 의미가 있다. 특히나 승무원과 같은 서비스인들의 직무 특성은 본질적으로 무언가를 생산한다기보다는 소비하는 성격이 강하고, 또한 직무 성과도 유형의 제품으로 평가받는 것이 아니라 무형의 인지로 평가되기 때문에 진급의 의미가 크다는 생각이 들었다. 나는 직무 특성상 서비스 직업 외에 좀 더 생산적인 일을 가져서 삶의 밸런스를 맞춰야겠다고 생각하며 대학원 진학을 알아보기 시작했다.

직장인이 대학원에 입학하다

대학원 진학을 위해 전공을 살펴보던 중 많은 항공사 승무원들이 호텔관광경영학과에 들어간다는 정보를 얻게 되었다. 그중에서도 경기대, 경희대, 세종대, 한양대 대학원으로 많은 승무원이 진학해왔다는 것도 알게 되었다. 다른 학교도 좋지만, 이 학교들은 비행과 학업을 병행해야 하는 나로서는 항공사 생리와 현직승무원의 고충을 이해해 줄 수 있다는 점에서 좋다는 생각이 들었다. 이 중 집에서 가장 가까운 세종대로 진학하기로 결정했다. 8년 동안 사회생활을 하다가 학교라는 곳에 다시 오니 대학 캠퍼스를 거니는 것도 너무 신선했고, 무언가를 배운다는 사실에 다시 의욕이 샘솟았다. 대학원 OT도 참석해서 80

명에 가까운 동기들을 만나고, 항공 분야를 넘어 외식, 조리, 호텔, 카지노 등의 다양한 직종의 사람들을 만난다는 것 자체가 나에게 신선한 자극이었다. 비행을 병행하며 학업을 해나간다는 것이 쉽지 않겠지만, 그럼에도 불구하고 이렇게 새로운 도전으로 내 삶의 그릇의 밑면적이 넓어지고 내 삶이 풍부해질 것이라 생각하니 다시 설레기 시작했다.

　다음 달 비행 스케줄표가 나왔다. 스케줄이 나오자마자 나의 눈은 화, 수요일에 쉬는 날이 있는지, 없는지를 살피고 있었다. 대학원 수업을 화, 수요일로 나눠서 신청했는데 이번 달 화, 수요일에 비행을 쉬는 날이 많이 없는 것을 알아차렸다. '이번 달에도 망했구나'라고 생각했다. 비행 스케줄로 인해 대학원 출석이 쉽지 않을 거라는 것을 알고 있었지만, 비행 스케줄과 수업 시간표가 이렇게 안 맞을 줄은 몰랐다. 예전에 아빠가 주셨던 대한항공 현직승무원 최초로 박사학위를 취득한 분에 관한 신문 기사 내용 중 비행이 끝나고, 유니폼을 입고 수업을 들으러 가는 경우도 많았다는 내용이 내 머리를 스쳤다. 정말 내 경우도 그럴 수밖에 없었다. 비행이 오후에 있으면 비행 전에 대학원 수업을 듣다가 중간에 빠져나와서 비행을 가고, 수업이 저녁에 있으면 비행이 끝나고 유니폼 위에 재킷 하나 걸치고 캐리어를 끌고 수업을 들으러 갔다. 물론 이렇게 중간에 수업을 나오고 중간에 수업을 듣는 것이 내용 습득에 큰 도움이 되진 않았지만, 그래도 교수님들께 보이는 나의 최소한의 예의이자 학생으로서의 소속감을 잃지 않기 위한 자세였다. 나는 수업을 30분이라도 들을 수 있다면 무조건 학교에 갔다. 당시는 자가용도 없어서 캐리어를 끌고 공항버스를 타고 다녔는데, 이런 나를 보고 대학원 동기들은 독하다며 혀를 내둘렀다.

현직승무원으로서 대학원을 다니다 보니 비행하면서 학업을 진행하겠다는 내 욕심이 다른 사람들에게 민폐일 수도 있다는 생각을 많이 하게 되었다. 우선 학생으로 출석은 기본인데 비행을 가야 한다는 이유로 그 기본을 하지 못한다는 점에 항상 교수님들께 죄송한 마음이 가득했다. 결석 때마다 미리 이메일 드리는 것도 반복되니 너무 죄송했고, 결석으로 인해 수업 내용을 따라가지 못하는 경우도 많았다. 내 주위에는 수업 내용을 따라가지 못하는 자신을 용납할 수 없고, 학교생활에 완벽하게 집중할 수 없는 것을 견디지 못해 학업을 중단하는 승무원들도 있었다. 나도 대학교 때까지 항상 성적 우수생으로 불리며 학업만큼은 누구보다 성실히 하고 수업을 잘 따라가는 학생이었는데, 대학원에서 잦은 결석으로 인해 수업 내용도 못 따라가고, 교수님들께 죄송한 마음을 갖고 학교에 다녀야 한다는 점에서 마음이 많이 불편했다. 그러다 '완벽하려 애쓰지 말고 조금 내려놓고 70점만 가져가자' 말을 스스로에게 건넸다. 비록 지금 학업을 따라가기 힘들더라도 나에게는 또 해야 할 이유와 버려야 할 이유가 있기에 학업을 놓으려는 손을 다시 한 번 꽉 쥘 수 있었다. 그런데 대학원에서는 팀 프로젝트 활동이 많이 있었다. 팀 프로젝트는 업무 분담의 형평성으로 인해 항상 잡음이 많은 활동으로, 이 잡음은 나이가 많은 성인들 사이에도 어쩔 수 없는 현상이었다. 이 팀 프로젝트의 팀원 구성에서도 많은 동기들이 현직승무원들과 함께하는 것을 꺼렸다. 당연히 비행으로 인해 결석률도 높고, 비행 중에는 의사소통도 원활하지 못한 이유에서 였다. 그래서 동기들과 팀 프로젝트를 해야 하는 상황에도 나는 항상 미안한 마음이 가득했고, 비행을 하러 가서도 학교 과제를 하기가 일 쑤였다.

대학원을 다니는 것은 자기 계발의 측면에서는 매우 바람직하지만 아직은 회사에서 주니어에 속하는 내가 대학원에 다닌다고 하면 좋게 보지 않을 가능성도 있어서 사무장이 될 때까지는 대학원에 다닌다는 것을 회사 사람들에게 비밀로 했다. 그런데 대학원의 학기가 진행될수 록 과제는 정말 많아지고, 쉬는 날만으로는 해결이 되지 않아 어쩔 수 없이 비행을 와서 해외 스테이션에서도 과제를 해야 할 상황들이 많아 졌다. 해외 스테이션을 가면 팀원들은 같이 투어도 가고 식사도 하며 다 같이 시간을 보내는 경우가 많다. 그런데 나는 과제를 해야 하고 그 렇다고 이러한 이유를 솔직하게 말할 수도 없어 어느 순간부터 나는 자주 속이 안 좋고 몸이 조금 아픈 친구가 되었다. 그렇지 않고는 팀원 들과 같이 안 나갈 명분이 없었다. 그렇게 내 삶을 테트리스 게임처럼 도형을 돌리고 또 돌리고 꾸역꾸역 맞춰가며 빡빡하게 하루하루를 살 다 보니 어느덧 대학원도 3학기를 맞이하게 되었다.

내 길이면 애쓰지 않아도 저절로 된다

대학원 석사 3학기가 되면, 이제는 지도교수님을 선택해서 학위 논문을 써야 한다. 논문이라는 단어가 주는 심리적 문턱이 너무 높아 나는 그 앞에서 많이 주춤했다. 그 당시 나는 대학원 수업을 적극적으로 들어 무언가를 학습했다는 느낌도 받지 못했고, 내가 논문을 쓸 준비가 되었다고 스스로 느끼지 못했다. 그러한 상황에 졸업에 직결되는 학위 논문을 써야 하니 생각보다 그 막막함은 나를 크게 짓눌렀다. 근심이 근심을 낳고 말 못 할 고민을 하던 중, 친한 학과 선배님을 만나서 이런저런 안부를 묻다가 나도 모르게 울음이 나와버렸다. "선배님, 논문을 써야 하는데, 정말 어떻게 시작해야 할지 엄두가 안 나요" 그러자 선배님이 "우진아, 네가 생각보다 욕심이 많구나. 우선은 우리 학교 선배의 석사학위 논문을 샘플로 그 형식에 맞춰 써 내려가면 돼. 내가 메일로 자세하게 방법을 알려줄 테니 걱정하지 마"라고 했다. 이렇게 간절한 시점에 나를 도와주는 선배님을 만나 논문을 시작할 수 있었고, 교수님의 지도하에 주제를 정하고 설문을 돌려서 데이터를 다 수집했다. 이제 문제는 그다음 단계인 통계였다. 방법을 찾아야 했다. 동기 중에 카타르항공에서부터 인연이 되어 대한항공에서도 만나 이번에 대학원까지 함께 오게 된 언니가 있었다. 그 언니에게 나의 막막함에 대해 토로하자 언니는 나에게 통계 과외 선생님을 소개해줬다. 이화여자대학교 대학원 재학생인 과외 선생님은 차근차근 기초부터 시작해서 내 논문에 필요한 통계 처리를 가르쳐줬다. 막막하기만 했던 논문이 필요한 시기에 감사한 사람들의 도움으로 어느 정도 학위 논문 형식을 갖춰갔고, 프로포절 심사를 준비하게 되었다.

　석사학위 취득을 위해 4학기부터 진행되는 행정적 처리에서 실수가 있으면, 한 학기 더 학교에 다녀야 하는 경우가 있기 때문에 학사 일정을 잘 맞추라는 교수님의 조언이 있었다. 석사학위를 취득하기 위해서는 수업과 논문 통과 이외에도 통과해야 할 시험이 많고, 그 시험을 위해서는 신청 기간과 시험 날짜를 하나라도 놓치면 제때 졸업할 수 없기 때문이다. 그런데 나는 비행으로 해외에 나가면 졸업에 필요한 시험에 응시할 수 없기 때문에 두 달 전에 미리 시험 날짜에 맞춰 회사에 휴가를 신청해야 했다. 석사학위 프로포절 논문, 영어 시험, 그리고 종합 시험 신청 기한에 맞춰 시험을 신청하고 시험 날짜를 확인했다. 그런데 당시 프로포절 논문 준비에 여념이 없었고, 그 압박으로 인해 다른 부분을 신경을 쓰지 못하다 보니 가장 중요한 부분에서 실수를 저질렀다. 프로포절과 종합시험 날짜에 맞춰 두 달 전에 회사 휴가를 신청하지 못한 것이다. 지금까지 프로포절 심사를 위해 열심히 논문을 준비했는데, 심사를 받지 못할 수도 있다는 생각에 허탈감이 들었다. 그렇다고 사무장 진급을 염두에 둬야 하는데, 프로포절 심사를 위해 당일 병가를 쓰는 것도 마음에 걸려 고민이 되었다. 그렇게 전전긍긍하며 이번 달 비행 스케줄이 나오기만을 기다렸고, 스케줄을 확인하는 순간 "Thanks God!"을 외쳤다. 놀랍게도 이번 달 비행 스케줄에 프로포절 심사 날과 종합시험 날짜에 쉬는 날이 나왔다. 예전부터 엄마가 "그게 너의 길이면 애쓰지 않아도 자연스럽게 될 거야"라고 해준 말이

어렴풋이 뇌리에 스쳤다. 그리고 '대학원 공부가 진짜 내 길이 맞긴 맞구나'라고 생각하며, 얼마 남지 않은 프로포절 심사에 박차를 가했다.

지도교수님을 포함해서 총 세 분의 교수님들과 세 개의 랩(lab)실에서 온 학생들이 지켜보는 가운데 석사학위 프로포절 논문 심사가 시작되었다. 당일 오전에 다른 랩실의 프로포절 심사를 지켜보면서 진행 순서를 익히고 발표 형식도 익혀서 왔지만, 내 인생 처음 받는 석사 논문의 프로포절 심사이다 보니 생각보다 떨렸다. 논문 주제의 배경 및 목적, 이론적 배경, 연구 설계 및 분석, 그리고 유의미한 결론을 요약해서 발표하는 프로포절 심사는 내 논문 연구의 의미를 밝히고, 이에 대한 교수님들의 제기되는 의문에 답을 하며, 내 논문을 더 바람직한 방향으로 나아가게 하는 심사다. 그러나 학위 논문을 심사하는 만큼 그 무게감은 무거웠고, 우리는 숨죽이며 동기들의 발표를 듣고 있었다. '교수님들은 나의 논문에 도움을 주시려고 하시는 거야. 그러니 주눅 들지 말고 잘 설명해드리자' 혼자 계속 이렇게 되뇌며 발표장 앞에 섰다. 준비한 PPT를 사용해서 발표를 진행했고, 통계 과외 선생님의 도움으로 통계에 대한 방어도 혼자 잘할 수 있었다. 이렇게 교수님들의 심사 조언을 반영하고, 지도 교수님의 지도하에 드디어 심사를 무난하게 통과할 수 있었고, 모든 대학원생의 숙원인 석사학위 논문을 발행하게 되었다. 인하공업전문대학교 항공운항과 졸업식 때 부모님을 모시지 않았던 것이 계속 내 마음에 무겁게 자리 잡고 있어서 석사 졸업식에는 부모님을 학교에 모셔서 같이 사진도 찍고 식사도 했다. 누구보다 좋아하시는 부모님을 보면서 나의 성장이 부모님에게는 효도일 수 있겠다는 생각도 들었다.

주경야독(晝耕夜讀)으로 일하면서 대학원을 졸업한다는 꿈은 생각보다 쉽지 않았다. 무엇보다도 비행 스케줄이 학사일정과 맞지 않아서 여러 번의 위기를 맞았지만, 그럼에도 불구하고 교수라는 꿈을 향하여 나아가며 우여곡절 끝에 석사학위를 받았다. 석사학위라는 결과도 중요했지만, 비행과 수업을 겸행하는 과정에서 힘들고 괴로운 일정과 그로 인한 심정을 안으로 삭이는 가운데 내면적으로 성장하는 과정이 소중했다. 석사학위는 내가 더 큰 꿈을 이루기 위한 일종의 활주로 같은 도약대였다. 더 멀리 날아가기 위해서는 더 넓고 긴 활주로가 필요하듯, 나의 더 큰 꿈을 이루기 위해 일하면서도 배움의 끈을 놓지 않아야겠다는 다짐을 했다. 이처럼 나는 꿈만 꾸는 것이 아니라 그것을 이루기 위해서 현실적으로 극복해야 할 장애물을 넘어서고, 더 큰 목표를 달성하기 위해 꿈 너머로 비행을 꿈꾸며 실행하고 성취해나가고 있었다.

✈

여름

헬스 트레이너,
부캐를 계획하다

    승무원에게 운동은 떼려야 뗄 수 없다. 운동하는 이유는 많지만, 나에게는 나잇대에 따라 운동의 이유가 달랐다. 그러나 중요한 것은 10대부터 30대가 될 때까지 운동은 항상 친구처럼 내 곁에 있었다는 것이다. 환갑이 넘은 지금도 매일 운동을 하며 6시간씩 거뜬히 등산을 하시는 엄마는 내게 어렸을 때부터 "건강한 몸에 건강한 마음이 깃든다"라고 말씀하셨다. 그래서 나는 중학교 때부터 검도를 배웠다. 엄마는 재혼가정에서 자라는 내가 혹여나 학창 시절에 나쁜 길로 빗나갈까 봐 손수 검도 학원에 나를 데리고 가서 관장님께 잘 부탁드린다고 말씀하시며 운동을 시켰다. 엄마는 내가 안 좋은 감정을 운동을 통해 풀고 승화시키기를 바라셨고, 일진과 같은 불량 학생들에 대항해서 스스로를 지킬 수 있는 힘을 기르기를 바라셨다. 그래서 운동은 그렇게 나와 함께했고, 지금도 나에게는 고마운 친구다. 운동은 시간이 나면 하는 선택 사항이 아니라 시간을 내서 의도적으로 매일 반복해야 하는 일상적 습관이다. 운동은 한 사람으로 거듭나기 위해 밥 먹듯이 매일 습관적으로 반복하는 소중한 내 일상의 일부다. 밥을 먹지 않고 하루를 살 수 없듯이, 운동하지 않고 하루를 지낼 수 없다. 이처럼 운동은 중요한 일을 다 하고 남으면 하는 여가 활동이 아니다. 운동은 내 꿈과 목표를 이루는 데 필요한 절대조건이다.

일반승무원일 때 운동은 자기관리의 필수 요건이다

"아니 지금 몇 신데 운동을 가? 뉴욕에서 왔으면 좀 쉬어야지. 안 힘들어?" 수화기 너머로 친한 동기가 나에게 물었다. 시계를 보니 오후 11시를 가리키고 있었다. 나는 "야, 나 오늘 기내에서 매 식사 때마다 투앙 했어(앙뜨레 두 개 먹었어). 지금 완전 후회 중이야. 지금 이대로 잤다간 살찔 거야"라고 말했고, 동기는 "진짜 체력 하나는 대단해~ 조심히 다녀와"라고 말하며 전화를 끊었다. 뉴욕에서 인천으로 오는 만석 비행기에서 몸이 힘들어서인지 서비스 끝나고 매 식사 때마다 승객들에게 제공하는 앙뜨레를 두 개씩 먹었다. 비상식량으로 사용되는 기내 앙뜨레는 일반식보다 열량이 높다. 그래서 가능한 한 기내에서 앙뜨레를 잘 안 먹으려고 애를 써도 힘이 들면 그런 생각을 못 하고 흡입하게 된다. 다음 날은 당장 소개팅이 있는데, 이렇게 집에 도착해서 잠을 자면 다음 날 얼굴도 붓고 몸도 부을 것만 같았다. 그래서 운동복으로 갈아입고 집 근처 24시간 운영하는 헬스장으로 갔다. 그렇게 트레이드밀에서 좋아하는 드라마를 틀어놓고 2시간을 빨리 걷고 집에 왔다. 그제야 땀과 함께 앙뜨레의 죄책감도 배출되고, 가벼운 마음으로 샤워를 하고 잠이 들었다.

어느 날은 같이 비행하는 사무장님께서 "우진 씨, 유니폼 치수 바꿔야겠어요. 유니폼이 몸에 너무 꽉 껴서 보기 좋지 않아요"라고 말씀하셨다. 내가 카타르항공에서 일할 때, 해외에서 대한항공 유니폼을 입은 승무원들을 보면 너무 예쁘다고 생각했고, 동료 승무원들도 대한항공 승무원들이 백조 같다고 감탄하곤 했다. 그런데 이렇게 예쁜 유니폼이 살이 찌면 몸매를 적나라하게 드러나게 하는 단점이 있다. 얼마 전에 상위클래스 서비스 교육을 수료하고 비즈니스에서 서비스를 시작했다. 트레이 하나로 제공되는 일반석 식사와 달리 비즈니스 클래스 서비스는 식사가 코스로 제공된다. 메뉴 선택에 있어서도 빵 종류가 네 가지, 메인 요리도 종류가 네 가지, 디저트도 치즈 포함 종류가 세 가지로 다양했다. 나에게는 승객들에게 서비스다운 정식 서비스를 제공한다는 즐거움도 있었지만, 그 많은 음식을 맛볼 수 있다는 즐거움도 컸다.

특히 상위클래스 교육을 막 마치고, 현장에 투입된 나에게 같이 일하는 언니들은 서비스 제공자가 본인이 제공하는 음식의 맛을 알아야 제대로 된 서비스를 할 수 있다며, 승객 서비스가 끝나고 남은 음식들을 맛보라고 챙겨줬다. 그래서 주는 대로 맛있게 다 먹다 보니 내 유니폼 사이즈가 꽉 끼는 사태가 발생한 것이다. 유니폼 치수를 늘리느냐, 다이어트를 하느냐의 기로에 서게 되었고, 나의 자존심은 다이어트를 하기로 결정 내렸다. 파리에 도착해서 2박 3일 동안 극단의 다이어트를 하기로 했다. 우선 공항 마트에 가서 토마토, 당근 주스, 바나나를 양껏 사 왔다. 염분을 제거한 야채와 과일로만 섭취하고, 단백질 파우더로 단백질을 보충하면서 24시간 운영하는 호텔 짐(Gym)을 하루에 세 번 가기로 했다. 아침에 일어나서 공복으로 유산소 1시간을 하고 간단히 음식을 먹고, 허기지면 물을 마시고 점심에 다시 짐에 가서 좋아하는 드라마를 보면서 또 유산소를 했다. 그리고 같은 식단을 챙겨 먹고, 다시 저녁에 또 호텔 짐에 가서 운동하고 간단하게 먹고 잠을 많이 잤다. 이렇게 파리에서 2박 3일을 보내고 나니 3kg가 빠져 있었고, 파리에서 한국에 들어오는 비행에서 넉넉해진 유니폼을 확인했다. 파리로 향하는 비행에서 유니폼 치수를 바꾸라고 말씀하신 사무장님은 한국으로 향하는 비행에서 "우진 씨, 진짜 독하네. 가장 좋은 성형이 다이어트라더니 유니폼도 넉넉해지고 얼굴도 예뻐졌다"라고 말하며 엄지척을 날려주셨다.

10대에 운동으로 길러진 체력 덕분에 20대를 잘 버틸 수가 있었고, 나에게 20대 중반의 운동은 주로 아름다움을 위한 자기관리로서의 운동이었다. 어느 때보다 미(美)에 관해 민감하고 관심이 많은 나이다 보니 운동은 예쁜 모습과 유니폼 핏 유지하는 데 큰 역할을 했다. 이렇게 운동으로 인해 다져진 외형과 미는 객실 서비스를 할 때 자신감을 가져다줬고, 승객들과 동료들의 평가도 긍정적으로 가져다주는 결정적인 동인이 되었다. 특히나 외모와 품위 유지를 하나의 자질로 여기는 서비스직에서 운동은 자기관리의 하나로 여겨지며 회사에서도 장려되고 있다. 이러한 측면으로 나는 20대의 여성들에게 꼭 운동하는 습관을 들이기를 당부하고 있다. 자기관리에 실패했다는 대표적인 증표는 몸 관리에 실패하는 일이다. 더 나아가 승무원으로서도 고객의 마음관리는 물론, 시간과 일정관리, 직무평가관리, 위기관리는 바로 자기관리에서 시작된다.

부사무장일 때 운동은 멘탈을 잡아주는 친구다

"오 사무장은 영어 말고 할 줄 아는 게 없네. 영어로 진급했나 봐"
경력직 승무원으로서 남들보다 다소 이른 부사무장 진급으로 인해 아직 업무 역량이 부족하다고 나를 평가 내린 팀장님은 나의 업무에 항상 불만이 가득하셨다. 어느덧 부사무장으로 진급한 지 3년이 지나 벌써 또 사무장 진급 대상이 되어 있었다. 물론 나도 아직 사무장 진급을 하기에는 다소 나의 실력이 부족하다는 것은 알고 있었지만, 진급의 적합성은 회사가 판단하는 것이고, 우선은 사무장 진급을 위해 내가 할 수 있는 최선을 다하고 싶었다. 그러나 내가 어학 자격을 따고 진급에 욕심을 보일수록 팀장님은 나를 더욱 인정하지 않으셨다. 모든 팀원이 팀장님이 나를 좋아하지 않는다는 것을 다 눈치챌 정도로 웃으며 나에게 무안을 주는 분이셨다. 팀장님이 나를 힘들게 하는 이유를 나는 너무 잘 알고 있었지만, 그렇다고 그녀가 원하는 것을 해주지는 않았다. 그녀는 나에게 웃으며 자신의 비위를 맞추며 사회생활을 하기를 원했다. 그러나 나는 진급 때문에 그녀에게 억지로 웃으며 사회생활을 하고 싶은 생각이 조금도 없었다. 나도 내 판단으로 팀장으로서 리더 자격이 없다고 판단되면 인정하지 않는다는 원칙이 있었고, 나는 그녀가 리더로서 자격이 없다고 판단했다.

이렇게 내가 그녀가 원하는 것을 맞춰주지 않을수록 그녀의 괴롭힘은 더욱 심해졌다. 나를 괴롭히는 것이 더 이상 효과를 발휘하지 않자 이제는 나와 함께 일하는 후배들을 괴롭히기 시작했다. 그래서 또 주니어들 사이에는 오우진 부사무장님과 일하면 팀장님한테 엄청 깨질 각오를 해야 한다는 말이 돌았다. 나를 괴롭히는 것은 괜찮았지만 나와 함께 일하면 힘들어진다는 무언의 진실이 나를 너무 힘들게 했다. 그래서 나는 팀 비행을 안 가기로 했다. 그래서 팀 비행이 있으면 무조건 편조(승무원의 스케줄을 관리하는 부서)에 전화해서 승무원이 필요하면 힘든 비행도 상관없으니 나를 먼저 불러 달라고 사정을 했다. 그때 나의 스트레스는 극에 달했고, 나는 거의 울면서 편조에 전화했다. 그렇게 팀 비행을 피해 다니다가 오랜만에 팀 비행을 하게 되었다. 마음을 단단히 먹고 비행을 갔지만 예상했던 시나리오들이 펼쳐졌고, 나는 애써 멘탈을 잡고 비행을 끝마쳤다. 그리고 LA 호텔에 도착하자마자 울분과 화를 참지 못하고 운동복으로 갈아입고 신나는 노래를 들으며 호텔 짐(Gym)에서 미친 듯이 트레이드 밀을 달렸다. 그랬더니 가슴이 뻥 뚫리는 시원함이 느껴졌다. 그때의 느낌을 잊지 못하고 나는 언젠가부터 비행 스트레스가 쌓이면 신나는 음악을 듣고 트레이드 밀을 달리기 시작했다. 운동은 업무로 받은 스트레스를 건강하고 행복하게 극복하는 청량제나 다름없었다.

"전원이 꺼져 있어 삐 소리 후 소리샘으로 연결되오며 통화료가 부과됩니다" 오늘 비행을 다녀오면 보기로 한 남자친구에게 공항버스에서 전화를 걸었는데 전화를 받지 않았다. '무슨 일이 있나 보네' 하고 1시간 후 집에 도착해서 또 전화를 걸어봤지만 계속 같은 멘트가 수화기 너머로 들려왔다. 이상한 느낌이 들었다. 1시간 간격이 30분으로, 30분 간격이 10분으로, 10분 간격이 5분으로 줄어들면서 계속 전화를 걸었다. 계속 받지 않았다. 그래도 준비를 하고 정해진 시간에 만나기로 한 약속 장소로 나가서 남자친구를 기다렸다. 2시간을 기다리다 집에 왔다. 불안해지기 시작했다. 잠을 거의 자지 못하고 다음 날 아침 남자친구 집 앞으로 찾아갔다. 가슴이 너무 뛰어 견딜 수가 없었다. 그리고 집 앞에서 외박하고 들어오는 남자친구를 마주쳤다. 생각보다 침착한 남자친구는 "회사에 일이 생겨서 연락할 수가 없었다며 내일 예정된 비행을 갔다 와서 보자"라고 했다. 그렇게 헤어지고 다음 비행을 다녀와서 남자친구와 이야기를 나눌 수 있게 되었다.

그는 우리가 이렇게 된 것은 자신이 결혼 이야기를 할 때 내가 결혼에 대해 소극적이었고 속을 알 수 없게 행동해서 그렇다고 말했다. 그리고 지금은 회사에 안 좋은 일이 생겼으니 회사 일이 정리되는 대로 연락할 테니 그때까지 기다려달라고 했다. 나는 남자친구를 믿는다고,

연락 기다리겠다고 말하고 집에 돌아왔다. 그렇게 기약 없는 기다림이 계속되었다. 끝맺음이 지어지지 않은 관계 속에서 나는 상상의 나래를 펼치기 시작했고, 자책과 미움을 반복하며 그래도 그의 연락을 기다렸다. 더 이상 연락하면 혹여나 일에 방해가 되고, 내가 싫어질까 봐 연락하고 싶은 것도 꾹꾹 참았다. 비행을 가도 비행을 하는 게 아니었고, 거의 정신을 못 차린 채 하루하루를 보냈다. 그리고 한 달이 지나서 그를 소개해준 선배에게 전화가 왔다. "우진아, 알고 있었어? ○○, 오늘 결혼했대"라는 말을 들었고, 나는 그때 내 삶이 무너지는 것을 느꼈다.

부모님의 이혼과 재혼을 봐오면서 나에게 결혼은 너무 하고 싶은, 그러나 동시에 가장 두려운 것이었다. 그래서 그가 결혼 생각을 내비쳤을 때 사실 조금 뒷걸음질치면서 내 마음을 솔직하게 표현하지 못했다. 그래도 결혼한다면 그와 하고 싶다고 생각하고 있었다. 우리는 속도의 차이가 있었다. 그는 그때 급한 속도를 내고 있었고, 나는 조금 천천히 가고 싶었다. 내 가족의 배경으로 생긴 나의 두려움이 이 관계를 다 망쳐버린 것 같았다. 그때부터 나는 와르르 무너졌다. 애써 덮어놓고 지냈던 내 가정의 불화와 부모님에 대한 원망이 시작되었다. 걷잡을 수 없이 무너지면서 나는 급기야 심리 상담소를 방문해 전문가의 도움을 받았다. 10여 차례 상담을 통해 심리적 고통의 발단은 이별이었으나 근본은 내 자신의 문제라는 것을 알게 되었다. 시간이 흐른 후, 나는 다시 일어날 수 있는 힘이 생겼고, 그때부터 나는 내 두 발로 일어서기 위해 달리고 또 달렸다. 그리고 무너진 마음을 일으키기 위해서 몸을 일으켰다. 몸을 많이 쓰니 배가 고파 먹기 시작했고 힘들어서 잠도 자기 시작했다. 그렇게 비행이 없는 날은 6시간씩 운동했다. 그리고 처음으로 바디 프로필 촬영을 했다. 무언가를 해낸 경험이 나에게 성취감을 가져다줬고, 그 과정에서 운동이 내 옆에 친구처럼 있어줬다. 다행히도 어렸을 적 엄마가 심어준 '몸과 마음이 하나'라는 생각이 나를 버티게 해줬다. 나는 무너진 마음을 잡기 위해 운동을 찾았고 운동은 나를 일으켜 세워줬다.

직장에서 받는 스트레스와 이별 후의 스트레스와 같은 상황은 우리가 받는 심리적 고통 중 가장 치명적으로 삶에 악영향을 미칠 수 있다. 그러나 동일한 상황에서도 대응 방식에 따라 스트레스를 극복해서 더 활짝 꽃피우는 사람이 있는가 하면, 지울 수 없는 상처로 남겨 움츠러드는 사람이 있다. 스트레스는 건강한 방식으로 대응해야 한다. 나는 그중 운동을 통해 극복하기를 추천한다. 술을 마시거나 먹는 것으로 푼다면 극복이 아닌 그저 잠시 밀쳐내기밖에 될 수 없다. 이왕이면 생산적이고 다음 날에도 선순환을 시켜줄 수 있는 운동을 대응 방식으로 택해 마이너스 감정을 끊어내기를 바란다.

사무장일 때 운동은 N잡러가 되기 위한 투자다

바디 프로필을 찍고 나니 사람들이 나에게 운동에 대해 이것저것 물어보기 시작했다. 또한, 팀원들도 해외 스테이션에 가서 같이 호텔 짐(gym)에 가서 운동하기를 원하거나 나에게 운동 방법 등을 물어봤다. 운동이 귀찮아서 안 가려는 팀원들이 있으면 나는 장난으로 "회원님, 이러시면 곤란해요. 먹기 전에 운동하셔야죠"라고 하면서 하기 싫다는 팀원들을 이끌고 운동을 갔다. 나는 바디 프로필을 찍는 동안 먹는 것도 자제하고, 시간도 엄격하게 관리하면서 하루를 통제하고 두 달 동안 나만의 규칙을 지켜나가며 다시 삶의 통제력을 회복해나갔다. 이렇게 운동을 통해 삶의 통제력을 회복한 나에게 운동은 어느 순간 삶의 근간이 되었다. 그래서 해외 스테이션을 가면 일어나자마자 양치만 하고 바로 호텔 짐에 가서 운동하고 나서 아침 조식을 먹기 시작했다. 한국에서도 오피스텔 지하에 헬스장이 있어서 일어나면 양치만 하고 바로 지하 헬스장에 가서 땀을 내고 씻은 후 하루를 시작했다. 이렇게 운동은 나의 삶의 뿌리처럼 나를 잡아주는 역할을 하고 있었고, 나는 점점 운동의 정신적 효과 및 일상에 미치는 영향에 매료되기 시작했다. 이제 운동은 일과 중에 빼놓을 수 없는 나의 하루 습관이 되었다. 운동하지 않는 하루를 상상할 수 없을 정도로 운동은 내 삶의 에너지를 유지시켜주는 자양강장제나 다름없다.

사무장으로 진급하고 난 후, 나는 큰 결단을 내렸다. 두 달 동안 병가를 내기로 한 것이다. 사무장으로 진급하기 전에는 하루도 병가를 낸 적 없이 근태관리가 확실했던 나였지만, 내가 목표로 한 사무장으로 진급하고 나니 더는 진급 욕심이 생기지 않았다. 그래서 두 달의 병가 기간 동안 운동을 제대로 배워서 제2의 직업으로 삼고 싶다는 생각을 했다. 우선 두 달 안에 헬스 트레이너가 되기 위해 필요한 문화체육관광부에서 주관하는 2급 생활스포츠지도사 자격증을 따고, 동시에 피사프코리아에서 주관하는 국제퍼스널트레이닝 자격증을 취득하기로 했다. 그렇게 야심 찬 계획을 세우고 나는 또 시험에 몰입했다. 국가시험인 생활스포츠지도사 시험은 필기시험, 실기 및 구술시험, 연수 그리고 실습 과정으로 상당히 길고 쉽지 않은 시험이다. 또한, 필기시험으로 스포츠사회학, 스포츠심리학, 운동생리학, 운동역학, 스포츠윤리 다섯 과목을 공부해야 했고, 나에게는 오직 한 달이라는 시간이 주어졌다.

한국의 학원 시스템은 엄청나서 이 자격증 시험을 위해서도 학원이 존재했다. 나는 시간 싸움이라는 것을 알기에 쉬는 동안 학원에 등록해서 인터넷 강의를 들으면서 핵심만 집중해서 시험 준비를 했다. 효율적으로 공부한 덕분에 필기는 무난히 합격했고, 실기시험을 위해서는 오프라인으로 수업을 들었다. 실기시험은 중앙대학교에서 시행되었고 체육학과 교수님께서 운동 명을 말하면, 나는 동작을 시연하면서 말로 구술하고 동작 시 주의해야 할 사항 등을 말하는 방식으로 진행되었다. 이렇게 실기까지 끝내고, 이어서 중앙대학교에서 진행되는 66시간의 연수 과정도 잘 마무리했다. 마지막으로 현장인 헬스장에 가서 3일 동안 실습하며, 장장 6개월 동안의 자격증 취득을 잘 마무리할 수 있었다. 동시에 피사프코리아라는 사설 단체에서 주관하는 국제 퍼스널트레이닝 자격증을 취득하고자 등록했다. 국제퍼스널 자격증이다 보니 근육 명칭을 포함해 모든 용어가 다 영어로 되어 있어서 많이 힘들었지만, 헬스장에서 회원을 가르칠때 사용할 수 있는 동작의 원리와 방법을 제대로 배울 수 있어서 너무 재미있었다. 이렇게 두 달을 알차게 보낸 후 나는 운동을 취미 이상인 직업으로 갖고자 조금씩 준비하게 되었다.

어렸을 때부터 엄마가 말씀하신 '건강한 몸에 건강한 마음이 깃든다'라는 이 하나의 작은 씨앗이 내 마음 깊숙이 자리 잡아 살아가면서 싹을 틔우고 자라고 있었다. 그래서 업무 스트레스 해결도 나는 운동에서 답을 찾았고, 삶이 무너짐을 느낄 때도 나는 운동에서 답을 찾았으며, 운동은 그렇게 내 옆에서 친구처럼 함께해줬다. 운동이 몸에 미치는 영향뿐만 아니라 마음에 미치는 영향에 주목하면서 나는 운동의 심리적 측면을 20대 친구들에게 알려주고 싶다는 생각을 했다. 그렇게 나는 운동을 통한 마음과 몸의 균형을 사람들에게 알리기 위해 '마인드 & 바디 밸런스'를 줄여서 '마바밸'이라는 이름으로 상표등록을 마쳤다. 그리고 이러한 메시지를 알리기 위해 책을 집필하기로 마음먹고 실행에 옮겼다. 이제는 운동이 취미를 넘어 직업으로 자리하게 하려고 나는 한 단계, 한 단계 내가 할 수 있는 범위에서 실천으로 옮기고 있었다. 스티브 잡스(Steve Jobs)의 "Connect the dots(점을 연결하라)"라는 말을 나는 좋아한다. 내가 배우고 내가 익힌 이 작은 일들이 나중에는 서로 연결되어 새로운 형태를 만들어낼 수 있다는 그 가능성이 나는 너무 좋다. 그래서 친구들이 왜 그렇게까지 운동에 몰입하느냐고 물으면, "나중에 다 어떻게든 연결될 수 있어"라고 말한다. 나는 후에 승무원이라는 직업과 운동의 연결성을 알리고 전도하는 사람이 되어 있을 수도 있다.

요즘 사람들은 '본캐(본래 캐릭터)'와 '부캐(부 캐릭터)'라는 용어를 사용하며, 두 가지 직업을 갖는 것이 일반화되고 있다. 따라서 우리는 본업을 가지고 자신이 좋아하는 취미를 전문가 이상으로 습득해서 부업으로 가질 가능성과 본업과 부업의 연결성까지도 생각해봐야 한다. 스스로 자신의 삶을 다채롭게 만들며, 자신만의 색깔과 향을 낼 줄 아는 어른이 되기를 바란다. 스티브 잡스와 비슷한 맥락에서 윌리엄 워즈워스(William Wordsworth)도 '시간의 점(Spot of Time)'이라는 말을 남겼다. 시간의 점이란, 내가 살아가면서 내 몸에 각인된 직간접적인 경험의 흔적을 말한다. 운동을 통해 내 몸이 느낀 감각적 깨달음의 흔적, 사람을 만나면서 상처받거나 의외의 행복한 순간을 맛봤던 추억, 여행을 하면서 만난 경이로운 자연의 경관 앞에서 나도 모르게 터져 나오는 감탄사, 책을 읽으면서 만나는 내 삶을 흔드는 문장을 통해 깨달은 각성의 얼룩과 무늬들이 모두 '시간의 점'이다. 스티브 잡스의 '점을 연결하라'는 말과 윌리엄 워즈워스가 말하는 '시간의 점'은 모두 살아가면서 직간접적으로 경험한 모든 흔적이 점이 된다는 말이며, 그런 점의 연결과 축적이 결국 한 사람의 인생을 저마다의 스토리로 엮어나갈 수 있다.

사무장, 퇴사를 준비하다

부사무장 진급 때도 그랬고, 사무장 진급에서도 나는 첫 진급 대상일 때 진급을 하지 못했다. 앞서도 말했지만 나는 모든 것을 한 번에 갖지 못한다는 것을 스스로 잘 알기에 첫 진급 실패 후에도 아무 흔들림 없이 다음 진급을 준비하기로 했다. 한 번에 안 되면 그 원인이나 이유를 분석해서 다음에 다른 방법으로 도전하는 방법을 알게 되었다. 승승장구하면서 성공하는 인생도 필요하지만, 때로는 우여곡절을 겪으면서 돌아가는 길이 빠른 길일 수도 있다. 한번 실패하면 자세를 낮추고 실패 원인을 분석하면서 동일한 실패가 반복되지 않기 위해 무엇을 어떻게 해야 하는지를 성찰하는 공부를 하게 된다. 이런 공부야말로 학교에서도 배울 수 없는 소중한 인생 공부다. 그렇게 나는 직장에서 인생 공부를 하면서 두 번째 사무장 진급에 올인하기로 했다.

칭송왕이 되다

우리가 고객에게 제공하는 서비스는 무형성이라는 중요한 특성을 가지고 있다. 즉, 서비스 제공자는 고객에게 물건을 만들어 파는 사람들이 아니라, 고객의 경험을 통해 기억을 만들어내는 사람들이다. 그 기억이 긍정적이면 고객 만족으로 이어지고, 고객은 서비스에 대한 좋은 기억을 갖고 비행을 종료하는 것이다. 그러한 서비스 제공자에 대한 좋은 기억이 칭송할 만하고 다른 사람에게 알리고 싶을 정도의 가치가 있다고 판단되면, 고객은 기꺼이 자신의 시간을 내어 회사 홈페이지의 VOC(Voice Of Customer), 즉 고객의 소리 란에 글을 남긴다. 서비스인으로서 고객의 칭송은 자신의 서비스에 대한 고객의 인정이며, 자신과 직업에 대한 자부심을 고취시킨다는 점에서 큰 의의가 있다. 또한, 이러한 고객의 칭송은 승무원의 직무성과 평가 시 중요하게 반영되는 요소 중 하나다. 성과 평가 시에는 모든 역량이 수치로 표시되기 때문에 칭송 레터의 개수에 따라 직무평가표의 하위 항목 중 비행근무 칭송/불만 관리 항목에 S, A, B, C, D라는 등급이 매겨진다. 매달 말 회사에서는 팀별로 칭송 레터를 받은 승무원과 칭송 레터 수를 엑셀로 정리해서 공지했고, 승무원들은 그 표를 통해 자신의 칭송 현황을 알 수 있다.

언젠가 비행 전에 그달의 칭송 현황이 팀별로 엑셀로 정리되어 승무원에게 공지되었고, 나는 그달에 또 세 개의 칭송을 받았다. "오 사무장, 이번 달에도 세 개를 받았네. 칭송 비결이 뭐야?" 함께 비행을 가는 부팀장님께서 격려해주시며 매달 칭송을 받는 비결을 물으셨다. 마종

하 시인의 〈딸을 위한 시〉를 보면, 한 시인이 어린 딸에게 말을 하는 내용을 담고 있다. 시인은 착한 사람도, 공부 잘하는 사람도 되지 말고, 관찰하는 사람이 되라고 한다. 겨울 창가의 양파는 어떻게 뿌리 내리는지, 사람은 언제 웃고, 언제 우는지를. 그리고 학교에 가서 도시락을 안 싸온 아이가 누구인가를 살펴서 함께 나누라고 한다.

나는 이 시 속에 답이 있다고 말하고 싶다. 칭송 비결은 비행기에 타서 승객들을 눈으로 보는 것이 아니라 마음으로 관찰하는 것이다. 그리고 내 도움이 필요한 승객이 누구인지를 살펴서 그에게 그 순간에 필요한 것을 제공하고 나누는 것이다. 관심과 애정을 갖고 관찰해야 통찰이 따라온다. 고객에 대한 통찰도 결국 고객을 관심을 가지고 유심히 관찰해야 나온다. 고객의 행동은 물론, 표정까지도 읽어내면서 내면의 욕망에 파고들어야 고객 만족을 넘어 고객 감동을 불러오는 서비스를 제공할 수 있다.

제주도로 가는 국내 비행이었다. 행복해 보이는 모녀 둘이서 여행을 가는 것 같았다. 비행기에 타서 딸이 엄마에게 비행기 탄 것을 기념으로 사진을 찍어주겠다고 했다. 그리고 딸은 엄마의 사진을 찍어주고 있었다. 그 모습을 옆에서 보고 있던 나는 그들에게 다가가 "손님, 두 분 같이 찍어드릴까요? 함께 찍은 사진이 있으면 더 기억에 남으실 것 같아서요"라고 말을 건넸고, 딸은 "아, 정말요? 바쁘실 것 같아서 말씀 못 드렸는데…. 감사합니다"라고 말하며, 너무도 행복한 표정으로 추억을 카메라에 담아가셨다. 그리고 "저는 아직 저희 어머니랑 단둘이 여행을 못 가봤는데. 어머니 너무 좋으시겠어요? 따님이 정말 효녀시네요. 평생 추억으로 남을 것 같아요. 즐겁고 건강히 여행 잘 다녀오세요"라고 나의 진심을 말로 표현했다. 그리고 나는 이 따님에게 기대치도 못한 칭송을 받았다. 칭송 편지에서 따님께서는 사실 친구들은 엄마와 해외여행을 가는데, 자신은 제주도 여행밖에 시켜드리지 못해 미안함을 갖고 여행을 떠났는데 승무원의 그 따뜻한 한마디가 자신을 위로했으며, 사진을 먼저 찍어주는 작은 행위가 행복한 여행을 시작하게 해줬다는 것이다. 이러한 서비스는 정말 너무 소소한 것이지만, 그 순간 그 승객에게는 결코 소소하지 않았던 것이다. 이처럼 승객들을 눈으로 그저 보는 게 아니라 마음으로 관찰하면 그들의 필요가 느껴진다. 그리고 제공하는 서비스에 따뜻한 말 한마디를 덧붙이면 되는 것이다.

한번은 하와이로 가는 비행기 안이었다. 승객 탑승이 완료되고 이륙 후 식사 서비스를 시작했다. 내 서비스 Zone에 창가좌석에 앉은 50대 여성이 있었는데, 첫 번째 식사를 하지 않으시겠다고 해서 나중에 필요할 때 말씀해주시면 언제든 식사를 제공해드리겠다고 했다. 그렇게 첫 번째 서비스가 끝나고 승객 휴식 시간이 이어졌다. 기내 불을 다 끈 상태에서 내 담당 Zone을 걸어다니며 승객 상태를 살펴보고 있었다. 그런데 그 창가에 앉은 여성이 조용히 계속 눈물을 흘리고 있었다. 그녀의 눈물의 무게감을 느꼈기에 쉽게 다가가 무슨 일이냐고 묻지를 못했다. 그래도 계속 마음이 쓰였고, 그 승객을 위해 무엇을 할 수 있을지 고민하다가 약간의 티슈와 따뜻한 물에 레몬을 띄워 그녀에게 다가갔다. "손님, 따뜻한 물 한잔 드시겠습니까?"라고 조심스럽게 권했고, 그녀는 고개를 끄덕이며 감사의 인사를 하고 물컵과 티슈를 가져가셨다. 그리고 두 번째 아침 식사가 시작되었고, 나는 그녀에게 "첫 번째 식사를 하지 않으셔서 마음이 쓰였습니다. 따뜻한 죽을 드시면 기운이 생기고 마음이 좀 편안해지실까 해서, 죽을 준비해왔는데 죽을 드셔보시는 것은 어떨까요?"라고 조심히 말을 건넸다. 그녀는 입가에 옅은 미소를 지으시고 "네, 그럴게요. 고마워요"라고 말씀하셨다. 힘이 없는 손님에게 무언가를 해드리고 싶은 내 마음을 느끼셨는지 손님은 죽을 두 숟가락 정도 뜨셨다.

비행기는 하와이에 도착했고, 그녀가 기내 선반에 있는 큰 짐을 내리려고 했을 때 다가가서 "손님, 제가 도와드릴게요. 식사도 많이 못 드셔서 기운이 없으실 것 같아요. 일 잘 보시고 돌아오세요" 이렇게 말씀을 드렸다. 그러자 손님은 "마음 써줘서 고마워요"라며 그녀의 짐을 잡고 있는 내 손을 잡아주시고는 금방이라도 또 눈물을 흘리실 것 같은 눈으로 나를 쳐다봤다. 나도 그녀에게 마음을 담아 눈인사로 대답했다. 그녀는 이후 이 비행에 관해 칭송을 써주셨고 상황에 맞게 적절한 서비스를 해준 해당 승무원의 서비스를 칭찬한다고 하셨다. 그러면서 자신의 상황을 묻거나 많은 말을 시켰다면 너무 불편했을 것 같은데, 승무원의 따뜻한 눈빛과 과하지 않게 마음 써주는 행동이 큰 위로가 되었다고 글을 남겨주셨다. 우리는 승객의 상황에 맞게 맞춤 서비스를 해야 하는 승무원이다. 꼭 기쁨을 드리는 것만이 최상의 서비스는 아니며, 적절한 위로와 공감을 나누는 것도 서비스임을 알아야 한다. 또한, 때로는 나의 서비스가 상대에게 어떻게 느껴질지를 생각하고, 조심스러움을 보이는 태도에서 손님은 나의 배려를 알아차리고 존중받고 있음을 느낄 수 있다. 따라서 승객을 마음으로 관찰하고 따뜻한 눈빛으로 말을 건네면서 매 순간 살아 있는 서비스를 제공해야 한다.

자격증 콜렉터가 되다

부사무장 진급 시기에 토익 L/C와 R/C 모두 1급을 땄기 때문에 이제 남은 것은 토익 스피킹(speaking) 1급을 따는 것이었다. 회사에서 인정하는 토익 스피킹 1급은 190점 이상이었으나 이 점수는 영어권 국가에서 자라고 교육을 받은 친구들도 힘이 든다는 평이 있을 정도였다. 그러나 영어 회화를 공부하는 것은 나의 성장에 절대 손해 보는 일이 아니기 때문에 쉽지 않아도 도전해보기로 했다. 그렇게 강남역에 있는 YBM어학원에 유명한 토익 스피킹 수업을 들었다. 비행이 없는 날이면 학원에 와서 수업을 듣고, 수업 내용을 외우며 내 것으로 만들고자 했다. 동시에 토, 일요일마다 시행하는 토익 스피킹 시험에 한 달에 두 번은 꼭 응시했다. 이렇게 3개월을 했지만 내 점수는 계속 170점에서 머물고 더 나아지지 않았다. 이후 유명하다는 토익 스피킹 선생님 세 분에게 과외도 받아봤지만, 내 점수는 계속 180점에서 머물렀다. 그러던 어느 날, 경력직 동기가 최근에 토익 스피킹 200점을 취득했다고 하기에 나는 동기가 다녔던 종로 YBM으로 학원을 옮겼다. 포기를 모르는 나는 학원을 종로로 다니게 되면서 비행 캐리어를 끌고 버스를 타서 종로학원에서 수업을 듣다가 비행을 가는 힘든 고생을 또 하게 되었다. 어떻게든 토익 스피킹 1급을 따고 싶었으나 한 달에 두세 번 시험을 봐도 180점을 넘지 못했다. 다음 해 진급 발표를 위해서는 그해 12월까지 회사에 어학 성적을 제출해야 하는데, 벌써 10월이었고, 나는 어학 성적을 하나도 제출하지 못했다. 이제는 결단을 내려야 했다. 나는 토익 스피킹 1급 따는 것에서 바로 토익 라이팅(writing) 2급 따는 것으로 바꿨고 그다음에 중국어 HSK 4급을 따는 것으로 급하게 우회했다. 그렇게 나는 2주 정도 공부해서 토익 라이팅 2급을 취득했다.

남은 시간은 한 달 반 정도였다. 이제 영어로는 딸 수 있는 자격증이 없었기에 제2외국어로 대체하기로 했다. 지금까지 중국어 시험을 대비해본 적이 없어서 오히려 겁도 없이 도전할 수 있었던 것 같다. 시간 싸움이었기 때문에 가장 효율적인 인터넷 강의를 신청해서 공부하기로 했다. 인터넷으로 HSK 4급 강의를 신청하고, 또 그 강의를 한 달 안에 전부 듣기로 계획을 세웠다. '물'이라는 단어부터 시작해서 모든 단어를 다 중국어로 새롭게 외워야 했다. 4급 문법은 기본적인 것만 나와서 괜찮았으나 단어 하나하나를 다 외워야 하는 것이 엉덩이 싸움이라는 생각이 들었다. 그렇게 나는 또 손바닥만 한 단어장을 만들어서 집에서 공항으로 향하는 공항버스 안에서, 비행기 안에서, 해외에 나가 호텔 가는 버스 안에서, 호텔에서, 정말 미친 듯이 단어를 외우기 시작했다. 그날도 비행을 마치고 집으로 가는 공항버스 안에서 책을 펼쳐놓고, 연습장을 꺼내 한자를 쓰면서 단어를 외우고 있었다.

저녁 무렵이라 공항버스에 있는 독서등을 켜고 공부하고 있는데, 옆좌석에 앉은 노신사가 내 모습을 보고 "승무원님, 진급 때문에 이렇게 공부하는 거죠?"라고 물었다. 나는 "아, 네, 맞아요. 내년에 회사 진급을 해야 해서요"라고 대답했다. "힘들죠? 회사 생활을 하는 게"라고 말씀하셨고, 나는 그 질문을 듣고 잠시 멈칫하며 "네, 정말 힘드네요. 혼자 수영을 하고 앞으로 가려는데 자꾸 파도가 제 얼굴을 덮치는 느낌이에요"라고 버스에서 처음 만난 그 노신사분께 내 심정을 솔직하게 말해버렸다. 가끔은 살아가다가 나를 무장해제시키는 사람을 만나곤 한다. 나는 이것을 '하늘에서 보내주는 천사'라고 이름 지었는데, 〈EBS 직업탐구〉속 승무원이나 호주에서 만난 할머니가 그러했다. 가끔은 나에게 삶에서 필요한 무언가를 느끼기 위해 하늘이 천사를 내려주는 것 같은 느낌을 받는다. 그것은 아마도 그 사람의 삶의 깊이에서 나오는 에너지와 삶의 고난을 스스로 극복해본 힘에서 나오는 것 같다. 그는 삼성에서 임원까지 하셨던 분이고, 그래서 직원들의 고충을 잘 알고 있다고 하셨다. 그렇게 나는 그날 처음 만난 사람과 내 마음을 공유하며 내릴 때까지 많은 이야기를 나눴고, 그 노신사분은 "힘든 걸 겪어본 사람은 말의 힘과 깊이가 달라요. 승무원분에게는 그런 힘이 느껴지네요. 그러니 지금처럼 묵묵히 잘 해내세요. 그리고 내년에 승무원님은 꼭 진급할 거예요"라고 성함도 모르는 그분은 나에게 용기를 주시고 버스에서 내리셨다.

왜 그렇게 진급에 집착하냐고요?

그 버스에서 만난 노신사분의 말처럼 나는 다음 해에 사무장으로 진급했다. 칭송도 많이 받고, 어학 자격을 세 개 취득하고, 타 팀 비행 평가에서 S를 받은 나에게 사람들은 진급 욕심이 엄청나다고 말했다. "우진 씨, 그러다 L1까지 가겠어"라고 말하는 언니들에게 손사래를 치며 "아니에요. 저는 사무장 이상 욕심 없어요"라는 의사를 밝혔다. L1의 L은 Left의 약자로, 비행기의 왼쪽 첫 번째 문으로 함께 비행하는 승무원 중에 총책임자인 팀장님이 앉는 자리다. 따라서 나중에 내가 팀장이 되려고 욕심을 낼 것 같다는 말이다. 그런데 나는 사무장 이상으로 진급 욕심이 없었다. 남들 눈엔 집착처럼 보인 나의 최선은 높은 위치에 올라가려는 욕망이 아니라 내가 계획한 것을 이루려는 노력이었다. 욕망을 따랐다면 끝이 없을 것이었으나 계획을 따랐기 때문에 사무장 진급에서 '나는 충분하다'라고 느낄 수 있었다. 1억 원을 모은 사람은 10억 원을 바라보고, 10억 원을 모은 사람은 100억 원을 바라보듯 끝을 모르는 것이 사람 욕망이고 욕심이다. 이렇게 끝이 없는 욕심에 나의 잣대를 대지 않으면, 나중에는 욕심에 내가 끌려가는 상황이 발생한다. 그래서 우리는 자신만의 잣대를 지니고 삶을 통제하며, 통제권과 주도권을 잃지 말아야 한다. 대한항공에 입사하고 10년의 계획이 이루어져 가는 시점에 나는 내 삶에 대한 통제권에 대해 의문을 갖게 되었다. '나의 직업적 삶은 내가 통제하며 살고 있는가?', '나는 회사에서 주어진 한 달 스케줄에 따라 끌려다니는 삶을 살고 있지 않은가?'라는 질문이 머릿속에 맴돌 때쯤, 나는 서서히 새로운 삶을 준비하고 싶다는 생각을 하기 시작했다.

"오우진 사무장님, 스케줄 확인하셨죠? 내일 RF(Ready for Flight, 비행 미배정 자택 대기)에 파리 비행에 불리셨어요. 비행 시간 확인하시고 브리핑에 참석해주세요"라는 말이 수화기 너머로 들렸고, 나는 "저, 내일 RF에 불리면 다음 스케줄까지 변동되어 원래 스케줄상에 쉬는 날로 주어진 15일에 쉴 수가 없게 돼요. 제가 15일에 대학원에서 중요한 발표가 있어서 안 될 거 같은데요. 주어진 스케줄에 지장이 가지 않는 비행으로 불러주시면 안 될까요?"라고 물었다. 그러나 "승무원님, 저희 편조팀 담당자는 몇천 명 승무원의 개인 사정을 살피며 비행 스케줄을 배정할 수 없습니다"라는 답이 돌아왔다. 너무 맞는 대답에 나는 어쩔 수 없이 수긍했고, 대학원 과제를 같이 수행한 동기들에게 전화를 걸어 또 그 지겨운 비행 이유로 수업에 결석하게 되어 내가 맡은 발표를 할 수 없음을 이야기하며 죄송하다는 말만 연발했다. 어느 순간부터였다. 한 달 비행 스케줄에 따라 내 삶이 끌려다니는 느낌을 받았고, 그것을 더 이상 견디기 힘들어지기 시작했다. 내가 내 삶을 주도하는 것이 아니라 비행 스케줄에 따라 끌려다니는 삶을 사는 듯했다.

코로나 사태 직전에는 항공 시장의 활성화로 한 달 비행시간이 90시간을 넘었다. 또한, 한 달 비행 스케줄이 주어지고 변동이 없다면 개인적인 스케줄을 무리 없이 잡을 수 있지만, 주어진 한 달 스케줄 안에서도 지속적인 변동이 있었다. 특정 비행 편수의 승객 수가 줄어서 그에 따라 해당 비행에 배정된 승무원 수가 감축되기도 하고, 스케줄상 RF라는 코드가 붙은 날에 파리와 같은 장거리 비행에 불리면, 그 뒤의 나의 스케줄은 변경되기 일쑤였다. 친구들과의 개인 약속은 취소하면 그만이지만, 대학원 수업이나 논문지도와 같은 학사일정은 갑자기 결석을 알리는 것이 여간 죄송하고 불편한 일이 아닐 수 없었다. 내가 승무원의 직업만을 가졌다면 이러한 불편함을 많이 느끼지 못했을 텐데, 대학원 박사 과정 및 개인적인 학원 수업 등을 동시에 진행하고 있었기 때문에 계속 변동되는 비행 스케줄로 나의 개인 스케줄은 엉망이 되어갔다. 개인적으로 다닌 글쓰기 학원과 요가 수업만 해도 그랬다. 무언가를 꾸준히 배우고 싶지만, 비행이라는 스케줄로 자꾸 결석하게 되니 그로 인해 진도를 따라가지 못하는 아쉬움과 지속적인 결석으로 인한 반복되는 죄송함으로 인한 스트레스도 많았다.

비행기에서 장거리 기준으로 첫 번째 서비스가 끝나면 승객들은 각자 휴식 시간을 갖게 되고, 승무원들도 두 번째 승객 서비스 전까지 A조, B조로 나뉘어 돌아가며 승무원 휴게 장소인 벙커(bunker)에서 휴식을 취한다. 누울 수 있는 침대가 있는 벙커에서 한 2시간 정도 쪽잠을 자고 나오면, 조금 더 자고 싶은 마음이 간절하다. 휴식 후에 잘 잤냐는 후배의 질문에 "2시간 자고 일어났는데 몸이 맞은 것처럼 아파. 딱 깊이 잠들려는 순간에 일어나야 하니깐 죽을 것 같아"라고 말한 뒤, 나는 어두운 겔리에서 잠을 깨기 위해 쓴 커피를 마시며 스트레칭을 했다. 커피로 졸음을 쫓으며 앉아서 승객들을 주시하면서 나는 속으로 '이 시간이 너무 아깝다. 깨어 있는 순간에는 내 모든 시간을 좀 더 생산적인 일에 투자하고 싶다. 그리고 이제는 밤을 그만 새고 싶다'라는 생각을 했다. 이렇게 직감적으로 나는 '내게 승무원의 직업은 이제 충분하다'라는 느낌을 받았고, 내가 계획한 10년도 다다르고 있었다. 다른 사람들 눈에 내가 사무장 진급에 집착을 하는 것처럼 보일 정도로 최선을 다한 이유는 내 이력서에 '대한항공 객실 사무장'이라는 한 줄의 경력을 위해서가 가장 크지만, 또 10년 후 퇴사 계획에 맞춰 받게 될 퇴직금도 큰 부분을 차지했다. 직급에 따라 퇴직금의 액수가 달라진다는 것을 알았기 때문에 승무원 다음의 인생을 위한 자금인 퇴직금을 위해서도 사무장 진급은 꼭 필요했다. 이렇게 현실적이고 명확한 이유가 있었기 때문에 나는 사무장 진급에 최선을 다할 수 있었다.

"재능은 고독 속에서 이루어지며 인격은 세파 속에서 이루어진다" 독일의 문호 괴테가 남긴 명언이다. 내가 지금껏 사무장으로 승진하기 위해 다양한 실력과 자격증을 취득하는 과정은 철저하게 고독한 자기 수행과 연마의 여정이었다. 벽련강처럼 뜨거운 쇠를 담금질하면서 강한 철강이 탄생하듯, 나는 스스로를 용광로 속에 집어넣고 고독하게 나를 채찍질하면서 살아왔다. 결코 쉽지 않은 장벽도 넘어서고 장애물도 이겨내면서 몸으로 겪은 애환과 사연도 적지 않다. 복잡하고 힘든 인간관계가 주는 갈등과 스트레스를 견뎌내면서 인내심도 배우고, 인생을 버텨내는 소중한 지혜도 많이 배웠다. 내가 사무장이 되는 과정에서 갈고닦은 재능도 사실은 나 혼자만의 노력의 산물이라기보다 나를 둘러싸고 있는 환경과 음으로 양으로 도움을 준 수많은 은인 덕분에 만들어진 결과물이다. 다만 그런 관계 속에서 의사 결정하고 매진하고 몰입하는 과정은 철저하게 고독한 승부사의 길이 아닐 수 없다.

봄

봄

89점 내 인생, 90점대로 만든 SECRET

인생에 점수를 매긴다는 것에 불편함을 느끼는 분들도 있을 줄 알지만, 가만히 내 삶을 돌이켜 봤을 때, 스스로 내 삶에 점수를 매긴다면 나는 89점의 삶을 살아왔다. 뭔가 나는 계속 80점대에 머물러 있고 90점대로 넘어가기엔 보이지 않는 벽이 있는 것 같았다. 그래서 항상 될 듯하다가 안 되고 될 듯하다가 안 되는 경험을 하면서 '사람에게는 넘기 힘든 무언의 단계가 있나 보다'라는 생각을 한 적이 있다. 한 단계에서 다음 단계로 넘어가는 도약은 질적 성장이기에 그만큼 쉽게 이루어지지 않는다는 것을 느끼기도 했다. 그러다 이 질적 성장이 이루어지기 위해서는 양적 성장이 선행되어야 함을 알게 되었고, 그때부터 나는 무엇을 하든 남들보다 두 배 더한다는 습관을 몸에 익히기 시작했다. 양적으로 축적되지 않으면 질적 도약은 불가능하다.

한 번에 안되면 두번에 되게 한다

"내신은 좋은데 왜 모의고사가 이렇게 안 나오니?" 고3 내내 담임 선생님께 듣던 말이었다. 내신은 죽어라 외우면 만족할 만한 성적을 냈다. 그래서 고등학교 때는 새벽 2시까지 안 자는 것은 당연한 일상이 되었고, 노력한 만큼의 성적이 나와줬다. 그러나 항상 모의고사에서는 내가 원하는 점수를 얻지 못했다. 그래서 재수를 했다. 재수하고 나니 조금만 더 올리면 의대를 갈 수 있을 것 같아 삼수를 했지만, 결국엔 원하는 점수를 얻지 못했다. 이때부터 나는 '뭐든 내가 원하는 것을 쉽게 갖지 못하는구나'라는 것을 직감했다. 그렇게 우여곡절 끝에 인하공업전문대학교 항공운항과에 진학하게 되었고, 성적우수상이라는 상을 받을 만큼 나는 최선을 다해 대학 생활을 보냈지만, 대한항공에서 네 달 동안 국내선 비행 현장실습을 하고 현장실습 종료 면접에서 탈락했다. 같은 경험도 어린 나이에 겪으면 크게 다가오는 것처럼 스물두 살의 나는 많이 절망했고, 애써 다시 일어나 도전한 대한항공 공채에서도 네 번의 불합격을 맛봤다. 그렇게 실패와 좌절로 우회해서 택한 어학연수로 나는 작은 성취와 사랑을 받으며 치유되었고, 그 힘으로 카타르항공에 합격하게 되었다.

카타르항공 승무원 시절에는 F2라는 일반석 서비스 담당 승무원에서 F1이라는 상위클래스 서비스 담당 승무원 진급 대상일 때, 첫 번째 진급 대상일 때는 진급하지 못하고, 두 번째 대상일 때야 비로소 진급하게 되었다. 그렇게 카타르항공에서 좋은 사람들을 만나고 현재의 삶에 만족할 줄 아는 여유와 행복을 찾으면서 나는 다채롭고 넓은 시야를 갖는 사람이 되어갔다. 카타르항공 경력을 바탕으로 대한항공 경력직 면접을 봤지만, 여기서도 첫 번째 면접에서는 불합격을 맛봤다. 그렇지만 이미 단단해진 그때는 면접 불합격이 내 인생에 크게 영향을 미치지 못하는 것을 느끼며, 가볍게 마음먹고 두 번째 도전한 대한항공 경력직 면접에 합격하게 되었다. 돌고 돌아 다시 돌아온 대한항공에서도 첫 번째 부사무장 진급 대상일 때는 진급하지 못하고, 두 번째에 진급하게 되었다. 그렇게 3년의 비행 후 사무장 진급도 한 번에 안 되고, 두 번째 진급 대상 연도에 사무장으로 진급할 수 있었다. 이렇게 내 삶을 요약해서 살펴봐도 나는 뭐든 한 번에 쉽게 갖지 못한다는 것을 알았다.

한 번에 갖지 못하는 삶은 나를 더 노력하게 했다. 그 한 번의 실패로 나는 더 성장하고자 노력했고 행동했다. 곁가지를 다 잘라내고 맹렬하게 목표를 향해 달려가면서 때로는 우회하는 유연함도 가지게 되었다. 나는 실력을 쌓기 위해 배우고 취하며 성장했다. 이런 일련의 상황들로 노력하는 삶의 태도를 갖출 수 있었고, 이것은 체험을 통해서만 습득할 수 있는 나만의 귀한 자산이 되었다. 그러니 내가 애틋하게 생각하는 20대 여러분들도 한 번 안됐다고 포기하지 말고, 좌절하지 말고 담담하게 일어나 다시 도전하면 된다. 한 번에 안 되면 두 번에 되게 하면 된다.

하루를 48시간처럼 보내다

어느 날 친한 동기가 나에게 "우진아, 너 또 뭐 하고 있어? 너는 하루를 48시간처럼 보내는 거 같아. 힘들지 않아?"라고 말했다. 그때 처음으로 생각해봤다. '나는 지금 힘든가?' 사실 어렸을 때부터 내가 원하는 것을 한 번에 얻지 못했고, 그래서 남들보다 두 배의 노력을 더 해야 한다는 것과 그 결실도 빠르지 않을 거라는 것을 직감적으로 알았다. 그래서 무언가 원하는 게 있으면 나는 남들보다 두 배의 노력과 시간을 투자하는 습관이 생겼다. 그래서 24시간을 48시간처럼 쉼 없이 지내 온 것 같다. 이렇게 해오던 것이 이제는 너무나 당연한 것이 되어 힘든 줄도 모르고 있다. 한 번에 안 되면 다시 도전해야 한다는 생각은 이제 내 삶의 소중한 습관으로 자리 잡았다.

하루를 48시간처럼 보내기 위해서는 체력이 필수다. 그래서 나는 서울로 독립하기로 결정하고, 오피스텔을 알아볼 때 가장 주안점을 둔 것은 오피스텔 건물에 헬스장이 있는지 여부였다. 하루의 시작을 공복 유산소로 시작하는 것이 나의 하루 루틴이 된 지 오래였다. 아침에 일어나면 나는 세수와 양치를 하고 얼굴에 바르는 팩을 하고 헬스장으로 간다. 붙이는 팩을 하면 누워 있어야 하기 때문에 나는 바르는 팩을 하고 운동을 하는 것을 선호한다. 그렇게 30분 정도 공복 운동을 하면 땀이 많이 나는데, 어차피 아침에 머리도 감고 샤워도 해야 한다면 이렇게 땀을 흘리고 하는 게 좋다고 생각한다. 또한, 공복 유산소를 통해 지방을 태움으로써 몸매 관리에도 좋고, 하루를 시작하기 전에 하루 계획을 떠올리며 해야 할 일들의 일정을 잡기도 한다. 그래서 회사 후배들이 "언니, 그렇게 많은 걸 동시에 다 하는 비결이 뭐예요?"라고 물으면, 나는 "욕심쟁이들은 체력이 필수야. 나는 체력이 좋아서 남들보다 많은 걸 할 수 있어"라고 대답한다. 이처럼 일과 공부에 집중하고 효율을 이끌어내는 힘도 체력에서 나오기 때문에 나는 항상 운동을 내 일상으로 삼고 있다. 결국 꿈의 목적지에 가는 일도, 목표를 달성하는 일도 생각이나 마인드만으로는 불가능하다. 꿈이나 목표도 직접 몸을 던져 애쓰지 않으면 달성되지 않는 과업이다. 체력이 따라주지 않으면 달성하기 힘들다. 체력은 그 어떤 능력보다 가장 소중한 실력이 되는 이유다.

사람들은 계획을 하나 마무리 짓고 다른 하나를 시작하려는 경향이 있고, 나 또한 사무장 진급 전까지는 그랬다. 그러다 조금 무리해서 동시에 여러 가지 일을 시작한 적이 있었다. 박사학위 논문을 쓰면서 승무원으로 비행을 하고, 바디 프로필 촬영을 준비하는 일을 처음에는 무리라고 생각했지만 동시에 진행해봤다. 시간이 많이 없다는 생각에 나는 더 집중하는 힘이 생겼고, 비행이 없는 날에는 앉아서 하는 논문 작업을 3시간 정도만 하고 계속하는 것이 아니라 운동을 1시간 하면서 생각을 환기시키고 시원하게 샤워하고 다시 논문 작업을 하곤 했다. 그리고 비행을 가서는 '해외 스테이션에서 어느 분량까지 꼭 논문을 쓰겠다'라고 제한된 시간에 스스로에게 과제를 부여해 더 집중하려고 했다. 비행 중간중간 쉬는 타임에 논문의 방향에 대해 생각하다 보니 좀 더 다양한 생각을 할 수 있었다. 그래서 나는 요즘에도 가능한 한 전혀 다른 분야의 활동을 세 가지 정도 동시에 추진하려고 한다. 그리고 그 세 가지 활동은 '지(智)·덕(德)·체(體)'에 근간을 두려고 한다. 이처럼 여러 가지 일을 동시에 추구하면 하나가 잘 풀리면 그 상승효과의 에너지가 시너지를 발휘해 다른 일까지 다 잘 풀리게 도와주는 경험을 하게 된다. 일명 멀티 스페셜리스트(multi specialist)로 몇 번의 성공체험도 맛보면서 자신감이 생긴 것도 사실이다. 엄밀하게 말하면 각자 전혀 다른 일을 한꺼번에 한다기보다 다른 일처럼 보이지만 한 가지 일이 다른 일에 직간접적으로 연결되어 있어서 서로가 서로에게 도움을 주고받는 경우다. 예를 들면, 운동을 주기적으로 하는 습관은 내가 집중하고 몰입해서 영어 공부를 계속할 수 있는 원동력이 되었고, 이런 두 가지 일을 반복해서 해내는 과정은 결국 내가 사무장으로 진급하는 원동력이 되어주는 경우다.

나는 비행을 하지 않는 쉬는 날이 더 바쁘고 해야 할 일들이 많았다. 그래서 어느 순간부터 친구들을 만나서 노는 시간이 자연스럽게 줄어들었고, 쉬는 날에는 항공 직종이 아닌 다른 직종의 사람들을 만나는 시간이 많아졌다. 내가 굳이 먼저 연락하지 않다 보니 나중에는 정말 필요한 사람들만 내 옆에 남아 있는 것을 알게 되었다. 시간을 바쁘게 사용하는 사람들은 모든 것을 다 취할 수 없다. 우선순위를 매기고 중요한 것에만 집중해야 한다. 이것은 사람 관계에서도 해당된다. 잘 생각해보면 우리는 많은 시간을 습관적으로 친구를 만나 킬링 타임(killing time)을 보내는 경우가 있다. 그러나 나는 언제부터인가 습관적으로 사람 만나는 것을 하지 않으려고 노력했다. 일주일 전에 약속을 잡고 웬만하면 점심시간에 맞춰서 보려고 했다. 그러면 필요 이상으로 늘어지지 않게 되면서 그 시간에는 그 사람에게만 집중해 양질의 시간을 보낼 수 있다. 혹시나 이 글을 읽는 여러분에게 "뭐해? 심심한데 만날래?"라는 카톡이 많이 온다면, 여러분은 한 번쯤 그 사람과 양질의 시간을 보내고 있는지 생각해봐야 한다. 똑같이 흘러가는 물리적 시간을 크로노스(Chronos)라고 한다. 하루 24시간은 내가 노력한다고 25시간으로 늘릴 수 없는 물리적이고 객관적인 시간이다. 반면, 똑같은 24시간이 주어져도 그 시간에 내가 무엇을 하면서 의미와 가치를 창조하는지에 따라서 사람마다 느끼는 심리적인 시간은 달라진다. 사람마다 주관적으로 다르게 느끼는 심리적인 시간을 카이로스(Kairos)라고 한다. 결국, 성공과 실패는 크로노스에 얽매여 끌려가는 시간이 아닌, 자기 주도적으로 시간을 통제하면서 의미 있는 시간을 보내는지의 여부가 결정한다.

평균으로 90점을 넘기자

하루를 48시간처럼 보내다 보니 어쩌다 무리해서 동시에 세 가지 일을 진행하게 되었다. 그렇게 동시에 세 가지 일을 진행하는 것이 생각처럼 힘든 것이 아니라, 각각의 일의 진행이 시너지가 되어 오히려 상승효과를 가져다주는 것을 경험했다. 그러나 세 가지 일이 항상 동시에 잘되지만은 않는 것이 현실이다. 사무장 첫 진급 대상일 때도 나는 진급 준비를 하면서 대학원에서 박사학위 프로포절 논문 심사를 준비하고, 운동을 취미 이상으로 하고 있었다. 대한항공에서 첫 사무장 진급을 위해 토익 스피킹 자격증도 취득하고, 토익 라이팅 자격증을 취득하고, 칭송도 많이 받으며 내가 할 수 있는 최선을 다했고 진급할 수 있을 거라 생각했다. 그러나 나는 첫 진급 대상에서 실패를 맛봤다. 4년 전 첫 부사무장 진급 대상에서 진급이 안 되었을 때는 내 생활은 항공사 승무원이 전부였다. 그에 따라 회사의 크고 작은 일들은 내 인생에서 100%를 차지했다. 그래서 진급에 떨어진 것은 내가 스스로 느끼는 내 인생 점수에서 100%였다. 나는 그 당시 내 인생이 89점처럼 여겨졌다. 내가 계속 승무원이라는 직업 하나만을 가지고 있다면, 나는 스스로 내 인생에 괜찮은 점수를 부여하지 못했을 것이다.

그러나 4년이 흐른 지금, 나는 사무장 진급을 준비하는 승무원이라는 직업과 동시에 대학원에서 공부하는 대학원생이라는 직업을 갖고 있고, 운동을 취미 이상으로 하고 있다. 승무원 직업 영역에서 나는 직무평가표에 맞춰 고가 관리를 잘하고 좋은 평판을 유지하고 있다. 그리고 대학원생의 영역에서 나는 박사 과정을 잘 이수하고 있고, 박사학위 프로포절 논문 심사를 위해 내가 원하는 주제에 맞춰 잘 준비해나가고 있다. 또한, 운동 영역에서도 바디 프로필 촬영을 잘 마치고 꾸준히 운동하면서 잘 발전시키고 있다. 이렇게 내 사회생활을 세 개의 영역으로 넓혀 세 개의 직업을 갖고 있다 보니 하나의 직업이 내 삶에 미치는 영향력이 줄어들고, 각각의 힘도 약해지면서 세 개의 평균이 내 인생 점수로 여겨졌다. 그래서 사무장 진급이 떨어졌을 때는 비록 승무원 직업에서는 89점처럼 여겨져도 대학원생의 직업에서 95점으로 잘하고 있고, 운동 직업에서도 92점으로 잘하고 있으므로 나의 평균은 92점이다. 이처럼 객실승무원이라는 직업에서 내가 특출나게 잘나가지 못하더라도 다른 영역에서 잘하고 있다면, 나는 괜찮은 사람이고 내 삶은 괜찮다고 여겨지는 것이다. 그래서 삶의 직업을 한 점만 찍지 말자. 자신이 좋아하고 잘하는 것으로 점을 더 찍어서 세 개의 점을 만들어 삶의 균형도 잡고 평균을 내어 내 전체적인 삶의 점수도 올려보자.

요즘 '프로 N잡러'라는 단어를 심심치 않게 들을 수 있고, 이에 관한 많은 책을 볼 수 있다. 그러나 이 도서들의 핵심 문구는 '직장인의 꿈의 연봉 1억 원' 등 초점이 경제적 이익에만 맞춰져 있다. 그러나 내가 세 개의 직업을 동시에 갖는 것을 추구하는 것은 내 첫 번째 책인《마인드 & 바디 밸런스》[6]에서도 이야기하고 있는 것처럼, 자존감의 균형을 잡는 노력의 연장선상 개념이다. 즉, 자존감은 스스로가 자신을 괜찮다고 여기는 평가다. 스스로를 괜찮다고 평가하기 위해서는, 그리고 그것을 사실이라고 믿기 위해서는 무턱대고 "나는 괜찮아"라고 반복하는 것은 아무런 힘이 없다. 스스로를 설득할 근거가 필요하다. 그래서 자기 존중감을 위해서도 세 가지 영역을 만들어 감정의 평균을 내

6. 오우진, 《마인드 & 바디 밸런스》, 한국경제신문.

는 방법을 제시했다. 스스로 괜찮은 삶이라고 느끼고, 인생에 괜찮은 점수를 부여하기 위해서는 앞에서 제시한 '동시에 세 가지 직업'을 가질 필요가 있다. 승무원이라는 직업세계에서 벗어나 또 다른 직업세계로 옮겨가기 위해서는 지금까지와는 전혀 다른 영역에서 요구하는 전문성을 갖추려는 노력이 필요하다. 힘든 고난의 연속이지만 대학원 박사 학위를 취득하는 것도 다음 직업세계로 도약하기 위한 초석이다. 운동 역시 어떤 일을 하든지 주어진 일에 몰입하고 매진해서 일정한 성과를 만들어내기 위해 필요한 원동력이다.

'동시에 세 가지 직업'을 갖기 위해서는 자신에 대해 정확히 파악해야 한다. 자신에 관한 공부는 직업을 찾기 전에도 필요하고, 직업을 찾고 나서도 세 개의 직업을 만들기 위해 지속적으로 이루어져야 한다. 자신에 관한 공부는 거창한 것이 아니다. 내가 좋아하는 것과 내가 싫어하는 것, 그리고 내가 잘하는 것들의 리스트를 다이어리에 적어나가는 것이다. 이렇게 이야기해도 어려워하는 후배들에게 나는 "네가 무엇을 할 때 시간이 순삭(순간 삭제)되는지를 통해 네가 좋아하는 것을 알 수 있고, 친구들이 너에게 많이 묻는 게 무엇인지를 통해 네가 잘하는 것을 알 수 있다"라고 말한다. 아무래도 세 가지 직업 중 메인 직업은 일반적인 직장생활이 될 것이다. 메인잡(Main Job)은 지금까지 대학교 및 학과 선택 등 정규 교과과정을 통해 익힌 역량을 바탕으로 갖게 될 것이고, 사이드잡(Side Job)은 내가 좋아하는 것과 또 잘하는 것에 대한 공부를 바탕으로 잡으면 될 것이다. 그런 면에서 주변 사람들이 나에게 운동에 관해 많이 질문하는 것을 봐서 나는 내가 잘하는 것은 운동이라는 것을 알게 되었다. 또 예전에 인하공업전문대학교와 부천대학교에서 승무원 특강을 여러 번 했던 적이 있었는데, 그때의 경험으로 나는 사람들 앞에서 말하는 것을 좋아하고, 또한 학생들이 '최고의 강의'로 꼽을 만큼 인상 깊은 강의를 할 수 있는 역량이 있다는 것도 알게 되었다. 그래서 교수라는 직업으로 전환하기 위해 박사학위가 필요했고, 학위를 취득하기 위해 지금 계속 공부하는 대학원생이라는 직업을 갖게 되었다.

20대 초반에는 많은 것을 경험해봐야 한다. 그래야 내가 무엇을 좋아하고 싫어하는지, 그리고 잘하는지를 알 수 있다. 그 후, 내가 경험한 것들의 리스트 안에서 사이드잡을 선택하면 된다. 직접 겪어보지 않고서는 내가 좋아하는 일, 내가 하면 신나는 일을 알아낼 방법이 없다. 책상에 앉아서 머리를 써서 재능을 찾아낼 방법은 없다. 직접 해보지 않고서는 재능이 발견되지 않기 때문에 비록 시간이 오래 걸리더라도 직접 몸을 던져 겪어봐야 한다. 몸이 원하는 재능은 생각만 해서는 절대 알 수 없는 신비의 영역이자 비밀의 문이다. 시행착오도 겪어보고, 생각지도 못한 일도 많이 당해봐야 책상에서 쉽게 배우기 어려운 실천적 지혜를 습득할 수 있다. 운동을 하면 기분이 좋아지는 이유는 내 몸이 그것을 좋아한다는 것을 알기 때문이고, 내가 누군가를 가르칠 때 가장 신나는 이유는 나는 그것을 통해 가장 나다운 면모를 드러낼 수 있다고 믿기 때문이다.

봄

N잡러, 3개 직업을
동시에 갖는 SECRET

하늘 위에서는 전문직의 날개를 펼치지만, 땅 위에서는 '전문'이라는 날개가 접히는 직업이 항공사 객실승무원이다. 비행기 안에서는 안전요원, 보안요원, 사법경찰대행자, 의료 제공자, 서비스 제공자이지만, 비행기를 벗어나 지상으로 내려오면 내가 할 수 있는 일이 없었다. 그래서 어느 순간부터 땅 위에서도 전문직을 갖고 싶었고 내가 좋아하는 운동을 취미 이상으로 해보기로 했다. 그리고 동시에 대학원 졸업과 함께 사라질 대학원생이라는 직업을 대신하기 위해 내 이름으로 책을 집필해서 작가가 되기로 마음을 먹었다. 이처럼 '동시에 세 가지 직업'을 갖고자 하는 나의 인생 설계는 계속되었고, 나중에 이 세 가지의 직업이 연결되어 서로에게 유기적인 영향을 미칠 것 같다는 좋은 느낌이 들었다. 앞에서 이야기한 스티브 잡스의 '점을 연결하라'는 말이나 윌리엄 워즈워스의 '시간의 점'을 활용해서 나의 세 가지 직업을 연결해도 의미 있는 삶의 가치가 드러난다. 세 가지 직업은 저마다 다른 독립적 직업이나 활동 같지만, 이들을 연결하고 각각의 활동이 나에게 가르쳐준 직업적 교훈이나 깨달음을 생각해보면, 이들은 유기적으로 연결되어 서로가 서로에게 영향을 주고받으며 오우진이라는 자기 정체성을 독특하게 만들어가는 멋진 도전이 아닐 수 없다.

책을 쓰기 시작해며 작가를 준비하다

뉴욕에서 한국으로 돌아오는 비행이었다. 승객들에게 식사와 서비스를 제공하면서 내가 드릴 수 있는 모든 것을 드리고 나도 만족하고 승객도 만족하며 비행을 마쳤다. 그런데 비행기에서 내리기 전에 기내식도 배불리 먹고 내렸는데 무언가 계속 허기짐을 느꼈다. 남을 살피고 내가 가진 것을 주는 것에 익숙한 나를 채워줄 수 있는 것은 음식이 아님을 느끼며, 공항 1층에 있는 서점으로 향했다. 서점 가판에 놓여 있는 책들을 살피다가 《1시간에 1권 퀀텀 독서법》[7]이라는 책에 눈이 갔다. 나는 그길로 바로 그 책을 사 들고 공항버스에 올라타서 집에 가는 동안 읽기 시작했다. 책을 읽는 동안 놀랍게도 내가 느꼈던 허기짐이 채워지기 시작했다. 순식간에 읽힌 이 책은 삶의 방향을 바꾸는 계기가 될 정도로 나에게 큰 흔들림을 가져다줬다. 인생 혁명이라는 거창한 꿈은 없지만, 인생에서 질적 도약을 바라는 나에게 이 책은 그 방법을 알려주는 것 같았다. 그 시기에 나는 종종 비행을 쉬는 날 심리 상담을 받으며 사람들을 만나지 않았다. 나의 내면을 단단하게 만든 후, 주위 사람들을 마주하고 싶은 생각에 홀로 시간을 보냈다. 그

7. 김병완, 《1시간에 1권 퀀텀 독서법》, 청림출판.

러다 책을 통해 작가를 만나고 사람들을 만날 수 있다는 생각에 나는 책에 매료되었다. 더 많은 작가를 만나고 그들의 생각을 제대로 파악하기 위해 나는 《1시간에 1권 퀀텀 독서법》의 저자가 운영한다는 '독서법 수업'을 들어보기로 했다. 이전에는 독서를 시간 날 때 취미로 하는 정도로만 생각했지만, 이제는 독서가 나의 삶에 꼭 필요한 것으로 여겨졌고, 그래서 독서력을 길러야겠다고 생각했다. 그 이후 비행을 쉬는 날에는 이틀에 걸쳐 한 권의 책을 읽으며 독서를 통해 사람들을 만났다. 독서법 학원을 통해 독서력의 엄청난 상승을 얻지는 못했지만, 최소한 독서가 내 삶의 일부로 자리매김하게 할 수 있었다.

'읽기'를 통해 채우다 보면 자연스럽게 이어지는 것이 '쓰기'를 통해 비우는 것이다. 학원에서도 독서법 훈련을 마치고, 다음에 이어지는 프로그램은 책 쓰기 수업이었다. 수강료가 매우 비쌌기 때문에 많은 고민을 했지만, 일반인이 첫 책을 쓴다는 것은 대학원생이 첫 논문을 쓰는 것만큼이나 심리적 장벽이 높아 감히 쉽게 엄두를 내지 못하는 것이 사실이다. 그래서 내 인생을 위한 투자라는 생각으로 고가의 책 쓰기 수업을 수강하게 되었다. 저자와 세 명의 수강생으로 이루어진 책 쓰기 수업은 소수 정예이다 보니 작가님의 세심한 코치가 있었다. 책의 목차를 구성하는 법과 원고를 투고하는 법 등 방법론적인 부분에 대한 정보는 많이 얻을 수 있었다. 그러나 글의 구성에서는 나의 의도와 점점 다른 방향으로 흘러가는 것을 느꼈고, 나의 의도와 달라지니 글의 내용도 더 이상 전개되지 않았다. 수업은 수업일 뿐이고, 글은 본인이 스스로 써야 한다. 그러나 내용 전개에 방향을 잃은 내 책은 책 쓰기 수업이 끝나도 진전이 없었다. 그렇게 나는 잠시 글쓰기를 멈춘 채 마음 한 켠에 담아두고 일 년을 보냈다. 그리고 새해가 되었고, 항상 마음 한구석에 자리한 책을 쓰고 싶다는 생각이 다시 내 안에서 피어오르기 시작했다.

나는 다시 기본으로 돌아가 나에게 질문했다. '나는 왜 이 책을 쓰고 싶은가?', '이 책의 독자는 누구인가?', '이 책으로 무엇을 말하고 싶은가?' 나는 내 경험을 통해 20대 독자들에게 '마음'의 성질과 '마음' 쓰는 법을 운동을 통해 알려주고 싶었고, 마음과 몸의 균형을 찾아 삶을 덜 힘들게 사는 법을 알려주고 싶었다. 그래서 글보다 영상이 더 익숙한 20대들에게 불편하지 않게 접근하기 위해 에세이 형식을 취하기로 했다. 또한, 20대들에게 아무리 좋은 말을 해주고 싶어도 관심을 끌지 못하면 메시지를 전할 수가 없기에 '바디 프로필'이라는 주목을 끌 수 있는 주제를 선정했다. 내가 바디 프로필을 준비하며 경험한 몸과 마음의 변화와 상호 연관성을 가볍고 편하게 말하듯이 글로 써야겠다고 생각했다. 나는 《매일 아침 써봤니?》[8]라는 책의 "글쓰기가 즐거우려면 일찍 자고 맑은 정신으로 일어나 한다"라는 문구를 마음에 새기고 오후 10시쯤 잠자리에 들어 매일 아침 5시에 일어나 스터디 카페로 향했다. 코로나 시국이라 1개월 비행하고 5개월을 쉬는 시기였기에 나는 책 쓰기에 집중할 수 있었고, 아무런 방해도 받지 않고 글을 쓸 수 있

8. 김민식, 《매일 아침 써봤니?》, 위즈덤하우스.

는 새벽 시간이 나는 항상 기다려졌다.

'마음'이라는 단어가 내 첫 책의 핵심이고, '자존감'이라는 단어가 책의 화두다. 심리 상담을 받을 때부터 자존감이라는 단어는 내 마음에 불편하게, 그러나 가장 크게 자리 잡고 있었다. 책을 쓰기 위해 시중에 자존감에 관련된 책은 거의 다 읽어봤다. 한 권의 책이 나오기 위해서는 그와 관련된 100권의 책을 읽어야 한다는 말을 들은 적이 있다. 나는 내 인생의 숙제이자 책의 화두인 자존감에 관해 공부하기 시작했다. 《책 쓰기는 애쓰기다》[9]라는 책에서도 작가는 "읽다가 갑자기 쓰고, 쓰다가 막히면 다시 읽는다. 다 읽은 다음에 쓰는 경우는 거의 없다. 글짓기는 발상이 아니라 연상이기 때문에 그 순간을 놓치지 않고 잡아놓는 게 중요하다"라고 말했다. 나는 자존감에 관한 책을 읽다가 내 책을 쓰고 다시 읽고를 반복했다. 이렇게 자존감에 관한 책을 읽으며 자존감에 관해 심도 있게 알아가고, 나의 힘들었던 시기를 곱씹으며 글로 풀어내면서 나는 또 다른 형태의 치유를 받았다. 글을 쓰면서 복잡했던 감정들이 정제되면서 눈물을 흘리기도 여러 번이었다. 그렇게 나는 글쓰기에 몰입이 되었고, 이 몰입은 나에게 치유와 즐거움을 가져다주었다. 이렇게 두 달이라는 시간을 책에 집중하고 매일 아침 글쓰기를 지속하니 책의 윤곽이 잡혔고, 목차에서도 나만의 색깔을 엿볼 수 있었다. 나의 힘들었던 경험을 통해 20대들에게 마음이 힘들지 않게 도움을 주고자 시작한 책 쓰기는 다른 사람을 위해 한 선의의

9. 유영만, 《책 쓰기는 애쓰기다》, 나무생각.

행동이 때로는 나에게 더 큰 위로와 선물이 될 수 있음을 느끼게 해줬다. 이처럼 나와 남은 분리되어 있지 않고 이어져 있음을 다시 깨달으며 오늘도 감사한 마음으로 새벽 시간에 글을 썼다.

운동을 배우며 헬스 트레이너를 준비하다

처음에는 정신적 고통을 신체적 고통으로 대신하고자 몸을 쓰기 시작했다. 신체적 고통이 심해지니 정신적 고통을 자연스럽게 잊게 되었다. 그러니 살 것 같았다. "정신의 싸움은 육체를 쑥밭으로 만들지만, 육체의 싸움은 정신을 투명하게 만든다". 이성복의 《네 고통은 나뭇잎 하나 푸르게 하지 못한다》[10]에 나오는 말이다. 가만히 앉아서 몸을 쓰지 않고 머리만 쓰면 골치가 아프지만, 밖에 나가서 몸을 움직이면 복잡했던 머리는 맑아지고 명쾌해진다. 운동하면서 땀을 흘리면 움직인 만큼 몸도 건강해지고 마음은 유쾌해지면서 머리는 명쾌해진다. 그렇게 친구처럼 운동은 항상 나의 곁에서 함께했다. 운동을 통해 나는 상실했던 삶의 통제력을 되찾기 시작했고, 다시 '할 만하다'라는 자기효능감을 느꼈으며, 이 감정은 '나도 할 수 있다'라는 자신감으로 이어졌고, '나도 괜찮은 사람이다'라는 자존감으로 발전했다. 몸이 중심을 잡으면 신체가 마인드를 통제할 수 있다는 자신감이 생기는 법이다. 몸이 망가지면 삶의 중심도 흔들리고, 자신감도 상실되면서 스트레스가 가중되는 것처럼 말이다.

10. 이성복(2014). 《네 고통은 나뭇잎 하나 푸르게 하지 못한다》. 문학동네.

하루하루 목표한 운동량을 해내고 목표한 '바디 프로필' 촬영을 통해 작은 성취들이 더해지니 '나는 이제 충분하다'라는 자존감이 단단해졌다. 바디 프로필 준비 기간 동안 단단해진 몸만큼 단단해진 마음을 느끼며 운동을 통한 몸과 마음의 균형에 주목했고, 이를 사람들에게 알리기 위해 '마바밸(마인드 & 바디 밸런스)'의 상표등록도 마쳤다. 또한, 바디 프로필 촬영을 소재로 그 과정을 경험하며 얻은 몸과 마음의 균형을 20대들에게 알려주고자 책을 집필하기 시작했다. 그리고 더 나아가 운동이 운동으로 끝나는 것이 아니라 운동과 일상의 연결에 집중하며, 운동이 항공사 객실승무원의 직무에 미치는 영향력을 밝히고자 박사 학위 논문의 주제도 '항공사 객실승무원의 생활체육참여 정도가 신체적 자기지각과 자기효능감을 이중매개하여 직무성과에 미치는 영향 관계'로 정했다. 이처럼 나는 운동의 정신적 측면에 주목해서 나의 역량을 발전시키고자 했고 후에 트레이너가 된다면, 운동의 기능적인 측면에 더해 운동을 통해 심리적인 회복과 증진을 위해 힘쓰고 싶다는 생각을 갖게 되었다.

"우진 회원님, 오늘 기분이 안 좋아 보여요. 무슨 일 있으세요?" 규칙적으로 일주일에 두 번의 개인 PT를 받다 보니 표정만 봐도 트레이너 선생님은 나에게 무슨 일이 있는지 알아차렸다. "저 어제 회사에서 너무 속상한 일이 있었어요. 같이 일한 후배 잘못에 제가 혼이 났어요. 직급이 올라길수록 책임져야 할 것들이 많아지네요."라고 가볍게 말했다. 헬스장에서 팀장급으로 일하고 있는 트레이너 선생님은 "아, 그러셨구나. 저도 회원님 이해해요. 저도 여기서 직급이 높다 보니 트레이너들의 실수에 제가 고개 숙여야 할 때가 많아요. 그럴 때마다 저는 직원들을 품을 수 있는 그릇을 키우는 중이라고 스스로 위로해요"라고 답했고, 나는 "맞네요. 모든 것을 품어서 녹이는 용광로가 되어야겠어요"라고 대답했다. 그러자 트레이너 선생님은 "자 그럼, 회원님, 용광로에 불을 지피게 오늘 불맛 나는 운동으로 가볼까요?"라고 말하며 한바탕 웃고 운동을 시작했다.

한번은 토익 스피킹 시험에서 원하는 점수가 안 나와 지친 나에게 힘을 불어넣어 주고자 "회원님, 저번 달에 데드리프트 75kg였던 거 알아요? 그런데 벌써 85kg 들고 있어요. 우리가 요령피우지 않고 그저 단순하게 반복하니깐 이렇게 할 수 있게 됐잖아요. 이것도 이렇게 해내셨는데 영어 그까짓 거 회원님 반복하시면 금방 해낼 거예요"라고 말하며 나에게 심적으로 힘을 불어넣어 줬다. 이처럼 운동 트레이너는 회원들의 살을 빼게 하고 근육을 만들기 위해서만 존재하는 것이 아니다. 운동 트레이너는 회원의 고민을 공유하면서 떨어진 자신감을 북돋우고, 운동 수행을 통한 작은 성공을 경험하며 몸과 마음의 건강을 살피는 역할까지도 수행할 수 있다는 것이 내 생각이다. 그래서 나중에 내가 운동 트레이너가 된다면 심리 상담가의 역할까지도 수행하며, 회원들의 몸과 마음을 건강하게 만드는 역할을 하고 싶다는 생각으로 헬스 트레이너를 준비해나가고 있다.

앞서도 언급했지만, 실무 역량을 갖추기 위해 문화체육관광부에서 주관하는 2급 생활스포츠지도사 자격증과 동시에 피사프코리아에서 주관하는 국제 퍼스널 트레이닝 자격증을 취득하기로 했다. 피사프코리아에서 진행되는 시험은 실기 위주로 헬스장에서 시행되는 모든 운동을 회원들에게 가르치는 운동 티칭 방법에 대한 교육이다. 이를 위해서는 몸의 근육과 뼈의 명칭을 영어로 다 암기해야 하고, 매 운동 동작을 평가받아야 한다. 트레이너가 되어 회원에게 운동을 시키는 모습을 평가하며 주동근과 협동근 및 길항근에 대해 언급해야 했고, 운동 수행 시 주의해야 할 사항들도 잊지 말고 짚어줘야 했다. 이처럼 실전 트레이닝이다 보니 수업을 듣는 사람 중에는 현장에서 일하는 트레이너들도 있었고, 다들 운동에 대한 기본을 갖춘 분들이었다. 나는 그곳에서 많은 동기의 도움을 받으며, 부족한 실력으로 강의 내용을 녹화해서 집에서 익숙해질 때까지 반복해서 보면서 보충했다. 두 개의 자격증을 동시에 준비하니 많이 겹치는 부분도 있어 이해하는 데 도움이 되었다. 필요에 의한 공부가 아니라 정말 내가 즐거워하는 것의 연장선이다 보니 힘들지도 않았다. 남들보다 늦게 시작한 만큼 두 배의 속도로 달려가며 스폰지처럼 흡수하고 있었다. 남들보다 에너지가 많고 큰 나에게는 다양한 분야에 대한 호기심이 가득했고, 무언가 새로운 것을 배운다는 것은 항상 나를 신나게 했다.

박사학위를 마무리하며 교수를 준비하다

석사학위 취득과 함께 바로 박사학위 과정에 들어갔다. 박사학위 과정이라는 이름이 주는 무게감을 느끼며 들어가자마자 박사학위 논문 주제에 관해 고민했다. 논문 주제만으로 나를 보여줄 수 있고, 앞으로 내가 활동하고 싶은 분야가 반영되는 논문을 쓰고 싶었다. 또한, 나는 내가 정말 하고 싶은 것을 할 때 최선을 다해 몰입한다는 것을 알기에 고난의 박사 논문 과정을 버티기 위해서는 내가 정말로 관심 있는 주제를 선택해야 했다. 그러다가 항공사 객실승무원의 자질 중 하나인 체력과 직결된 '운동'을 키워드로 잡고, 논문을 쓰고 싶다는 생각이 들었다. 운동과 관련된 것이라면 나는 즐겁게 자료를 찾고 내 에너지와 시간을 쏟을 준비가 되어 있었다. 이미 생활체육 지도사 자격증을 소지한 나로서는 생활체육과 항공사 객실승무원의 직무 수행과의 연관성을 밝혀낸다면, 앞으로 항공사 객실승무원의 생활체육 참여를 독려할 수 있고, 생활체육 활동에 의미를 부여할 수 있다고 판단했다. 이렇게 나의 박사 논문은 내 인생 키워드 중 하나인 '운동'이 메인 주제어가 되었다. 카타르항공을 포함해서 10년 차 승무원 생활을 바탕으로 운동이 승무원의 직무에 미치는 영향을 살펴보고, 그 과정에서 신체적 자기지각과 자기효능감이라는 운동의 정신적 작용에 주목했다. 이렇게 해서 나는 항공사 객실승무원의 생활체육 참여 정도, 신체적 자기지각, 자기효능감, 직무성과에 관한 영향 관계를 밝히는 박사학위 논문을 준비하기 시작했다.

"오 사무장은 안 나갈 거지? 콘셉트 한번 잘 잡았어. 다음 팀에서는 나도 공부 시작해서 공부 콘셉트로 나가야겠어" 팀으로 비행을 가면 팀원들은 함께 투어도 가고 쇼핑도 하며 많은 시간을 같이 보낸다. 그런데 나는 매번 대학원 과제로 인해 이러한 활동에 빠지다 보니 이 모습을 보기 싫었는지 팀 언니가 약간 볼멘소리를 했다. 나는 "죄송해요. 부족한 실력에 박사학위 과정을 하려다 보니 쉬는 날로도 시간이 부족해요. 내일까지 과제를 제출해야 해서 저는 같이 못 갈 거 같아요. 죄송해요"라고 답하고, 호텔 방으로 돌아와 과제를 하기 일쑤였다. 사무장 진급을 하고 나서는 대학원에 다닌다는 사실을 팀장님을 비롯한 팀원들에게 밝혔다. 박사학위 과정에 들어가서는 과제량부터 난이도가 석사 과정 때와는 달랐다. 또한, 석사 과정 때는 관광대학원이라서 현직승무원에게 약간의 관대함이 있었지만, 박사학위 과정은 일반대학원에 속했기에 현직승무원에 대한 관대함을 바랄 수 없었다. 사무장 진급 후에는 박사학위 과정을 잘 마무리하는 것이 나의 우선순위에 속했고, 나는 박사학위 과정을 3년 만에 마무리하는 것을 목표로 하고 있었다. 가끔은 나도 사람인지라 팀원들과 투어도 가고 싶고, 쇼핑하고 싶은 생각이 들기도 했다. 팀원 중에서 나만 자꾸 단체활동을 함께하지 못하다 보니 어쩔 수 없이 드는 소외감에 속상하기도 했다. 그러나 하나를 얻으려면 다른 하나를 놓을 줄도 알아야 한다는 생각에 어쩔 수 없다며 스스로를 위로했다.

"오우진 씨, 벌써 3번 결석이에요. 한 번 더 결석하면 저는 F 학점을 줄 수밖에 없습니다" 대학원 수업 중 한 교수님이 하신 말씀이다. 다른 수업은 수업을 듣다가 비행을 가기도 하고, 비행을 다녀와서 중간에 수업에 들어가서 그나마 출석 부분에서 안정적이었으나 이 수업만큼은 비행 스케줄이 너무 안 맞았다. 박사학위 과정은 녹록지 않을 거라던 선배님들의 말이 스쳐 지나갔다. 방법을 찾아야 했다. 그러나 출석을 대신할 수 있는 것은 아무것도 없었다. 이 수업은 꼭 들어야 하는 수업으로 3년 만에 박사학위를 마치려면 이번 학기에 꼭 이 수업을 패스해야 했다. 그래서 어쩔 수 없이 회사에 한 달 병가를 쓰기로 했다. 비행 스케줄이 나올 때마다 매번 전전긍긍하며 대학원 수업 요일과 맞춰보고 비행 스케줄 중 RF(Ready for Flight, 비행 미배정 자택 대기)가 있으면, 이날 비행에 불려 다음 스케줄이 변경되어 학교 수업에 결석하게 될까 봐 걱정한 것이 벌써 5년이 되었다. 그러다 보니 나는 대한항공으로 이직한 후 한 번도 개인적으로 해외여행을 가본 적이 없었고, 나의 휴가는 다 대학원 수업 출석을 위한 연차 휴가 신청에 사용되었다. 이렇게 공들인 대학원 수업도 이번 학기가 마지막 학기가 되었고, 이 마지막 학기를 아름답게 마무리하기 위해 아껴둔 휴가를 이 수업을 위해 사용하기로 했다. 비록 한 달이지만 결석 걱정 없이 공부만 할 수 있다는 사실이 기뻤고, 나는 맨 앞줄에 앉아 학생의 권리를 누릴 수 있었다.

"이 논문 주제는 딱 오우진 논문이네" 대학원 동기와 선후배들도 내가 운동을 좋아한다는 것을 다 알기에 내 박사 논문을 보고 한 선배님이 이렇게 말한 것이다. 박사학위 논문 제목만으로 나를 드러내는 〈항공사 객실승무원의 생활체육 참여 정도가 직무성과에 미치는 영향 : 신체적 자기지각과 자기효능감의 이중 매개효과〉라는 박사학위 논문을 출간하고 길다면 길다고 할 수 있고, 짧다면 짧다고 할 수 있는 5년 6개월의 대학원 생활을 마무리했다. 나와의 약속과 내 인생의 계획을 잘 지켜준 스스로가 대견해서 박사학위를 받은 날 스스로를 많이 칭찬했다. 이러한 성취들은 내 인생의 그릇을 나답게 빚어주고 있다는 것을 나는 알고 있다. 한 사람이 동시에 여러 가지 일을 추진할 수 있는 원동력은 몸이 중심을 잡고 발휘하는 체력에서 나온다. 체력이 부실하면 어떤 일을 추진할 수 있게 하는 동기부여가 불가능하고, 실제로 일정한 성취감을 맛보기도 어렵다. 나는 원대한 꿈이나 장기적인 목표도 중요하지만, 그런 목표를 달성할 수 있는 가장 근본적인 에너지, 몸을 만들어 신체 에너지를 갖추려는 노력부터 시작했다. 이런 생각과 다짐은 지금도 변함이 없다. 자신이 꿈꾸는 미래를 앞당겨 현실로 만들기 위해서는 몸부터 바꿔야 한다. 몸이 무너지지 않고 버틸 수 있는 근원적인 힘을 평소에 길러야 어떤 시련과 역경이 다가와도 견뎌낼 수 있는 에너지가 생기는 법이다. 내 몸이 버틸 수 있는 무게보다 조금 더 무거운 바벨을 들고 운동해야 근육이 생기는 것처럼, 조금 버거운 상황을 견뎌내는 연습을 해야 더 힘든 상황이 와도 무너지지 않고 극복할 수 있는 근본 에너지가 생긴다. 꿈을 꾸고 원대한 목적을 달성하고 싶은 사람들은 우선 몸부터 만들어야 한다.

봄

코로나 위기,
기회로 만든 SECRET

"준비된 사람은 위기 속에서도 기회를 본다"라는 말이 있다. 내가 그랬다. 사람들은 내가 2급 생활스포츠 지도사 자격증과 국제 퍼스널 트레이닝 자격증을 취득할 때 왜 이렇게까지 하는지 이해를 하지 못했다. 그러나 나는 내가 좋아하는 운동과 내가 잘하는 강의를 '사이드잡'으로 준비하면서 하늘에서만이 아닌 땅에서도 전문적인 일을 할 수 있게 되길 바랐다. 이렇게 '동시에 세 가지 직업'을 준비하던 나에게 코로나는 기회로 다가왔다. 누군가에게 위기는 누군가에게 기회가 된다는 말이 있다. 모두에게 위기로 다가오면서 심각한 위협으로 작용하지만, 누군가는 그런 위기를 기회로 바꾸는 묘안을 미리 준비하고 모색한다. "준비에 실패하는 것은 실패를 준비하는 것이다" 미국의 정치인, 벤자민 프랭클린(Benjamin Franklin)이 남긴 명언이다. 위기가 닥쳐온 다음 준비하면 너무 늦을 수 있다. 위기가 몰려오기 전에 준비하지 않으면, 위기를 극복한 대안 모색에 실패할 수 있기 때문이다.

헬스 트레이너,
우선은 뛰어들고 실력을 쌓자

코로나19는 항공 산업에 큰 그림자를 드리웠고, 항공 산업 종사자들의 삶에도 많은 변화를 가져다줬다. 굳건하던 중동의 항공사들도 승무원 감축을 피할 수 없었고, 대한항공도 승무 인력 운영에서 '순환휴직' 체계를 채택했다. 다행히 승무원들은 국가의 보조를 받아 휴직 중에도 회사로부터 기본급여를 받을 수 있었다. 비행기를 이용하는 고객이 없으니 그에 따라 비행에 투입되는 승무원 수는 조정되었고, 모든 승무원은 1개월 비행하고 5개월을 쉬게 되었다. 갑자기 주어진 휴식에 처음에는 기뻤으나 이런 익숙하지 않은 여유도 나에게는 한 달을 가질 못했다. 나는 바로 내가 할 수 있는 일을 찾기 시작했고, 내가 다니는 헬스장 대표님께 헬스장에서 트레이너로 일하게 해달라고 말씀을 드렸다. 나는 무급으로 주중에 매일 출근하겠다고 말씀드렸다. 운동에 대한 열정과 운동 관련 자격증을 두 개나 취득한 사실을 알고 있는 대표님은 나에게 기꺼이 기회를 제공해줬다. 대표님은 처음 3개월은 트레이너 선생님들과 파트너로 운동을 하며 실전 감각을 키우라고 하셨고, 나는 감사히 그러겠다고 말씀드렸다.

나는 다시 신입의 마인드로 돌아가기로 다짐했다. 대한항공 경력직으로 입사했을 때, 조직에 적응하기 위해서는 그 조직의 문화를 따라야 함을 몸소 배웠기 때문에 헬스장에서도 나이와 상관없이 트레이너 선생님들을 선배라고 생각했다. 그리고 헬스장에서 막내가 해야 할 일들을 찾아서 하기 시작했다. 원래는 오후 1시에 출근해서 트레이너 선생님들과 운동을 같이하며 운동을 배우고 집에 가는 것이었으나 트레이너 선생님들이 오후 12시에 다 같이 헬스장 청소를 한다는 것을 알게 된 날부터는 나도 오후 12시에 출근해서 같이 청소하기 시작했다. 이렇게 오후 12시에 출근해서 다 같이 헬스장 청소를 하고, 오후 1시부터 선생님들은 각자 파트너들과 운동을 했다. 나는 한국체육대학교를 막 졸업한 선생님과 파트너가 되었고, 같이 운동하며 운동법과 회원님들을 가르칠 때 주의해야 할 노하우를 배울 수가 있었다. 운동 후에 트레이너 선생님들은 각자 회원들의 PT를 진행했고, 나는 헬스장에서 선생님들이 회원들을 가르치는 모습을 어깨너머로 보며 티칭 방법들을 배우고 있었다. 처음에는 내가 항공사 승무원 출신에 나이도 많아서 같이 운동하는 것에 불편함을 가졌던 선생님들도 내가 막내로서 태도를 갖추고 성실하게 임하는 모습을 보고는 조금씩 마음을 열고 나에게 다가와줬다. 내가 개인적으로 운동을 하고 있으면 선생님들은 그냥 지나치지 않고 잘못된 부분들이 있으면 고쳐주면서 "우진 쌤, 진짜 열심히 하시네요. 파이팅하세요"라며 응원도 해주며 점점 친해졌다. 어느덧 헬스장에 출근한 지 석 달째가 되었고, 매일 운동한 덕분에 내 몸도 헬스 트레이너로 보일 만큼 다듬어졌고, 운동 티칭 능력도 갖추었다고 생각되는 시점에 대표님께서 나에게 첫 회원을 맡겨주셨다.

"안녕하세요. 소희 회원님, 회원님을 담당하게 된 오우진 트레이너입니다. 반갑습니다" 전날에 트레이너 선생님을 대상으로 수업 방법을 연습한 후에 떨리는 마음을 달래며 첫 회원님을 맞이했다. 지금까지 배운 것을 바탕으로 첫날은 회원님의 체형을 분석하고 운동 수행 능력을 평가한 후, 회원님이 약하다고 생각하는 부분의 근육을 강화시키는 방법으로 수업을 진행했다. 트레이너로서 첫 수업을 잘 마치고 나는 또 새로운 시작을 하는 나에게 스스로 박수를 보냈다. 대표님도 나의 수업 진행을 지켜보시다가 계속해서 여성 회원님들에게 나를 배정해주셨다. 회원님들에게 운동을 가르치는 것이 너무 재미있었고 처음에는 안되던 동작을 나중에는 해내는 회원님을 보면서 보람을 느꼈다. 트레이너로서 생활도 익숙해질 때쯤 대표님께서 나에게 암웨이라는 회사에서 진행하는 운동 프로그램에 강사로 나가보라고 하셨다. 이번에는 일대일 티칭이 아닌 다수의 회원을 가르친다는 것이 부담되었지만, 나는 이 기회도 놓치지 않고 잡았다. 그렇게 두 달이라는 긴 프로그램을 잘 마치고, 나는 트레이너로서 인정받으며 바쁘게 하루를 보내게 되었다. 내 회원들은 거의 20대 초반의 여성들이었고, 나는 그들에게 운동을 통해 할 수 있다는 자신감과 작은 성취감을 느끼게 하고 싶었다. 그래서 다른 어떤 말보다 "선생님하고 운동하면서 저는 마음의 힘을 얻는 것 같아요. 그래서 항상 수업이 기다려져요"라는 말을 들었을 때 너무 뿌듯하고 보람을 느꼈다. 이처럼 무언가를 시작할때 준비를 다 하고 시작하는 것보다 우선은 시작하고 진행하면서 실력을 쌓는것도 하나의 방법이다. 주저하지 말고 용기를 내고 우선 시작해보자. 인생은 생각보다 가볍게 살때 일이 더 잘 풀린다.

인스타그램,
'나'를 브랜드화 하자

어느 날 "선생님, 인스타그램 아이디가 뭐예요?"라고 동료 트레이너 선생님이 물어봤다. "저 인스타그램 안 하는데요"라고 말하면 다들 "진짜요? 왜 안 해요?"라며 놀라워했다. 얼마 전 2급 생활스포츠 지도사 자격증 취득 과정 중 연수를 갔을 때도 연수를 같이 듣던 사람들은 전화번호를 교환하는 대신 다들 서로의 인스타그램 아이디를 주고받으며, SNS를 통해 온라인상으로 서로 연락을 취했다. 이때도 내가 인스타그램을 하지 않는다는 말에 모두 의아한 표정을 지었다. 사실 개인적인 이유로도 SNS를 해야 할 필요성을 별로 느끼지 못했고, 대한항공에서도 인스타그램과 같은 SNS를 하는 것을 반기지 않았다. 회사 생활을 할 때 구설수나 소문에 항상 주의해야 했기에 나는 굳이 온라인상에서 나를 드러내고 싶지 않았다. 그래서 이제까지는 SNS 세상에 대해 잘 알지 못했다.

하지만 이제는 항공사 승무원만의 세계가 아니라 더 넓은 세계로 시야를 넓혀야 할 때라고 생각했고, SNS를 해야 할 필요성을 느꼈다. 요즘은 꼭 사업을 운영하는 사람뿐만 아니라 일반인들도 직업과 상관없이 자신을 홍보하며 자신을 브랜드화하고 있고, 그 대표적인 매체가 인스타그램이었다. 온라인 세상에서는 팔로워와 좋아요 숫자가 권력이고 화폐단위다. 이러한 온라인 세상을 이제 안 것에 대해 놀랐고, 지금까지 우물 안 개구리처럼 살아왔음을 느꼈다. 헬스 트레이너 선생님들이 회원들을 모집하고 소통하기 위해서는 인스타그램을 통해 자신을 홍보해야 한다며 나에게 인스타그램을 해보라고 권했다.

나를 브랜드화해야 하는 시대에 살고 있음을 새삼 깨닫고 꼭 헬스 트레이너가 아니더라도 '오우진'이라는 이름을 브랜드화해야 할 필요성을 느꼈다. 나를 브랜드화함에 있어 상표등록을 마친 '마바밸(마인드 & 바디 밸런스)'을 키워드로 삼고 인스타그램 아이디를 'mnbbalance'라고 정했다. 그리고 운동과 관련된 피드를 계정에 올리며 나의 정체성을 온라인상에 드러내기 시작했다. 매일매일 운동하는 영상도 편집해서 올리고, 비행을 가면 비행 사진도 올리며 나와 관련된 이미지들로 나를 표현했다. 코로나 시기에 오프라인 만남의 갈증을 온라인 소통을 통해 해결할 수 있다는 점에서 소통의 즐거움도 있었다. 나와 같은 관심사를 가진 사람들을 팔로워하면서 정보도 공유하고 응원도 하며 함께 살아가는 연대를 느낄 수 있어서 나는 점점 인스타그램을 포함한 온라인 세상에 매료되었다. 나는 점점 온라인 세상을 알아가면서 1인 기업가가 되어 '오우진'이라는 브랜드를 성장시키고, 마케팅하는 것이 가장 큰 재테크가 될 수 있다는 가능성을 찾았다. 내 인생에서 항공사 객실승무원이라는 '인생의 1막'을 잘 마무리하고, 교수라는 '인생의 2막'을 준비하는 과정에서 나를 사람들에게 알리는 수단으로 인스타그램을 잘 활용해야겠다고 생각했다. 내가 앞으로 소통해야 하는 대학생들의 핵심 소통 수단인 SNS를 받아들이고 활용하지 않는다면, 학생들에게 다가갈 수 없고, 그들을 이해힐 수 없을 것이라는 생각이 들있다. 그래서 나는 교수라는 인생의 2막을 준비하기 위해 온라인 세계에

뛰어들기로 했다.

얼마 전 박사학위 취득 사진을 내 인스타그램 피드에 업로드하니 "안녕하세요. 저는 타 항공사 현직승무원이에요. 저도 승무원님처럼 대학원을 가서 박사학위까지 취득하고 싶은데, 어떠한 방법으로 준비하신 건지 문의드려요"라는 인스타그램 DM(Direct Message)이 요즘 많이 오고 있다. 그뿐만 아니라, 내 피드를 보며 직장인들이 직장생활을 하며 어떻게 운동 자격증을 딸 수 있었는지에 관해 묻거나, 항공사를 준비하는 취업 준비생들이 승무원을 준비하는 방법에 관한 문의도 많다. 이렇게 나의 피드를 나를 알지 못하는 다수의 사람들이 볼 수 있고, 그들의 삶에 영향을 미치고 그들에게 방법을 제시해줄 수 있다는 것이 너무 뿌듯했다. 내 인생의 가장 큰 목표는 사람들에게 선한 영향력을 미치는 사람이 되는 것이다. 그러한 방법에 있어서 나는 대학교 교수라는 직업을 통해 학생들에게 내가 경험한 것을 바탕으로 좋은 영향을 미치는 것이었다. 그러나 온라인 세상에서는 내가 접할 수 있는 사람들이 특정 분야에 한정된 것이 아니라 다양한 분야의 사람들과 소통하고 영향을 끼칠 수 있다는 점에서 삶이 좀 더 다채로워질 수 있을 것 같았다. 지금까지는 내 인생의 10년의 계획들을 이루기 위해 삶을 살아가는 데 수직선상에서 빠른 걸음을 취해왔다면 이제는 수평선상에서 여유로운 걸음을 취하며 주위를 둘러보고 싶다는 생각이 강하다. 이렇게 주위 사람들과 소통하고 내 경험을 나누면서 지금까지 크고 깊게 잘 빚은 내 인생의 그릇에 다양하고 많은 것을 담으며 살아가고 싶다.

교수,
남들이 안된다는 말에 흔들리지 말자

"우진, 최근에 초당대학교에서 항공서비스학과 일반전임교원을 채용한다는 글이 올라왔어. 경험 삼아 한번 써보는 건 어때?"라고 대학원 동기 언니한테 연락이 왔다. 저번 학기에 대학교 항공과 전임교수로 임용된 대학 동기는 내가 교수로의 이직을 생각하고 있다는 것을 알고, 이러한 정보를 나에게 줬다. 불과 한 달 전에 박사학위를 취득하고 이제 슬슬 대학교를 알아봐야지 하고 준비하고 있었는데, 가장 처음으로 임용 공고가 난 학교가 초당대학교였다. 채용 전형을 살펴보니 서류 면접 후, 강의평가인 1차 면접과 임원급 면접인 2차 면접으로 구성이 되었다. 주위의 교수님들이 대학교에서 교육 경력이 없이는 전임교수가 되기 힘들다는 말을 많이 들었기 때문에 큰 기대는 하지 않고, 면접에서 요구하는 서류들을 준비했다. 교수 임용 면접에는 고등학교 생활기록부를 포함해 정말 많은 서류를 요구하므로 꼼꼼히 체크해서 빠짐없이 준비해야 한다. 그렇게 교수 채용에 지원한 사실도 잊은 채 헬스장에서 일하고 암웨이에서 단체 수업을 하며 바쁘게 지내던 어느 날, 초당대학교에서 서류 합격 문자를 받았다. 1차 면접인 강의 시현을 위해 강의 주제가 주어졌고, 나는 10분 분량의 PPT 교안을 만들어 강의를 준비했다. 면접관으로 학과 교수님 및 학교 관계자들이 있을 것이지만, 강의를 듣는 대상을 학생으로 해서 학생들의 눈높이에 맞춰 학생들에게 강의를 제공한다는 생각으로 강의를 준비했다. 운동 관련 일로 너무 바쁘게 지내다 보니 1차 면접 이틀 전에서야 강의 준비를 시작할 수 있었지만, 나는 '초당대학교로 가는 것이 내 길이면 애쓰지 않아도 될 것이다'라는 생각으로 편안하게 준비했다.

1차 면접 시작은 오전 10시였다. 그러나 면접은 항상 그렇듯 최소 30분 전에는 면접 장소에 도착해서 면접장 분위기에 익숙해지고 차분하게 면접을 준비해야 한다. 따라서 나는 9시 20분에 면접 대기 장소에 도착했고, 면접장에 들어서는 순간뿐만 아니라 대기 장소에서의 나의 모습도 면접에 포함된다는 사실을 알기에 면접을 진행하는 학교 관계자분들에게 밝게 인사를 하며, 학교에 제출할 서류들을 다시 한번 확인하고 교안을 보면서 강의 시현을 준비했다. 내 순서가 되어 발표할 교안을 담은 USB와 PPT 포인터를 준비하고 강연장으로 들어서자, 네 분의 면접관들이 앉아 계셨다. 나는 차분하게 준비한 강의를 선보였고 그 이후에는 면접관들의 질문이 이어졌다. 강의 경력이 없는 부분에 대한 대안, 가르칠 수 있는 과목들, 교수가 되고자 하는 이유 등 예상했던 질문들이 주어졌다. 대학교가 전라남도 무안에 위치했기 때문에 1차 면접이 끝나고 점심시간을 갖고 나서 당일에 2차 면접을 보게 되었다. 2차 면접을 보게 된 교수님들과 학교 인근에서 같이 식사하고 예상 질문에 대해 이야기를 나눴다. 2차 면접을 위해서는 학교 홈페이지의 정보를 가장 기본으로 학교 및 학과 분석을 했고, 최근 학교 관련 기사와 총장님 발언 기사 및 최근 진행되고 있는 학교 프로젝트를 살펴보면서 내가 학과와 학교를 위해 기여할 수 있는 부분들을 준비했다. 내 순서는 거의 마지막으로 2시간 이상 대기한 후에 2차 면접을 보게 되었다. 2차 면접관으로는 이사장님, 총장님, 그리고 학교 위원장님들로 열 명에 가까운 면접관들이 앉아계셨고, 나는 조금 긴장한 채 그 면접장에 들어섰다. 2차 면접도 이력서를 바탕으로 한 다양한 질문이 주어졌고, 큰 무리 없이 주어진 질문에 답변을 할 수 있었다. 이번 교수 임용 면접은 과거 항공사 취업을 위한 면접과 대학원 면접 이후로 거의 6년 만의 가장 큰 면접이었다. 그런데 세월의 힘일까, 큰 면접에서 오히려 더 차분해진 나를 볼 수 있었다.

전국에는 약 30개의 대학에 항공 관련 학과가 있고, 교수 임용 지원에도 많은 고려할 부분들이 있다. 항공과 교수를 지원할 때는 크게 2년제와 4년제를 구분 지어 생각할 수 있다. 우선 위치적인 면에서 2년제인 항공과 전문대는 주로 수도권에 위치하고 있으나, 4년제는 대부분 지방에 위치한다. 전문대는 2년이라는 기간에 학생들을 취업시켜야 하는 부분에서 교수에게 할당되는 교과목이 많고, 그에 따라 한 학기에 담당할 시수가 많아진다는 점이 있다. 반면에 4년제는 학교마다 다르지만 2년 안에 소논문을 최소 세 편 이상을 써야 한다는 부담이 있다. 그다음은 전임교수와 겸임교수로 나눌 수 있다. 전임교수는 대학에 완전히 소속되어 전임으로 근무하는 교수를 말하고, 겸임교수는 정해진 직장에서 특정한 직업이나 연구 활동을 하고 있으면서 대학에서 교수활동을 겸하는 교수를 말한다. 또한 전임교수는 정년 트랙과 비정년 트랙으로 나뉘는데, 정년 트랙은 재임용 또는 승진 임용의 요건을 갖추면 정년이 보장되는 것인 반면, 비정년 트랙은 말 그대로 정해진 계약기간이 만료되면 계속 재계약을 통해 임용된다는 것을 말한다. 이러한 점을 다 고려했을 때 초당대학교 항공서비스학과는 지방에 위치한 4년제 항공 특성화 대학이며, 정년 트랙의 일반전임교수라는 조건에서 교수로서 첫 시작을 하기에는 최상의 조건이었다. 다만 지리적으로 수도권에서 많이 떨어져 있다는 점이 마음에 걸렸지만, 교수로서 학생들을 만날 수 있다면 위치가 그렇게 중요하지 않다고 판단을 내렸다.

카타르항공 채용 과정에서도 그렇고, 초당대학교 교수 임용 과정에서도 그렇고, 내가 느낀 바는 이 길이 내 길이면 애쓰지 않아도 자연스럽게 나에게 주어진다는 것이다. 모든 것들이 자연스럽게 딱딱 맞아떨어지고, 나 또한 그 안에서 의심이 들지 않고 편안하게 임하게 되는 것이다. 그래서 이제는 하고자 하는 것에 대한 목표는 세우되, 집착 없이 행하고자 한다. 그렇다고 열심히 하지 않는 것이 아니라 내가 할 수 있는 최선만 다할 뿐, 결과는 인연에 내맡기고 있다. 사람은 일생을 살면서 수많은 기회를 만난다. 다만 그 기회는 기회가 왔을 때 잡을 수 있는 사람에게만 문을 열어주는 가능성의 텃밭이다. 기회가 왔는데 준비한 실력이나 조건을 구비하지 않아서 잡지 못하게 되면 인생의 방향 전환을 시도할 수 있는 소중한 계기를 놓치고 실기(失期)하는 경우가 된다. 실패보다 더 치명적인 실패는 기회를 놓치는 실기(失期)다. 실패는 다시 도전하면 극복이 가능하지만, 실기는 이미 지나간 기회로, 이는 다시 돌아오지 않는다. 또 다른 기회를 마련하기 위해서 엄청난 노력을 경주해야 한다. 그동안 나는 5년 6개월의 석·박사 과정을 마무리 짓고, 코로나 위기를 전화위복의 기회로 삼아 헬스 트레이너를 초보자의 마음으로 시작했다. 그러던 중 초당대학교 교수 자리에 지원할 수 있는 기회를 잡는 순간, 내가 할 수 있는 최선의 노력을 다했다. 기회는 늘 우리 주변에서 기다리고 있다. 다만 기회는 그 기회를 찾는 사람과 준비하는 사람에게만 보이는 가능성의 문이다.

봄

교수 · 유튜버 · 작가,
원하는 것은 다 하는 SECRET

2011년 대한한공 경력직 입사 교육 때 "오우진 씨는 왜 대한항공으로 이직하려 했어요?"라는 질문을 받았을 때, 나는 내 손으로 내가 원하는 시점에 회사를 그만두기 위해 다시 대한항공에 왔다고 답했다. 그리고 나는 2011년도에 입사와 동시에 계획한 퇴사를 위해 10년의 경력을 채운 시점인 2021년도에 대한항공을 내 손으로 마무리 짓고자 했다. 2006년 현장실습 종료 시점의 면접 탈락 후 대한항공을 다시 오기 위해 나는 실력을 키웠고, 대한항공에 입사해서도 진급하기 위해 지속적으로 실력을 키워왔다. 이처럼 내 20대와 30대에는 대한항공이 항상 함께했고 대한항공 덕분에 성장할 수 있었다. 그래서 이제는 이렇게 웃으며 대한항공을 떠날 수 있게 되었다. 시작할 초심과 결심, 그때 가졌던 진심은 퇴사를 결심할 때도 변함이 없었다. 초지일관의 마음으로 내가 할 수 있는 최선의 노력으로 경주한 아름다운 일터가 바로 대한항공이라고 생각한다.

항공과 교수가 되다
모든 인연을 소중하게 여겨라

2021년 3월, 코로나19의 영향으로 대부분의 학교가 온라인 수업을 강행하던 시절, 내가 속한 초당대학교는 학생들을 A조와 B조로 나누어 1학기 중 중간고사까지 A조는 오프라인 수업을 하고, B조는 온라인 수업을 했다. 그리고 중간고사 이후부터 기말고사까지는 A조와 B조를 교차해서 온라인과 오프라인을 병행하는 방식으로 수업을 진행했다. 이는 학생 만족도를 최우선으로 하는 학교의 방침이었으며, 전라남도 무안의 코로나 상황이 상대적으로 심각하지 않았기 때문에 가능했다. 이처럼 나는 임용된 그해 1학기부터 고대하던 학생들을 만날 수 있게 되었고, 강단에 설 수 있게 되었다. 학교에 오니 대학생 때 교실에 앉아서 승무원 출신 교수님의 한마디 한마디를 놓치지 않기 위해 눈을 크게 뜨고 집중했던 내 모습이 떠올랐고, 이제는 내가 학생들의 교수님이 되어 교단에 서게 되었다는 것이 신기했다. 학생들을 만나기 전에 교안을 만들어 준비하고 학생들을 만나는 첫날, 설렘으로 잠을 설쳤다. 그렇게 나와 같이 학교에 처음 온 신입생인 21학번들을 만나서 나에 대해 간단하게 소개하고 학생들의 소개가 이어졌다. 이제 막 대학생이 된 학생들의 앳된 얼굴을 보면서 이 아이들을 여기서 만난 것도 인연인지라 나로 인해 한 명이라도 동기부여를 받고 성장할 수 있기를 바랐다. 그렇게 일주일 동안 1학년부터 4학년까지 A조 학생들을 만날 수 있었고, 학생들도 이제 막 현장에서 내려온 나를 반갑고 신기한 눈으로 맞아줬다. 교수들이 임용되고 첫 학기에 가장 많은 애정과 노력을 들인다는 말처럼, 나는 수업 교안을 만들고 다시 좋은 내용이 있으면 첨부하기를 반복하며, 매일 연구실에서 오후 10시 넘어서까지 수업 준비를 했다. 몸은 힘들었지만 학생들을 가르친다는 것이 보람되었고, 나와 학생 모두가 만족할 수 있는 수업을 만들기 위해 나는 내가 할 수 있는 최선을 다했다.

"교수님, 저 교수님 인스타그램 팔로우했어요" 쉬는 시간에 한 학생이 와서 나에게 말을 건넸고, 나는 "아, 진짜? 나도 맞팔할게"라고 웃으며 답을 했다. MZ세대에 속하는 나에게 학생들은 편하게 다가와 말을 걸고 시간을 보내기를 바랐다. 수업이 끝나면 부끄러웠는지 꼭 여러 명이 한꺼번에 와서 "교수님, 저희 교수님 연구실에 놀러가도 돼요?"라고 물으며 상담을 신청하는 학생들도 있고, 인스타그램에 사진을 올리면 좋아요를 누르고 DM(Direct Message)으로 "교수님, 너무 좋아요. 제 롤모델이세요"라고 수줍게 메시지를 보내는 친구들도 많았다. 한번은 학교에서 주최하는 버스킹에 출전하는 학생이 조용히 다가와 "교수님, 제가 버스킹에 나가서 노래를 부르는데 교수님 보러 와주시면 안 돼요?"라고 수줍게 말을 건넸다. 이 모습이 너무 사랑스러워 "그럼, 초대를 받았는데 당연히 가야지"라고 답하고, 다른 교수님과 함께 버스킹 공연을 보러 갔다. 저 멀리서 나를 보고 "교수님, 진짜 오셨네요? 저희 같이 사진 찍어요. 그리고 교수님, 이 사진 인스타그램에 올려주세요"라고 말했다. 버스킹에서 우리 학과 학생들을 많이 만났고, 교실 밖의 학생들은 너무 밝고 반갑게 나에게 다가와 '인생 네 컷'도 찍고, 사진도 찍으며 서로의 인스타그램에 각자를 태그하며 소통을 하기 시작했다.

어느 날은 내가 교실에 들어서니 "생일 축하합니다. 사랑하는 교수님, 생일 축하합니다"라고 노래도 불러주며 케잌을 들고 학생들이 생일 축하를 해줬다. 그날 생일이었던 나는 무안에서 수업이 있었기 때문에 미역국도 못 먹고 오프라인에서는 축하를 받지 못해서 생일을 실감하지 못하고 있었는데, 우리 학생들이 내 생일을 챙겨준 것이다. 그 순간 나도 모르게 눈물이 핑 돌아 "얘들아, 너무 고마워~ 나 교수하길 잘한 거 같아~"라며 학생들에게 울먹이며 말했다. 비교과 수업을 함께 하는 친구들인데 소녀같은 아이들은 내 수업이 되면 칠판에 예쁘게 그림도 그려주고, 쉬는 시간에 칠판에 '교수님 너무 예뻐요'라며 글도 써주곤 한다. 맡은 수업이 많아 지칠 때도 이렇게 친구들이 다가와주고 편하게 대해주면, 나는 없던 힘도 나서 다시 씩씩하게 수업하게 된다. 언젠가 누군가가 내게 "네가 무안에 온 것도 분명 지금은 알지 못하는 이유가 있을 거야"라고 말했었다. 나는 지금은 내가 이 학생들을 만나기 위해 무안에 온 것 같다는 생각을 한다. 인생의 어느 시기에 어떤 인연으로 사람과 연결될지는 아무도 예측할 수 없다. 다만 만나는 모든 사람과의 인연은 소중한 인간관계의 끈으로 작용해서 나를 어떻게 성장하고 발전시킬 수 있을지는 지금 이 시점에서는 알 수 없다. 그래서 나는 어디서 누구를 만나든 그 사람과의 인연을 소중하게 생각하고, 내가 할 수 있는 최선의 노력을 다하려고 한다.

내 연구실 옆방 교수님이 어느 날 나에게 "오 교수, 잘하고 있어요. 내가 지켜봤는데 오 교수처럼 성실하고 열심히 하는 신입 교수님은 못 봤어요. 그러니 힘내요"라고 말을 건네셨다. 요즈음 학교에 적응하는 과정에서 심적으로 너무 힘든 순간이었는데, 교수님의 말씀을 듣고 나는 또 무장해제가 되었고 그만 눈물을 보이고 말았다. 그리고 "교수님, 사실 요즘 너무 힘들었어요. 제가 잘하고 있는 것이 맞는지 또 내 선택이 맞은 건지 확신이 안 서서 너무 힘들었는데, 따뜻한 한마디 감사합니다"라고 덧붙였다. 항상 그랬듯 필요한 시점에 내 삶에 나타나기에 내가 '하늘에서 보내주는 천사'라고 부르는 사람을 나는 또 무안에서 만나게 되었다. 나의 옆방 교수님은 지나칠 때마다 "오 교수, 잘하고 있어요. 힘내요"라고 말하고, 엄지척을 해주시며 특유의 힘 있는 목소리로 나에게 응원을 주신다. 그리고 항상 나에게 좋은 말씀을 해주시는 교수님께서는 "교수는 교육자라는 것을 잊지 마세요. 학생들에게 꿈과 희망을 주는 교수가 되세요. 우리 학생들은 아픔이 많습니다. 그리고 교수는 실력이 있어야 관대해집니다. 교수의 실력은 논문이에요. 논문 많이 쓰시고 시간이 되면 교육학과에도 진학해보세요"라고 진심 어린 조언을 해주셨다.

나는 항상 교수님을 뵐 때마다 아빠 같은 따뜻함과 응원을 느꼈고, 그런 교수님을 만난 것에 정말 감사함을 느꼈다. 초당대학교에 와서 나에게 이렇게 진심 어린 조언을 해주시는 분은 없었기에 나는 옆방 교수님의 조언을 가능한 한 실천하고자 노력했다. 그래서 임용된 해에 소논문 세 편을 쓰고, 다음 해에 근처 목포국립대학교 교육학과 박사 과정에 진학했다. 그리고 이렇게 자신의 말을 새겨듣고 바로 행동으로 옮기는 나를 교수님은 항상 대단하다고 치켜세워주셨으며, 나는 그런 교수님을 진심으로 존경했다. 그러던 어느 날, 교수님께서 학교를 떠나게 되셨다. 교수님께서는 당시 내게 많은 당부의 말씀을 해주셨는데, 나는 그때가 되어서야 왜 옆방 교수님의 연구실에 항상 불이 켜져 있었는지 알게 되었고, 밀려오는 감동과 감사함에 말을 잇질 못했다. "오 교수가 맨날 늦게 퇴근하는 걸 알게 되었어요. 한번은 내가 뭘 놓고 가서 밤 11시에 연구실에 왔는데, 오 교수 연구실에 불이 켜져 있는 거예요. 복도 불도 꺼져 있고 무서울 텐데, 참 열심히 한다고 생각했지요. 그래서 내가 오 교수가 걱정이 되어서 그다음부터 제 연구실 불을 켜놓고 퇴근을 했습니다. 그럼 사람들은 오 교수 말고도 내가 연구실에 있다고 생각할 테니까요." 나를 포함한 우리 모두는 필요한 순간에 이렇게 '하늘에서 보내주는 천사'를 만난다. 그런데 그 천사는 내가 삶에 최선을 다해 열심히 사는 순간에만 말을 건다는 것을 조금씩 알아가고 있다.

유튜버가 되다
20대 부자는 스토리 부자다

인스타그램을 시작한 이후로 온라인상에서 다양한 사람들과 소통을 하게 되었다. 항공과를 준비하는 고등학생들, 항공사 승무원을 준비하는 대학생들, 그리고 그 외 삶에서의 나의 열정을 높이사는 분들이 나의 이야기를 듣고 싶어하고, 나 또한 그들에게 사진이 아닌 이야기로 다가가고 싶다는 생각을 했다. 그래서 또 다른 소통의 매체인 유튜브를 통해 사람들과 이야기하는 것도 좋을 것 같다고 생각해 몇 달 전부터 차근차근 준비하기 시작했다. 유튜브 첫 영상 업로드 시점을 초당대학교에 들어가서 교수로서 어느 정도 적응한 4월 정도로 잡고, 나는 영상 편집 과외를 받기 시작했다. '크몽'이라는 앱을 통해 영상 편집 수업을 2시간씩 10여 차례 받고, 혼자서도 영상을 만들 수 있을 정도로 스킬을 익혔다. 또한, 유튜브의 속성과 운영을 가르쳐주시는 선생님이 있어서 내 채널의 콘셉트를 같이 고민하고, 유튜브 운영 방법에 대해서도 수업을 받았다. 돈보다 시간이 더 중요하다고 생각하는 나는 이렇게 과외를 받는 것이 고가더라도 혼자서 습득하는 것보다 효율적이기 때문에 항상 전문가의 도움을 받아 효율적으로 익히려고 하는 편이다. 나는 유튜브 영상 편집과 운영 방법을 익힌 후, 바로 영상 기획에 들어갔다. 채널 이름을 '운동하는 교수'로 짓고, 운동과 항공사 승무원 준비의 두 키워드를 중심으로 영상을 기획했다.

첫 영상은 내 인생의 1막인 항공사 승무원을 마무리하고, 2막인 교수로 나아가는 스토리를 짧게 담은 '대한항공 퇴사 브이로그'로 시작하기로 했다. 기존의 많은 항공사 퇴사 브이로그가 회사생활이 힘들어서 그만두는 콘셉트였고 그 과정이 다소 슬프게 그려졌다면, 내 퇴사 브이로그는 밝고 희망찬 에너지로 영상을 만들고 싶었다. 또한, 코로나 상황에 마지막 비행을 하지 못하고 퇴사를 하게 되는 아쉬움을 담아 유니폼을 입고 회사에 가서 퇴사하는 콘셉트를 잡았다. 그렇게 퇴사하는 당일, 나는 헤어를 하는 모습부터 유니폼을 차려입고 집을 나서는 장면을 내 핸드폰과 삼각대를 이용해 셀프 촬영을 했다. 혼자 이야기하는 것이 많이 부끄러울 거라고 생각했으나 직접 해보니 생각보다 어렵지 않아서 '유튜브 촬영이 나에게 맞는구나'라는 생각을 했다. 그렇게 유니폼을 입고 집을 나와 김포공항을 거쳐 회사로 가는 여정을 다 손수 촬영했다. 대한항공 퇴사를 축하해주러 친한 동기가 꽃다발을 들고 김포공항에서 서프라이즈를 해줬고, 나는 동기와 함께 퇴사 절차를 밟으러 대한항공 OC빌딩으로 들어갔다. 내 인생에서 공식적으로 마지막 대한항공 유니폼을 입고 승무원 아이디를 매고 회사 건물에 들어가며 그 모든 것의 마지막을 경험했고 승무원 아이디를 반납하는 순간, 정말 퇴사를 실감했다. 마지막으로 퇴사 소감에 관한 인터뷰에서 동기가 승무원에 대한 미련은 없냐는 질문에 "나는 충분하다"라고 답하고 내 인생 1막을 마무리했다.

한 달 정도가 지나 어느 정도 학교에 적응하고 '운동하는 교수'의 채널에 첫 영상을 올렸다. 영상 분량이 다소 길어서 전편과 후편으로 나누기로 했고, '대한항공 퇴사 브이로그 전편'을 올려 내 인스타그램에 홍보를 했다. 재학생들을 포함해 주위의 반응이 너무 좋았고, 일주일 만에 1,000뷰를 넘는 쾌거를 거뒀다. 첫 시작이 너무 좋았고 전편에 이어 후편도 많은 사랑을 받았다. 나는 '대한항공 퇴사 브이로그' 이후 항공사 승무원 준비생에게 도움이 되는 동기부여 영상을 비롯한 승무원 관련 영상들을 올렸다. 그뿐만 아니라 유튜브 운영에 관해 과외를 받았던 선생님이 운영하는 30만 유튜브 채널인 '무의식 암기법'과 승무원 영어 공부 방법에 관해 콜라보 영상을 제작했다. 또한, 그사이에 내 첫 책인 《마인드 & 바디 밸런스》가 출간되었고, 여러 독서 유튜브에 출연도 해서 책 홍보도 하게 되었다. 언젠가 40만 구독자를 보유한 '까레라이스TV'에 나가게 되었는데, 이 채널에 출연한 것을 계기로 많은 구독자가 생겼다. 구독자들에게 부응하기 위해 일주일에 하나의 영상은 업로드해보려고 애를 썼으나, 5분 영상의 기획, 촬영, 편집 및 업로드를 모두 혼자 하는 데 거의 6시간은 소요가 되었다. 그래도 누가 시켜서 하는 것도 아니고, 내가 좋아서 하는 것이다 보니 잠자는 시간뿐만 아니라 주말까지도 바쳐서 하게 되었다. 영상을 만든다는 이 창조적인 행위로 나는 그 심연의 알 수 없는 갈증이 해결되는 것을 느꼈다. 또한, 실패했지만 우회하고 결국에는 꿈을 이뤄낸 내 스토리로 위로를 받고 좋은 영향을 받게 되었다는 댓글로 나는 무한한 채워짐을 느꼈다. 이로 인해 나의 20대의 많은 도전과 실패들이 의미를 갖게 되었고, 나에게 일어난 일에는 다 이유가 있었음을 온전히 느끼고 있다. 이처럼 20대에는 많이 도전하고 실패해서 남들과 구별되는 자신만의 이야기를 많이 만들어야 한다. '20대의 부자'란 도전하고 실패하며 우회해서 남과 다른 자신만의 스토리를 다채롭게 많이 가진 사람이다.

작가가 되다
20대 명예는 실패 트로피의 개수다

무엇이든 처음은 서툴고 시행착오가 있을 수밖에 없다. 책을 쓰기로 시작하고 '책 쓰기 수업'을 들으면서 나는 내 책의 방향에 대해 갈피를 잡지 못했고, 이에 책 쓰기를 잠시 중단했다. 그러나 마음속에는 항상 미결된 책 쓰기가 한가운데 자리 잡고 있었고, 그 후 1년을 살아가면서 내 삶의 모든 소재가 다 책 쓰기와 연결되었다. 영화를 보더라도 내 책에 인용될 만한 멋진 문장이 있으면 핸드폰에 저장하고, 운동하면서도 계속 책의 내용을 구상했으며, '자존감'과 '마음'에 관련된 책들을 지속해서 읽어나갔다. 이러한 1년의 멈춤은 '쉼'이었지, '포기'는 아니었다. 나는 계속 머릿속으로 책 쓰기를 놓지 않았고 책의 내용이 숙성되어 이제 더 이상은 미룰 수 없을 시점에 다시 글을 쓰기 시작했다. 다시 초심으로 돌아가 내 의도와 방향에 맞게 글을 쓰기 시작했다.

그렇게 1년이 지나고 나는 글을 쓰고 지우고를 반복하다 퇴고를 하게 되었다. 출간 기획서를 작성하고 일주일에 100군데의 출판사에 원고 투고를 한 후, 연락을 기다렸다. 첫 출간이다 보니 쉽지 않을 것이라는 것을 알고 있었지만, 기대하고 열어본 답변에는 죄송하다는 말뿐이었다. 그렇게 500군데의 출판사에 원고 투고를 하게 되었고, 몇 군데 연락이 왔으나 계약까지 이르지 못하고 흐지부지 끝나기 일쑤였다. 그러던 중 한 출판사에서 연락이 왔고 대표님과 미팅을 하게 되었으며, 출판 전액을 출판사가 부담하는 좋은 조건으로 계약서에 서명을 하게 되었다. 어렸을 때부터 막연하게 내 이름으로 책을 내고 싶다는 생각을 했다. 어린 날의 작은 희망을 현실로 이룰 수 있는 어른이 되었다는 사실에 삶을 사는 게 굉장히 의미 있다는 생각을 했다. 또한, 이 모든 것을 혼자의 힘으로 이룬 쾌거였기에 너무 기뻤고, 조만간 책이 나온다는 생각에 나는 이미 하늘을 날고 있었다.

출판사에서는 내 책을 디자인해주는 담당 편집장님을 배정해줬고, 나는 편집장님과 지속적으로 미팅하며 의견을 나누었다. 책은 편집이 들어가는 순간부터 모든 것이 선택의 연속이었다. 책 속의 글씨체부터 책에 글을 구성하는 것, 사진을 배치하는 것, 표지 디자인 등등 편집장님이 선택지를 제공해주면 모든 최종 선택은 내가 해야 했다. 편집과정이 한두 달의 단기간에 이루어지지 않는다는 것을 알고 있었기 때문에 최대한 편집장님의 시간에 맞춰서 일정을 잡아 협조했다. 처음에는 순조롭게 진행됐다. 그런데 어느 순간부터 편집장님이 답장이 늦어지고 가끔 연락이 두절되기도 했다. 이유를 모르는 나는 대표님께 연락해서 순조로운 편집을 부탁드렸다. 그러나 다시 연락되어 진행되다가 또 편집장님이 연락이 안 되기를 반복했다. 이제는 대표님께 연락해 화도 내보고 계약 조항을 들먹여보기도 했다. 한두 번은 대표님도 편집장님께 말해보겠다고 답변을 줬으나, 어느 순간부터 대표님도 연락이 안 되기 시작했다. 전화를 받지 않자 메일로 연락을 드리고 법정 소송이라는 말까지 나오게 되었다. 그제야 출판사 대표는 회사 사정이 좋지 않아 출판사를 접을 예정이라는 말까지 나왔고, 그 와중에 대표가 월급을 몇 달 주지 않아 편집장님이 출판사를 그만뒀다는 사실을 알게 되었다. 청천벽력 같았다. 계속되는 대표의 연락 회피와 출간의 불확실성으로 나는 결국 계약을 해지하고 싶다는 의견을 밝혔고, 6개월의 노력과 시간은 다 물거품이 되었다. 나는 다시 원점으로 돌아왔다. 나는 다시 또 500군데의 출판사에 원고 투고를 해야 한다는 사실에 너무 속상했고, 며칠 밤 잠을 이루지 못했다.

이러한 출판사 계약, 출판사 파산 및 계약 해지의 일련의 과정을 인스타그램에 업로드했기 때문에 나의 상황에 대해 많은 사람들이 위로와 용기의 메시지를 남겨줬다. 20대의 많은 실패로 나에게는 실패 내성이 생겨 좌절할 시간도 없이 다시 일어나 출판사에 원고 투고를 시작했다. 하지만 출간해줄 출판사를 찾는 것이 쉽지 않아 자가출판까지 생각하게 되었다. 그러다 내가 할 수 있는 최선을 다해서 삶을 살아갈 때만 내게 말을 건넨다는 '하늘에서 보내주는 천사'를 내 인생에서 또 필요한 순간에 만나게 되었다. 현직 대학교수이신 유영만 작가님은 나의 열정과 열심히 사는 삶의 태도를 높이 사셨고, 그동안 내가 인스타그램에 올린 첫 출판의 실패를 알고 계셨다. 어느 날, 이 작가님께서 나에게 아무런 대가 없이 출판사 한 곳을 소개해주셨고, 나는 그 출판사 대표님과 미팅을 하게 되었다. 첫 출판의 실패로 많은 경계와 의심이 가득한 나를 안타깝게 여기신 출판사 대표님은 최대한 빨리 출간할 수 있게 도움을 주신다고 약속하셨고, 나는 그렇게 두 번째 출판사와 계약을 하게 되었다. 내 책 출간을 담당할 편집장님이 배정되었는데 20대 여성 편집장님이라서 내 책의 타깃 독자층과 연령대도 같아 내 의도를 잘 파악하고 책도 트렌디하게 잘 편집해주셨다. 확실히 대형 출판사다 보니 작업에 있어 분담이 잘되었고, 체계적으로 빠르게 진행되었다.

편집을 시작해서 두 달 만에 작업을 마치게 되었고, 나는 드디어 내 실물 책을 접할 수 있게 되었다. 많은 작가들이 출간이 출산과 같다고 비유를 하는데, 나는 한 번의 유산을 겪고 힘들게 얻은 첫 자식이다 보니 너무나 소중하게 느껴졌다. 글쓰기를 시작해 책이 나올 때까지 장장 3년이 넘는 시간이 걸렸다. 이 3년은 책을 출간하기로 시도해본 사람만 경험할 수 있는 값진 시간이다. 나는 이렇게 또 하나의 새로운 시도를 완성했고, 내 인생의 그릇은 다채로움으로 더욱 나답게 빛나고 있었다. 나는 지금까지 20대의 도전과 실패로 다양한 스토리를 만들어보라고 말해왔다. 그러나 여기서 하나만 더 덧붙인다면, 그 다양한 스토리를 머릿속에만 두지 말고 글로 기록해야 한다고 말하고 싶다. 그래야만 다른 사람에게 공유되고 내 이야기가 힘을 발휘할 수 있다. 예전에 어디에서 "위대한 사람이 글을 쓰는 게 아니라 글을 쓴 사람이 위대한 사람으로 전해진다"라는 글을 봤다. 이처럼 '20대의 명예'란, 최대한 많은 일에 도전하고 그만큼 많은 실패도 경험해서 최대한 많은 실패 트로피를 획득하는 것이다. 그리고 그 실패 경험들을 기록하고 공유해 다른 사람들에게 좋은 영향을 미치는 것이다.

꿈에 그리던 대한항공을 다니면서 박사학위를 취득한 덕분에 초당대학교 교수 자리에 지원해서 승무원으로 경험했던 소중한 깨달음을 전하며 나의 인생 2막을 성공적으로 시작할 수 있었다. 만만치 않은 비행 일정으로 인한 극심한 피곤함도 몸으로 극복하면서 항상 지금 여기를 넘어 저기로 향하는 꿈을 꾼 덕분에 나는 학생을 가르치고 연구하는 교수로서의 인생 2막을 성공적으로 시작하게 된 것이다. 단순히 이론적 지식으로 학생들을 가르치는 평범한 교수는 되고 싶지 않았다. 내가 실전에서 몸으로 겪은 다양한 깨달음과 교훈을 아이들에게 보다 생생하게 전하는, 살아 있는 지식 전도사를 넘어 인생의 소중한 지혜를 나누는 멋진 교수가 되고 싶었다. 돌이켜 보면 외국항공사 승무원 시절과 대한항공 승무원 시절에 겪은 숱한 사연과 아픔은 내가 인생을 이전과 다르게 살아갈 수 있는 소중한 깨달음의 원천이 되었다. 찰리 채플린(Charles Chaplin)도 말했듯이, "인생은 멀리서 보면 희극이지만 가까이서 보면 비극"이다. 내가 순간순간 경험했던 힘든 순간도 결국 모이고 모여서 내 삶을 살아가는 소중한 지혜의 원천으로 작용하고 있다. 지금 당장 힘들다고 포기하지 말고 조금만 더 미래를 바라보며 꿈을 찾아 노력하면, 미래의 언젠가는 반드시 꿈이 현실로 다가와 내 삶이 희극으로 전환될 것이라는 믿음을 갖게 되었다.

봄

나답게, 30대에
꽃피운 SECRET

　자연의 꽃을 피우기 위해서는 봄, 여름, 가을, 겨울 그리고 다시 봄이라는 계절을 거쳐야 한다. 하지만 한 인간이 피우는 꽃은 겨울, 가을, 여름, 봄의 계절을 견뎌야 하는 것 같다. 다시 말해, 겨울의 추위를 견디고 가을의 성숙을 기다리고 여름의 정진을 한 후 비로소 봄에 꽃을 피우는 것 같다. 겨울이 지나고 바로 봄에 꽃을 피우는 사람도 있지만, 겨울이 지나고 이처럼 한참의 시간을 견뎌내야 꽃을 피우는 사람도 있다. 그러나 중요한 것은 기다리고 실력을 쌓으면 자신만의 꽃을 피울 수 있다는 것이다. 각자 만개(滿開)하는 시간이 다를 뿐이다. 그래서 자신이 다른 사람보다 늦다고 해서 꽃 피우기를 포기해서는 안 된다. '대기만성(大器晩成)'이라는 말이 있듯이 큰 사람이 되기 위해서는 많은 노력과 시간이 필요하기도 한다. 깊고 향기로운 꽃을 피우기 위해서는 남들보다 다소 시간이 걸릴 수 있다. 때로는 실패해서 우회하는 길을 택하게 되면서도 자신만이 낼 수 있는 향기와 자신만이 드러낼 수 있는 모습으로 결국에는 꽃을 피운다. 이처럼 우리는 도전하는 과정에서 다양한 선택의 기로에 서게 된다. 자신만의 기준과 신념이 있어야만 자신에게 어울리는 선택을 하고, 그 결실로 나다운 꽃을 피울 수 있다. 따라서 나답게 꽃피기 위해서는 나다운 기준과 신념이 필요하다.

꽃을 피우기 위해 남을 짓밟지 마라

"언니, 저 얼마 전에 ○○사무장님이랑 비행했어요. 언니랑 팀이라고 하니깐, 우진 사무장은 달라. 우진 사무장 보고 많이 배우라고 하셨어요"라고 팀 후배가 나에게 말을 건넸다. "에휴~ 내가 뭘~ 그 사무장님이 너무 좋게 이야기해주셨네" 민망함에 후배에게 대충 이렇게 얼버무렸지만, 남의 입을 통해 내 칭찬을 전해 들으니 기분이 사뭇 좋았다. '무엇이 나를 다른 승무원과 다르게 만들었을까?' 곰곰이 생각해봤다. 직장이라는 조직에 들어가기 전에 우리는 '나는 소신껏 이것만은 지키고 싶다'라는 선한 신념 하나쯤은 가지고 사회생활을 해야 한다. 그래야 그 많은 직장 사람들 사이에서 내가 가까이해야 할 사람과 아닌 사람들을 구별하고, 좋지 않은 물결에 휩쓸려 살아가지 않을 수 있다. 즉, 선한 신념은 나를 보호해주는 방패이면서 가까이해야 할 사람과 아닌 사람을 나누어주는 칼이기도 하다. 방패이면서 칼이기도 한 신념에 내가 '선한'이라는 형용사를 넣은 이유는 잘못된 신념만큼 무서운 것이 없기 때문이다. 잘못된 신념이 이끄는 파괴력과 무자비함을 우리는 주위에서 자주 보곤 한다. 따라서 남에게도 해가 되지 않고 나에게도 해가 되지 않는, 즉 모두에게 이로운 선한 신념을 갖는 것이 중요하다. 나에게 선한 신념 중 하나는 내 이익을 위해 남을 짓밟지 않는 다는 것이다. 대한항공에서 10년 정도 비행을 하다 보니 10년 동안 열 팀에 속해서 근무했고, 그동안 지속적으로 평가를 받아왔다. 한 팀 안에서 팀원들은 상대평가에 의해 S, A, B, C, D라는 점수가 매겨지므로, 팀원들 사이에 본의 아니게 경쟁 구도가 생길 수밖에 없다. 특히나 자신이 그 팀에서 진급 대상일 경우, 사람은 욕심이 생길 수밖에 없다. 나는 후배들에게 항상 "소탐대실(小貪大失), 작은 것을 탐하다 정말 소중한 것을 잃지 말라"고 말한다. 이렇게 말하는 것은 그 동안 작은 것을 탐하다 사람을 잃는 승무원들을 많이 봐왔기 때문이다.

예전에 승객이 기내에서 사전주문서를 작성하면 그것을 접수한 승무원에게 점수가 부여되고, 그 점수가 승무원의 고가에 반영되는 때가 있었다. 아일(aisle)에서 승객을 응대하는 주니어 승무원들은 아무래도 상대적으로 사전주문서를 많이 접수할 수밖에 없다. 이렇게 각각의 승무원에게 접수된 사전주문서는 기내 판매 담당 승무원에게 전달되어 회사에 제출된다. 그런데 하루는 겔리에서 기내 판매 담당 승무원이 모여진 사전주문서상에 기재된 접수받은 승무원의 이름을 지우고, 자신의 이름으로 바꾸는 행위를 하다 발각이 된 경우가 있었다. 팀장님을 비롯한 모든 승무원에게 이 사실이 공유되었고, 욕심이 불러온 참사라고밖에 설명할 수 없었다. 나는 아직도 그 순간의 그 언니의 표정과 이름을 잊을 수가 없다. 반면, 한 비행에서는 타 팀원인 언니가 나에게 오더니 "우진 씨, 지금 진급 대상이지? 이 사전주문서에 우진 씨 이름을 적어요. 나는 좀 전에 하나 받았어요. 우진씨 진급대상일텐데 갤러리에서 일하느라 하나도 못 받았잖아."라고 말했다. 100만 원이 넘는 물품을 주문한 사전주문서였기에 그 언니도 욕심을 낼 법했는데 나에게 넘겨준 것이다. 지금까지도 나는 그 언니의 이름과 얼굴을 잊지 못한다. 내 머리에 공존하는 두 사람의 이름과 얼굴은 그 빛깔과 향기가 전혀 다르다. 이처럼 같은 대한항공 유니폼을 입고 같은 곳에서 일하지만, 사람들은 저마다 다른 향기를 뿜어내고, 그 향기로 주위에 영향을 미치고 살아간다.

"언니, 팀장님이 언니가 일하는 속도가 빠르지 않아서 퍼스트 겔리에 배정 안 하신대요. 팀장님은 정말 왜 그러시는지 모르겠어요." 이 말을 친한 팀 후배한테 전해 들었을 때 나의 초점은 팀장님이 아니라 이 후배에게 향했다. 그리고 감각적으로 이 후배에게 위험신호를 감지하게 되었다. 이 후배는 하나만 알고 둘은 모르는 것이다. 팀장님이 다른 팀원도 아니고 이 후배에게 이렇게 말한 것은 이 후배와 팀장님이 내 이야기를 둘이 했다는 것이고, 그 당시 이 후배는 중립을 지키는 것이 아니라 팀장님에게 동조했기 때문에 팀장은 이 후배에게 마음을 열고, 나에 대해 지속적으로 안 좋은 이야기를 한 것이다. 이 후배는 중립을 지키지 않은 순간부터 팀장에게 기울게 되어, 중간에서 팀장의 귀와 입이 되는 것이다. 이처럼 나는 나에게 다가와 다른 사람의 험담을 하는 사람은 우선 멀리하는 경향이 있다. 이 규칙만 지켜도 사회생활에서 최악은 피할 수 있다. 스스로 누구의 험담도 하지 않고 본인에게 다가와 험담하는 사람도 멀리해야 하는 것이 직장에서 최선의 처세술이다. 이것은 지키기가 상당히 힘이 들 수 있다. 그러나 내가 12년의 사회생활 끝에 얻은 답은 뒷담화에 연루되지 않는 것이 당장은 힘이 드나 결국에는 옳은 길이라는 것이다. 특히나 진급 대상일 때 평가를 위해 경쟁상대의 실수를 들추거나, 부각하는 행위는 가장 피해야 할 옹졸한 모습이다. 그런 사람들의 속셈은 다 읽히게 되어 있고, 못된 사람들은 그 욕심을 이용하기도 한다. 자신의 인생에 욕심이 많아서 이것저것 많은 것을 하는 것은 전혀 문제가 되지 않지만, 그 욕심이 타인에게 피해가 될 때는 재빠르게 거둘 줄 알아야 한다.

타산지석(他山之石), 본이 되지 않는 남의 말이나 행동도 나 자신의 인격을 수양하는 데 도움이 될 수 있다. 앞서 예로 든 사례를 통해 나는 욕심에 따라 사람의 마음이 바다처럼 넓다가도 바늘구멍만큼 작아질 수 있음을 느꼈다. 그래서 욕심 앞에서 한 발자국 뒷걸음을 치는 연습을 했다. 그래서 사전 주문을 받았을 때, 한 번은 후배한테 주고 그 다음부터는 내 이름을 쓰기 시작했고, 나에게 칭송을 써주고 싶다는 승객이 있을 때는 같이 일한 후배 이름까지도 써주기를 부탁드렸다. 팀장님과 대화할 때는 팀원들의 험담을 하기보다는 한 명, 한 명 칭찬하기를 시도했고, 혹여나 나에게 팀원 뒷담화를 하는 팀장이 있을 때는 바로 말을 자르고 그 팀원의 장점을 말하고자 노력했다. 이렇게 내 이득을 위해 남을 짓밟지 않는다는 나의 선한 신념 때문에, 휩쓸려 가지 않는 내 모습을 보고 본인의 뜻대로 되지 않아 얄미워하는 팀장님들도 있었다. 그러나 험담으로 친해지는 관계는 서로 이용만 하는 딱 그 정도의 관계로 끝난다. 그리고 그렇게 멀어지는 관계는 애초에 만들지 않는 게 나에게도 이롭다. 사람은 물드는 존재다. 따라서 내 옆에 어떤 사람을 두느냐에 따라 내가 그 사람에 물들기 마련이다. 따라서 나만의 선한 신념을 나를 다른 사람으로부터 보호하는 방패처럼, 동시에 곁에 둘 사람과 아닌 사람을 나누는 칼처럼 잘 사용해야 한다.

꽃을 피우기 위해 지름길을 택하지 마라

"우진아, 박사학위 중이니? 너 교수가 되고 싶다고 했는데, 우리 학교에 오지 않을래?"라는 전화를 받게 되었다. 나를 인정해줬다는 점과 교수로서의 기회가 왔다는 것이 너무 좋았고, 당장이라도 이 기회를 잡아야 하나 싶었다. 대학원에서 같이 재학하는 사람 중에 항공과 교수분들도 많았고, 대한항공에서 인연을 맺은 분 중에도 항공과 교수로 재직하시는 분들이 많았다. 그들로부터 이렇게 좋은 기회를 여러 번 받았음에도 이유를 모르게 주춤하는 나를 느꼈다. 그 당시 나는 대한항공에서 8년 정도밖에 비행을 하지 않았고, 아직 객실사무장으로 진급도 하지 못했다. 내가 입사하자마자 계획한 퇴사 계획에 따르면 10년을 채우기 위해서는 아직 2년이 더 남았고, 또 사무장 진급도 남아 있었다. 그러나 요즘엔 대학교에서 교육 경력이 없으면 전임교수가 바로 되기 힘들고, 강사를 거치지 않고는 교수가 되는 것은 거의 불가능하다는 말을 듣고 고민이 되었다. 대학교가 수도권에 위치하고 전임교수라는 자리를 교육 경력이 없는 현직승무원이 취할 수 있다는 엄청난 메리트 앞에서 나는 흔들리기 시작했다. 그래서 나에게 일주일의 기간을 달라고 말씀드리고 조용히 생각하기 시작했다. '다시 올 수 없는 기회'라는 말이 나의 눈앞을 흐트려놓았고 욕심을 불러일으켰다. '기회가 왔을 때 잡을 줄 알아야 하는 것 아닌가?' 하는 달콤한 유혹도 마음속에 일었다. 그러나 다시 생각해보니 '다시 올 수 없는 기회'라는 것은 내 실력 이상의 욕심이라는 결론에 도달했다. 내가 전임교수로 갈 수 있는 자격과 실력을 갖췄다면, 기회는 다시 올 것이다. 그러나 지금 다시 올 수 없는 기회를 잡는다면, 내 능력은 이 기회 이상으로는 올라갈 수 없다는 것을 뜻하기도 했다. 또한, 내가 실력이 안 되는데 그 학교에 전임교수로 들어가게 된다면, 나는 나에게 기회를 준 교수님의 말을 절대적으로 따라야 하며, 주도적인 길을 걸을 수 없을 것이라는 생각이 들었다. 그래서 지름길보다는 비록 멀더라도 내가 계획한 길을 가기로 했다. 그래서 기회를 준 교수님께 정중히 거절의 뜻을 밝히고 나는 나의 길을 묵묵히 걸어가기로 했다.

우리는 살아가면서 크고 작은 선택의 기로에 서게 된다. 그리고 우리가 내리는 결정에는 정답이 없다. 그저 나다운 선택만 있다. 자신의 선한 신념과 되고 싶은 나의 모습 등을 기준으로 나답게 취사선택해 나가는 과정이 나의 삶을 나답게 만들어가는 것이다. 남의 조언과 기준으로 한 선택은 나다운 선택이 될 수 없고, 나중에 후회가 남는다. 선택에 정답은 없으나 후회는 남을 수 있기 때문에 우리는 나다운 선택을 해야 한다. 가끔 우리는 선택에 대한 책임을 지고 싶지 않기 때문에 다른 사람의 의견과 기준에 기대어 쉽게 선택하려고 한다. 그리고 대개 그럴 경우, 뒤돌아봤을 때 후회하는 경우가 많다. 그래서 나는 힘들더라도 지름길을 택하지 않는다는 나의 선한 신념에 따라 결정을 내렸다. 지금은 그때 교수의 제안을 거절한 것이 오히려 잘한 선택이라는 확신이 든다. 그때 당시 내 계획과 무관하게 다시 오지 않을 달콤한 제안을 따랐다면, 나는 책을 내지도 못했고 유튜브도 하지 못했을 것이다. 나다운 삶이 아니었기 때문이다. 그러나 나는 내 계획에 따라 내 신념에 따라 용기 있는 결정을 했기 때문에 지금의 나다움을 가질 수 있었고, 남과 다른 나다운 삶을 살고 있다. 고유한 자기다움을 가지고 있어야 사람들이 나의 말에 귀를 기울여준다고 생각한다. 그러니 나만의 목소리를 내고 나다운 삶을 살아가기를 원하는 사람은 자신만의 선한 신념을 갖고 자기다움이 스며드는 스토리를 만들어나가기를 바란다.

꽃을 피우고 나면 주위를 향기롭게 하라

"교수님, 앞으로의 10년 계획은 세우셨나요?" 유튜브를 통해 내 이야기를 접한 분들이 요즘 나에게 많이 하는 질문이다. 스물세 살에 계획한 10년의 계획을 얼추 다 이루고, 입사와 동시에 계획한 퇴사를 하고, 교수가 되어 말과 글의 힘에 대해 알리는 나에게 다음 10년의 계획을 묻는 것이다. 20대부터 30대 후반까지 목표를 정하고 그것을 이루기 위해 계획을 세우고 도전과 실패를 경험하며 우회하면서 실력을 쌓고 마침내 목표한 바를 이루었다. 그 과정에서 선택을 해야 하는 순간에도 나만의 기준을 가지고, 나만을 위한 인생의 목표를 향해 취사선택하며, 나만의 향기를 내고 꽃을 피워왔다. 목표를 세우고 실력을 쌓는 것은 30대까지만 하면 된다고 생각한다. 이미 나답게 내 인생의 그릇의 밑면적을 넓혀왔고 그에 맞는 나만의 빛깔을 발하는 그릇을 빚었다. 이전과 똑같은 패러다임으로 목표를 세우고 그 목표를 달성하기 위해 매진하는 삶을 살기보다 이제는 나를 넘어선 다른 사람들과 함께하는 인생을 꿈꿔본다. 그리고 이제는 미래를 계획하기보다는 내가 다른 사람들의 필요에 맞게 잘 쓰일 수 있기를 기대한다. 그래서 현시점에 수직적으로 계획을 세우기보다는 수평적으로 모든 가능성에 열려 있고자 한다. 나다운 꽃을 피웠다면 그 꽃이 향기롭게 퍼져나가 그 향기로 주위 사람들을 행복하고 이롭게 하기를 바란다.

먼 미래의 꿈과 비전도 중요하지만, 지금 내가 하고 있는 일에 보람과 가치를 느끼며 현재(present)를 선물(present)로 생각하는 삶에서 소중한 의미를 발견하고 싶다. 이제 더 이상 미래를 위한 완벽한 계획은 세우지 않을 것이다. 오히려 그 시간에 주어진 일에서 만족을 얻고, 행복감을 느끼기 위해서 지금과 다르게 현재를 온전히 보내는 방법을 다각적으로 모색할 것이다. 결과를 만들어내는 산물 중심 사유보다 산물을 만들어내는 과정에서 초기에 기획하고 염두에 두지는 않았지만, 산물을 만들어내는 과정에서 뜻밖의 깨달음을 주는 부산물을 더 소중하게 생각하는 삶을 살고 싶다. 나도 모르는 사이에 시간은 흘러갈 것이고, 시간의 흐름과 함께 얻게 된 소중한 만남을 더욱 아끼고 사랑할 것이다. 그런 작은 만남이 인연의 끈으로 이어지면서 언제, 어디서 어떤 만남으로 거듭날지 알 수 없다. 모든 만남은 저마다의 이유로 소중한 의미를 던져준다. 인연의 끈으로 현재를 더욱 튼실하게 살아가고, 미래로 가는 여정의 발판으로 삼으려 한다.

채웠으면 비워야 하고 수렴했으면 발산해야 한다. 지금까지 꽃을 피우기 위해 계획에 따라 실력을 쌓아 나를 채워왔다면, 꽃을 피우고 나서는 채운 것들을 비워내어 다른 사람들과 나눠야 한다. 여기서 등장하는 다른 사람들은 내가 정할 수 없다. 다른 것은 몰라도 사람 인연만큼은 내가 계획할 수 없고 내 뜻대로 되지 않는다. 그래서 나는 이제 계획을 세우지 않으려고 한다. 시절 인연에 따라 인연 조건이 화합하는 곳에 가서 향기롭게 비워내고, 내가 잘 쓰일 수 있기를 바랄 뿐이다. 다만 여기에도 나다운 선한 신념에 따라 나를 보호하고 사람을 나눠야 할 것이다. 그렇게 나다운 길을 나아가는 큰 흐름은 있지만, 작은 인연의 화합은 인연의 흐름에 맡기며 살면 된다. 내가 언제, 어디서, 누구를 만날지 지금 상태에서 정확하게 계획을 세울 수 없다. 계획된 만남도 있지만, 우연한 기회에 인연으로 연결되는 만남도 있다. 그 한 사람과의 만남은 운명도 바꾸는 혁명이 될 수 있다. 나는 모든 만남은 하나의 의미심장한 사건이라고 생각한다. 사건은 똑같은 의미로 반복할 수 없고, 다른 사건으로 대체할 수 없다.

사람과의 만남도 그렇지만 책 역시 마찬가지다. 도서관에서 우연히 뽑아 든 책 한 권, 누군가에게 선물로 받은 책 한 권과의 만남은 한 사람의 삶을 송두리째 바꾸는 운명적인 사건이 아닐 수 없다. 노벨 문학상을 탄 오르한 파묵(Orhan Pamuk)도 《새로운 인생》이라는 책에서 "어느 날 한 권의 책을 읽었다. 그리고 나의 인생은 송두리째 바뀌었다"라고 고백한다. 우리는 언제 어디서 누구를 만날지, 어떤 책과 우연히 마주칠지 사전에 계획을 세우고 통제하며 관리할 수 없다. 시간의 흐름을 타고 가다 보면 만날 사람은 만나고, 만나고 싶은 책도 만날 수 있을 것이다. 문제는 그런 사람이나 책을 만나도 내가 그 만남을 혁명적 사건으로 받아들일 준비가 없다면 그저 스쳐 지나간다는 데 있다. 내가 삶을 통해서 추구하고 싶은 꿈과 희망, 내가 갈망하는 삶의 화두에 맞게 우연한 만남은 언제든지 일어날 것이다.

꽃을 피웠다면 계속 물을 주고 시들지 않도록 살뜰히 가꿔야 한다. 꽃이 아름다운 것은 꽃이 오래되지 않아서 지기 때문이다. 꽃은 피어 있을 때보다 나다운 아름다움을 세상에 잠깐 드러내고 씨앗을 남긴 채 갑자기 질 때, 그 존재 이유와 가치가 드러난다. 꽃을 피우기 위해 무던히도 노력했지만, 나의 노력은 한 번의 꽃핌으로 끝나는 게 아니다. 30대에 피웠던 꽃과는 전혀 다른 꽃을 피우기 위해 이전과 다른 방법으로 노력하는 삶이 필요하다. 30대 이전처럼 명확한 목표를 세워놓고, 그 목표를 달성하기 위해 전력투구하는 삶보다 지금까지 이룬 목표를 보다 의미심장하고 가치 있게 만들기 위해서는 어떤 노력이 필요한지를 숙고해보고 행동에 옮기는 삶을 살고 싶다. 지금까지의 노력으로 피워낸 꽃은 그 꽃 나름의 아름다운 의미와 가치가 충분히 있다. 인생을 통해서 피워내야 할 꽃은 한 가지만 있는 게 아니다. 인생의 시기별로 어울리는 꽃이 있고, 그때마다 뿜어내는 꽃의 향기도 다르다. 20대에 노력해서 30대에 피운 꽃은 나다움을 통해 누구와도 비교할 수 없는 고유한 꽃이다.

30대에 활짝 핀 꽃을 시들게 하지 않겠다고 방부제를 칠 수는 없다. 30대에서 40대로 향하면서 꽃은 서서히 화려한 자태를 감출 것이다. 하지만 그 꽃에 담긴 젊은 날의 고뇌와 고생은 그대로 남아 빛을 발할 것이다. 꽃은 피기 위해서 존재하기도 하지만 지기 위해서도 존재한다. 꽃이 진 그 자리에 씨앗이 꽃에 담긴 노고와 고뇌, 꿈과 야망을 간직하고, 이전과 다른 꽃을 피우기 위해 다른 노력을 전개할 것이다. 그 씨앗이 품고 있는 40대의 모습을 아직은 모른다. 다만 목표를 달성하기 위해 앞만 보고 달려왔던 20대에서 30대가 되기까지의 여정과는 다르게 지금부터는 모든 순간이 꽃봉오리라고 생각하고 작은 노력을 진지하게 반복할 것이다. 그렇게 반전을 기대하는 삶의 스토리를 만들어가는 노력을 전개할 것이다. 나 자신을 위한 이기적인 싸움이 아니라 기꺼이 다른 사람과 더불어 함께 살아가려는 관심과 애정의 연대를 구축하려는 노력이다. 지금까지의 삶이 나의 결핍과 부족을 채우기 위한 소유와 쟁취의 노력이었다면, 앞으로는 다른 사람과 함께 공감하면서 더불어 살아가려는 공생과 나눔의 노력으로 방향을 바꿀 것이다.

지금 어느 계절에 있든지, 그리고 자신만의 봄이 오기까지 다소 오랜 시간이 걸리더라도, 여러분만의 향기를 간직한 꽃을 피울 수 있다는 자신감을 갖고 지금 이 순간을 세상에서 가장 재미있고 행복한 시간으로 만들어가기를 바란다. 지금까지 보여드린 나의 짧은 인생 여정은 '고난을 극복하고 나는 이렇게 성공했다'라는 해피엔딩 스토리가 아니다. 오히려 나처럼 가진 게 없고 평탄치 않은 가정환경에서도 탓하지 않고 스스로에 대한 애정을 가지고 숱한 실패 속에서도 좌절하지 않고 우회하면서 끈질기게 꿈과 목표를 향해 도전을 멈추지 않는다면, 최소한 우리가 원하는 미래의 모습이 현실로 다가온다는 이야기다. 힘들고 하기 싫어도 무조건 참고 견디면서 목표를 향해서 매진하라는 이야기가 아니다. 인생이라는 긴 여행을 떠나기 전에 인생의 전반부인 30대에 이루고 싶은 꿈이 무엇인지를 진지하게 고민하고, 그것을 실현하기 위해서 20대의 나는 어떤 노력을 해야 하는지를 스스로 점검해보고 성찰해보라는 의미를 전해주고 싶었다. 그리고 여러분이 꿈을 이루는 그 과정에서 많은 실패를 경험하더라도 도전과 열정으로 꿈을 현실로 끌어당겨 자신만의 꽃을 피우기를 희망하며 마침표를 찍고, 다음 피울 나의 꽃을 생각해본다.

에필로그

"30대에 당신은 어떤 꽃을
피우고 싶은가요?"

제가 애틋하게 생각하는 20대 여러분, 이 말은 제가 유튜브 영상에서 항상 사용하는 첫 인사말입니다. 제가 20대들에게 마음이 많이 쓰이고 애틋함을 느끼는 것은 저의 20대가 저에게는 너무 애틋했기 때문입니다. 20대 초반, 누구도 저에게 진로를 포함해서 앞으로의 삶에 대해 어떤 방향도 제시해주지 않았기 때문에 저는 모든 것을 홀로 계획하고 결정하며 실행했습니다. 나를 이끌어줄 사람이 나 자신이라는 것을 너무 빨리 알아서였을까요. 저는 그때부터 욕심쟁이가 되어 스스로에게 좋은 것을 가져다주고, 스스로를 좋은 곳으로 이끌어가기 시작했습니다. 그 과정에서 이 책에서 보듯이 많은 도전과 실패로 두려움과 막막함이 있었지만, 이러한 감정보다 저에 대한 애틋함이 컸기에 다시 일어나서 도전하고 또 도전했습니다.

주어진 현실에 만족하고 받아들이며 행복하게 살아가는 사람도 있습니다. 하지만 제가 이 책을 통해 저의 인생 여정을 솔직히 드러내고, 그 여정에 여러분을 초대하기로 결심한 이유는 저와 같이 목표한 것을 한 번에 쉽게 이루지 못하는 사람, 그럼에도 불구하고 자신의 80점 삶을 90점대로 업그레이드하고 싶은 20대들에게 희망과 용기의 메시지를 주고 싶었기 때문입니다. 실패에 넘어져 스스로를 패배자라고 여기지 않고, 자신에 대한 애틋함으로 다시 일어나고 도전하며, 안 되면 우회하면서 자신의 그릇의 밑면적을 넓혀나가는 20대 여러분이 되길 바랍니다.

수업시간에 한 학생이 저에게 물었습니다. "교수님, 어떻게 하면 교수님처럼 강한 멘탈을 가질 수 있나요?" 우리 학생들은 제가 20대부터 지금처럼 강한 멘탈을 가졌다고 생각합니다. 그러나 저의 스무 살은 우리 학생들과 같았습니다. 그러나 저는 넘어져도 다시 일어나고, 목표한 것을 한 번에 못 이루면 우회해서라도 이루어냈던 그 경험들이 쌓이면서 저의 강한 멘탈을 만들었다고 생각합니다. 그 기저에는 두려움보다 강한 저에 대한 애틋함이 항상 있었습니다. 더 좋은 삶을 누리지 못하는 나에 대한 안쓰러움과 애틋함만이 자신을 성장시킬 수 있다고 생각합니다. 그것은 바로 자신에 대한 사랑이 있기에 가능한 것이고요. 자신을 애틋하게 여기는 사람만이 나중에 어른이 되어 다른 사람도 애틋하게 여길 줄 알게 됩니다. 저는 여러분이 더 크고 향기로운 어른이 되기 위해 20대에 스스로를 사랑하고 애틋하게 여기기를 바랍니다. 스스로에게 더 나은 삶을 가져다주고, 스스로가 더 나은 사람이 될 수 있도록 최선을 다해 20대를 살아가기를 당부하고 싶어요.

20대 초반에 최선을 다해서 본인이 목표하는 무언가를 이루어보는 경험을 꼭 해야 합니다. 그때의 성취감은 경험해본 사람만 알게 되는 것입니다. 그 경험과 감정들이 여러분의 뇌와 마음에 각인되어 그다음 도전을 만들 것이며, 반복되는 작은 성취들은 여러분의 인생을 자신이 원하는 모습으로 이루어갈 거예요. 그리고 여러분은 치열하고 애틋하게 살아온 그 20대로 인해 30대에 누구보다 자신다운 꽃을 피워낼 것입니다. 단순히 아름다운 미래를 꿈꾼다고 현실로 다가오지는 않습니다. 꿈은 책상에 앉아서 머리로 꾸는 게 아닙니다. 몸을 던져 실천하면서 좌절과 절망을 밥 먹듯이 먹으면서 실패를 통해 실력을 쌓아나갈 때, 꿈은 어느 사이 나에게 다가옵니다.

자연계에서는 꽃을 피우기 위해 봄, 여름, 가을, 겨울 그리고 다시 봄이라는 계절을 거쳐야 합니다. 하지만 한 인간이 피우는 꽃은 겨울, 가을, 여름, 봄을 지나야 비로소 향기로운 꽃을 피우는 것 같습니다. 겨울의 매서운 실패를 견디고, 가을에 우회하며 목표한 곳으로 우직하게 나아가면서 성숙을 기다리고, 여름에 비로소 꿈을 향해 정진하며, 봄이 되어 자신만의 향을 내는 꽃을 피우게 되는 것이죠. 누군가는 남들보다 긴 겨울의 시간을 보내기도 하고, 꽃을 피우기 위해 다소 긴 시간이 필요한 사람도 있습니다. 그런데 중요한 것은 기다리고 실력을 쌓으면 자신만의 꽃을 피우게 된다는 것입니다. 따라서 자신이 다른 사람보다 시기가 늦어진다고 해서 꽃 피우기를 포기해서는 안 됩니다. 추운 겨울에 뿜어내는 매화 향기가 더 멀리까지 진동하듯, 추운 겨울을 보내며 인생의 혹한기를 보낸 사람일수록 사람에게 미치는 진한 영향력을 품고 있습니다. 따라서 넘어지고 우회해 다시 일어나는 과정에서 스스로에게 주문을 걸어야 합니다.

"30대에 꽃피리라"

2023년, 저의 30대의 마지막 해에 이 글을 마무리하고 있습니다. 스무 살의 어느날, 제가 되고자 하는 어른의 모습을 '희망의 씨앗'이라는 이름으로 마음에 심었습니다. 수많은 실패로 추웠던 20대 초반의 겨울을 잘 견뎌내고, 쉽게 이루어지지 않는 목표를 향해 우회하면서 20대 중반의 가을을 보냈습니다. 20대 후반에 꿈을 이뤄내고 그 꿈에 안주하지 않고 꿈 너머로 나아가기 위해 치열하게 성장하는 30대의 중반의 여름을 보냈습니다. 그리고 30대 후반이 되어 승무원 '꿈' 너머로 비행하여 마침내 항공과 교수가 되어 '운동하는 교수'로 활동하며 저만의 향기를 내는 꽃을 피웠습니다. 그리고 이제는 꿈 너머의 세상에서 그 향기를 많은 사람들에게 나눠주고자 합니다.

여러분도 스무 살이 되면 30대에 멋지게 꽃피울 '희망의 씨앗'을 마음에 심기를 바랍니다. 20대의 경험은 30대에 꽃필 소중한 자산이 될 것이라는 믿음의 터전에서 그 씨앗은 싹을 틔우고 겨울의 추위를 지나, 가을의 성숙을 거치고, 여름의 성수기를 지나 드디어 봄에 나다운 꽃을 피울 것입니다. 여러분을 믿고 꿈을 향해 도전하며 꿈 너머의 세상으로 나아가세요.

여러분은 30대에 어떤 꽃을 피우고 싶은가요?

꿈 너머로 비행하라

제1판 1쇄 2023년 5월 3일

지은이 오우진
펴낸이 최경선 **펴낸곳** 매경출판(주)
기획제작 ㈜두드림미디어
책임편집 최윤경, 배성분 **디자인** 얼앤똘비악earl_tolbiac@naver.com
마케팅 김성현, 한동우, 김지현

매경출판㈜
등록 2003년 4월 24일(No. 2-3759)
주소 (04557) 서울시 중구 충무로 2(필동1가) 매일경제 별관 2층 매경출판㈜
홈페이지 www.mkbook.co.kr
전화 02)333-3577
이메일 dodreamedia@naver.com(원고 투고 및 출판 관련 문의)
인쇄·제본 ㈜M-print 031)8071-0961
ISBN 979-11-6484-533-0 (03190)